西北大学"双一流"建设项目资助
Sponsored by First-class Universities and Academic Programs of Northwest University

# 专利法：
## 原理与案例

ZHUANLIFA：YUANLI YU ANLI

邱洪华 编著

西北大学出版社
·西安·

**图书在版编目(CIP)数据**

专利法：原理与案例 / 邱洪华编著. —西安：西北大学出版社，2024.5
 ISBN 978-7-5604-5269-2

Ⅰ.①专… Ⅱ.①邱… Ⅲ.①专利权法—研究—中国 Ⅳ.①D923.424

中国国家版本馆 CIP 数据核字(2024)第 016125 号

### 专利法：原理与案例

邱洪华　编著

出版发行　西北大学出版社
(西北大学校内　邮编：710069　电话：029-88302825)
http://nwupress.nwu.edu.cn　　E-mail:xdpress@nwu.edu.cn

| 经　销 | 全国新华书店 |
|---|---|
| 印　刷 | 西安博睿印刷有限公司 |
| 开　本 | 787 毫米×1092 毫米　1/16 |
| 印　张 | 14.75 |
| 版　次 | 2024 年 7 月第 1 版 |
| 印　次 | 2025 年 3 月第 2 次印刷 |
| 字　数 | 250 千字 |
| 书　号 | ISBN 978-7-5604-5269-2 |
| 定　价 | 52.00 元 |

本版图书如有印装质量问题，请拨打电话 029-88302966 予以调换。

# 前 言

2020年10月,《中华人民共和国专利法》(以下简称《专利法》)第四次修改正式通过。此举成为我国专利制度发展史上的一个新的里程碑,有助于维护专利权人的合法权益,增强创新主体对专利保护的信心,充分激发全社会的创新活力。2020年11月,习近平总书记在主持第十九届中央政治局第二十五次集体学习时强调,知识产权保护工作关系国家治理体系和治理能力现代化,关系高质量发展,关系人民生活幸福,关系国家对外开放大局,关系国家安全。2021年9月,中共中央、国务院印发了《知识产权强国建设纲要(2021—2035年)》,描绘出我国加快建设知识产权强国的宏伟蓝图,从建设面向社会主义现代化的知识产权制度、建设支撑国际一流营商环境的知识产权保护体系、建设激励创新发展的知识产权市场运行机制、建设便民利民的知识产权公共服务体系、建设促进知识产权高质量发展的人文社会环境和深度参与全球知识产权治理等六个方面明确了具体任务措施。2022年10月,党的二十大报告明确提出,要深化科技体制改革,深化科技评价改革,加大多元化科技投入,加强知识产权法治保障,形成支持全面创新的基础制度。作为现代市场经济的重要产权形式和制度规则,以及国家发展战略性资源和国际竞争力核心要素,在经济结构不断升级和优化的背景下,知识产权的制度设计、执法推动、司法保护及社会服务是完善科技创新体系和推动经济高质量发展的重要保障。而实施知识产权强国战略,必须全面贯彻党的二十大精神,为有力支撑社会主义现代化强国建设工作作出应有贡献。在上述背景下,作为保护创新主体合法权益、鼓励和推动发明创造、提高创新能力,以及促进科学技术进步和经济社会发展的重要法律制度安排,《专利法》在教学内容上也应当响应新时代的要求,作出相应的完善,这也是本书撰写的初衷。

作者从2011年博士毕业以后,一直在为知识产权专业本科生和研究生讲授"知识产权法""专利法""专利信息检索"和"知识产权管理"等课程。本书是作者十余年相关课程的教学总结,是在课程讲义和课件的基础上进行补充、完善撰写而成的,反映了本人多年以来在"专利法"课程上的教学思路和逻辑、教学经验和体会。

本书的主要特色可以概括为以下四个方面：

第一，体现了专利制度的实体法与程序法相统一的重要特征。一方面，从权利主体、权利客体和权利内容的角度，系统地阐述了谁可以享有专利权并成为专利权的主体以及各类主体的权利归属与分配的问题，分析了具有可专利性的主题和专利客体的排除领域，并从专利财产权、专利人身权和专利权人应当承担的义务等角度，阐述了专利权的内容；另一方面，从专利权的申请、审批、授权、终止和侵权等方面，系统地阐述了专利权的取得程序、确权程序和救济程序。

第二，反映了"技术创新—专利制度—专利信息"的内在逻辑关系。因为作者是经济法学士、知识产权法硕士及知识产权管理博士，具有法学和管理学的综合学科背景，所以在编撰本书的过程中，除了介绍传统专利制度的基本内容以外，还探讨了专利制度如何保护技术创新和专利信息如何从专利制度中衍生而来等问题。

第三，坚持法学理论与司法实践相结合的基本原则。本书在撰写过程中，不仅致力于将一般的法理学关于部门法的相关理论与知识产权法、专利法的基础理论进行融合分析，而且还注重将最高人民法院的指导性案例和公报案例，以及各知识产权法院发布的典型案例等司法实践作为相关理论分析的实践补充。

第四，反映了我国专利领域相关法律、行政法规、部门规章和司法解释的主要内容及其更新。本书一方面充分反映了我国《专利法》第四次修改的最新内容，如惩罚性赔偿制度、举证责任、专利权期限补偿制度、专利开放许可制度、外观设计保护制度等；另一方面也融合了《专利审查指南》《专利法实施细则》和最高人民法院相关司法解释，为相关理论提供权威性和规范性的支撑。

本书在撰写过程中，参考和吸收了国内知识产权法尤其是专利法相关教材的优秀成果。例如，吴汉东老师的《知识产权法学（第八版）》（北京大学出版社，2022年版）、刘春田老师的《知识产权法（第六版）》（中国人民大学出版社，2022年版）和崔国斌老师的《专利法：原理与案例（第二版）》（北京大学出版社，2016年版）等，尤其是已经永远离开我们的尹新天老师所著的《中国专利法详解》（知识产权出版社，2012年版），该书是"经典中国国际出版工程项目"，被盛誉为"专利人的红宝书"，为包括本人在内的知识产权从业者打开专利相关知识的大门，搭建专利知识结构体系，起到了工具书般的指引作用。上述教科书和专著以及未列在这里的其他学者发表的学术论文，均是本书不可或缺的知识素材，是本书编撰的重要基础。在此，向各位尊敬的前辈表示感谢。当然，由于本人的能力和水平有限，无论是内容方面还是规范性方面,本书定有不妥、不当甚至错误之处,敬请各位专家或读者给予批评指正。

本书在出版过程中,得到了"西北大学高水平教材出版培育项目"的资助,使得本人有机会将自己十余年在专利制度领域的教学体会和心得编撰成教材展示给读者,为国家知识产权教育和人才培养尽自己的绵薄之力。在此,对西北大学和西北大学出版社表示由衷的感谢。

本书适用于法学专业,尤其是知识产权专业的本科生和研究生在相关专业课程的学习中选用,同时也可以作为知识产权领域相关人才专业培训的参考教材。

2023 年 7 月 14 日　于西北大学长安校区

[作者系华中科技大学管理学院知识产权管理专业博士,现为西北大学法学院·知识产权学院教授、学院副院长,入选西北大学"青年学术英才"支持计划,曾获西北大学"优秀教师"荣誉称号,国家首批专利信息师资人才、国家首批专利分析和预警专家库专家、全国法学会知识产权法研究会理事、陕西省法学会科技法研究会副会长、陕西省法学会理事,陕西省法学会知识产权法研究会常务理事、德国马普所访问学者(国家公派),长期从事知识产权法、专利法和专利信息分析及知识产权管理领域的教学与研究工作,主持在研国家社科基金重大项目子课题和国家社科基金一般项目各1项,主持完成国家社科基金一般项目1项,主持国家知识产权局专利信息重点研究项目、省科技厅软科学项目、省社科基金、省自科基金、省软科学项目、省教育厅项目和省知识产权局软科学项目等省部级和厅局级项目15项。发表学术论文50余篇,其中 SSCI、SCI 和 CSSCI 来源期刊收录30余篇,在中国社会科学出版社和陕西科学技术出版社出版学术专著各1部。]

# 目 录

**第一章 专利法概述** …………………………………………… 1

第一节 专利制度的理论、发展与作用 ………………………… 1
第二节 专利权的概念界定与特征 ……………………………… 5
第三节 专利法的概念界定与特征 ……………………………… 9
第四节 中国专利制度的修订历程 ……………………………… 11

**第二章 专利权的主体与客体** ………………………………… 19

第一节 专利权的主体 …………………………………………… 19
第二节 专利权的客体 …………………………………………… 27
第三节 可专利性与专利保护客体的排除领域 ………………… 37

**第三章 专利权的内容** …………………………………………… 49

第一节 专利权内容的理解 ……………………………………… 49
第二节 专利权的财产权 ………………………………………… 50
第三节 专利权相关的人身权 …………………………………… 60
第四节 专利权人的义务 ………………………………………… 63

**第四章 专利申请的审查与授权** ……………………………… 70

第一节 专利申请的基本原则与文件要求 ……………………… 70
第二节 专利申请的审批与复审 ………………………………… 90
第三节 发明和实用新型授权条件 ……………………………… 97
第四节 外观设计授权条件 ……………………………………… 113

I

## 第五章 专利权的利用与专利实施的特别许可 …… 119

 第一节 专利权的利用 …… 119

 第二节 专利实施的特别许可 …… 129

## 第六章 专利权的期限、终止和无效 …… 143

 第一节 专利权的期限 …… 143

 第二节 专利权的终止 …… 150

 第三节 专利权的无效 …… 152

## 第七章 专利权的保护 …… 160

 第一节 专利权保护范围 …… 160

 第二节 专利侵权判定的基本原则 …… 167

 第三节 专利侵权纠纷的解决机制 …… 177

## 参考文献 …… 208

## 附　录 …… 212

# 第一章 专利法概述

在知识经济和创新驱动发展战略背景下,专利制度是保护专利权人合法权益、鼓励发明创造、提高创新能力、促进科学技术进步和社会经济发展的重要制度安排。了解专利制度的产生和发展进程以及相关的理论学说,有助于正确把握专利制度在现代法律体系中的地位和作用。

## 第一节 专利制度的理论、发展与作用

### 一、专利制度相关理论

有关专利制度的理论有很多,主要有以下四种:

(1)自然权利说。自然权利说的理论基础源于自然法学派。自然法学派崇尚自由平等,主张天赋人权,认为法律只是对天赋人权加以确认,而不是创制权利。因此一些学者认为专利权是一种自然权利,发明人因其实际完成了发明创造工作而对其创造的成果自然享有权利,专利法只是从法律的角度确认了该权利。实际上,自然权利说存在一定的弊端,因为如果专利权是天赋的,那么每一个独立完成发明的人都应当对其发明创造享有权利。为什么专利权人对发明创造享有独占使用权?根据先申请原则或先使用原则,为什么专利法要规定申请或使用专利在先的人享有专利权?为什么专利权具有地域性?自然权利说对于上述问题并不能给出让人信服的答案。因此,这种理论逐渐退出了专利制度理论的历史舞台。

(2)报酬说。报酬说认为,发明人进行发明创造必然要耗费大量的精力和财力,因此,法律应当授予劳心劳力的发明人以专利权作为报酬。这种假说体现了朴素地

按照劳动贡献领取报酬的"按劳取酬"或按照市场经济领取收益的"按资分配"的思想。可以肯定的是,发明人在发明创造的过程中,必然投入了大量的创造性劳动,同时为了完成发明创造通常离不开设备、器材和原材料等物质技术条件,专利权正是从法律的角度对这种投入的确认。但根据专利权的专有性特征,同一发明创造上不能有两项或两项以上完全相同的专利权并存,否则就会发生权利冲突。因此,即便其他发明人完成了同样的发明创造,也不一定能获得专利权。由此可见,专利权在性质上并不是纯粹体现智力劳动的报酬或者资本投入的回报,报酬说在理论上同样难以立足。

(3)契约说。专利契约说认为,专利本质上是发明人与社会公众之间订立的契约,发明人以向社会公布其技术为代价,由政府代表公众授予其技术实施的独占性权利。该理论学说从一个方面反映了专利制度公开性特征,体现了法律保护与公开专利之间的关系,公开是保护的前提。在专利契约当中,专利申请人享有的权利是对其获得授权的专利技术主张一定期限的排他性权利,而应当承担的义务就是完整、清楚和充分地公开其技术创新方案。而社会公众获得的权利即是通过专利申请人的披露公开,可以了解特定技术领域的发展现状和态势,避免重复研发和投入,从而提高技术创新的效率和质量。契约说如今在理论界仍占有一席之地,有着广泛的影响。

(4)发展经济说。随着民法本位的转移,有关专利制度理论中出现了一些基于社会本位的理论,其中就有发展经济说。该理论学说观点认为,建立专利制度的根本目的就是发展国家经济,授予发明人以专利权,从而鼓励更多人进行发明创造,进而发展高新技术以刺激经济的增长。通常认为,专利制度是政府为激励研发投入、促进科技创新、推动社会经济发展而制定的一种法律制度。专利制度对社会经济发展具有重要的影响,它能够激励创新投入,促进技术创新,推动社会经济发展。从技术创新的角度来看,它能够激发技术创新的动力,鼓励企业投入更多的资源开发新技术;从经济发展的角度来看,它能够促进知识产权的形成,提高社会资源配置效率,从而推动经济发展。虽然各国对这一理论有不同的理解,但发展经济说目前获得了大多数国家的认可。

**二、专利制度的产生与发展**

(1)专利制度的产生。最早的专利制度起源于中世纪的欧洲,随着社会生产力水平的提高,商品经济的发展推动着技术的商品化进程,人们发觉依靠先进的技术可以在市场竞争中占据优势并获得财富,进而开始意识到技术的重要性。为了鼓励发明创造,13世纪的英国君主开始以特许令的方式授予发明人一种垄断权,通过颁发诏书对创新发明或者引进的技术授予发明人在一定期限内享有独家经营特定产品或工艺的特权,即专利垄断权。这种诏书在当时被称为"公开证书"(Letters Patent),诏书上有蜡封并系有丝带,现代"专利"的英文词汇(Patent)就是来源于此。

虽然英国最先开始施行类似于现代专利制度的技术保护制度,但世界上第一部专利法是由威尼斯在1474年3月19日颁布的。这部500多年前颁布的专利法已经颇具现代专利法的雏形,其内容与现代专利制度几乎无异。该法律规定,发明人对其发明享有10年的垄断权,在本城市共和国的领土范围内,未经发明人同意或许可,不得制造相同或相似的物品,否则将需要支付大笔赔偿金并立即销毁仿制品。威尼斯专利法是一部体系完备、设计周密的专利法,其基本原则在现代专利法中仍然适用,因而有人将其称为专利法的鼻祖。

(2)专利制度的发展。在英国本土,由于英国君主滥发专利权以增加王室收入,引起了国民和其他国会议员的强烈不满,议会提出建立一套新型的保护技术和鼓励技术进步的法律制度以取代原有的英国君主授予特权的制度,并于1623年制定并颁布了垄断法,该法被认为是世界上第一部具有现代意义的专利法。随后,各国纷纷颁布了各自的专利法,美国于1790年、法国于1791年、荷兰于1817年、德国于1877年先后颁布了自己的专利法。

19世纪50年代前后,受到资产阶级大革命的影响,在贸易自由、契约自由等观念下,一些人开始反对带有垄断性质的法律,而专利法所授予的权利恰好就是一种具有垄断性的权利,故专利法一度被称为恶法,一些国家甚至废止了正在实行中的专利法。然而经过长久的实践证明,仍在实行专利法的国家依靠专利制度得到了良好的发展,于是在19世纪末20世纪初,许多国家开始重新制定或实施专利法。以威尼斯共和国颁布的专利法为起点,专利制度迄今已有500多年的历史,目前世界上大多数国家都相继建立了专利制度,该制度已经成为保护技术创新方案最为重要的法律手段。

由于专利法是国内法,具有严格的地域性,各国关于专利申请、授权条件和程序的内容各不相同,给国际技术交流造成诸多不便。到了19世纪末期,各国之间经济、技术交流日益增多。为适应这种形势,专利制度开始向国际化方向发展。1883年,以法国为首的10多个欧洲国家为了解决工业产权的国际保护问题,经协商签订了《保护工业产权巴黎公约》,该公约开创了专利法国际协调的先河。截至目前,巴黎公约已有100多个成员国,成为国际上最重要的知识产权公约之一。第二次世界大战以后,专利制度国际化的趋势进一步加强,多个国家签订了一系列专利保护的国际条约,并于 1967 年成立了世界知识产权组织。目前,在专利制度领域比较重要的国际或地区公约包括 1970 年签订的《专利合作条约》、1971 年签订的《专利国际分类协定》、1973 年签订的《欧洲专利条约》、1975 年订立的《欧洲共同体专利公约》、1975 年签订的《卢森堡公约》和 1977 年签订的《非洲专利组织》等。

### 三、专利制度的作用

(1) 保护专利权人的合法权益。"保护专利权人的合法权益"是《专利法》的核心,2008 年修改《专利法》时,将原先规定的"保护发明创造专利权"改为"保护专利权人的合法权益",体现出我国对专利制度属性和作用的认识有了进一步深化。《国家知识产权战略纲要》提出要"加强知识产权保护",该纲要指出应当"修订惩处侵犯知识产权行为的法律法规,加大司法惩处力度,提高权利人自我维权的意识和能力,降低维权成本,提高侵权代价,有效遏制侵权行为"。

(2) 鼓励和调动人们进行发明创造的积极性。一个国家发明创造的能力直接反映其科学技术水平,而科学技术的水平已经成为决定一个国家综合国力最为重要的因素。我国《专利法》第一条规定:"为了保护专利权人的合法权益,鼓励发明创造,推动发明创造的应用,提高创新能力,促进科学技术进步和经济社会发展,制定本法。"《专利法》承认技术发明是一种工业产权,并在一定时期内对其予以法律保护,同时给予发明人以精神和物质方面的鼓励。我国《专利法》规定公民和法人都有权利获得专利权,有利于调动人们发明创造的积极性。

(3) 有利于发明创造的推广应用。首先,专利制度能够鼓励专利权人主动推动其专利的实施。享有专利独占使用权的专利权人处于更有利的市场竞争地位,任何他人实施其专利都应当向专利权人支付必要的使用费,从而为专利权人提供获得经济利益的可能。其次,专利制度为他人实施专利创造了更为有利的条件。《专利法》规定专利申请人必须在申请文件中对发明创造作出清楚、完整的说明,使所属领域的技术人员通过阅读说明书就能实施该发明创造;《专利法》还规定国家知识产权局应当完整、准确、及时发布专利信息,定期出版专利公报。按照上述规定,公众能够通过正规和专门的渠道获得发明创造的详细内容。专利制度为全社会提供了全面覆盖各技术领域的巨大信息资源,极大便利了技术信息的获取,从而促进发明创造的推广应用。

(4) 发展创新,促进科学进步与经济增长。在风云变幻的国际形势中,随着我国经济实力的不断发展,我国越来越重视创新能力的提高和向创新型国家的转变。当今世界,知识产权逐渐成为国家发展的重要手段和提高国际竞争力的核心要素,也是建设创新型国家的重要支撑。面对这样的国际形势,加强我国知识产权制度建设,大力提高知识产权创造、管理、运用、保护和服务的能力,是增强我国自主创新能力、建设创新型国家的迫切需要。

## 第二节 专利权的概念界定与特征

### 一、专利权的概念界定

专利权(Patent Right),简称"专利",是知识产权的一种。具体是指国家根据发明人或者设计人的申请,以向社会公开发明创造的内容为前提,根据法定程序授予发明人或设计人的一种具有一定期限的排他性权利。其中,发明创造是运用科学知识、科学技术,首创出先进、新颖、独特的具有社会意义的新事物、新方法,且能有效地满足人们的某种需要。

### 二、专利权的特征

专利权的主要特征包括以下四个方面:

(1)专有性。专利权的专有性即独占性、排他性。一方面表现为同一发明创造上不能有两项或两项以上相同的专利权,或者说对同一发明创造不允许重复授权;另一方面表现为专利权主体依法享有排他性权利,或者说没有法律规定或未经专利权人许可,任何人不得擅自实施他人得到专利保护的技术方案。

(2)地域性。专利权的地域性是指一项专利的排他性只能在其得到授权的特定国家或地区内有效,不具有域外效力;或者说,专利权不是凌驾于国家主权之上的,一件专利在一个国家得到授权,并不表示在其他国家或地区也得到授权或得到当然的保护。专利的地域性也正是专利优先权制度的理论基础。

(3)期限性。专利权的期限性是指依法产生的专利权仅在法律规定的期限内有效,超出专利权的法定保护期限,或者说专利保护期限届满后,受专利保护的发明创造将进入公有领域,专利权人不能再对该发明创造主张排他性权利,人们可以自由免费地使用这项专利。专利的期限性正是发明创造成果权利人选择专利保护或技术秘密保护需要考虑的重要因素之一。

(4)无形性。专利权的客体是智力成果,而智力成果是不具有物质形态的。发明创造有别于有形的财产,它是无形的,一般以技术方案或者设计方案的形式存在。专利的无形性也是专利与土地、房屋、机器设备、原材料等占有一定空间的有形财产,也就是《民法典》中规定的物权上的物的本质差别。需要注意的是,发明创造需要通过特定的载体表现出来,如专利说明书和产品的外观,但这些发明创造和外观设计的载体并不是保护发明创造的专利本身。

(5)公开性。专利权的公开性是指专利权人要获得专利授权必须清楚、完整和充分地公开其技术创新方案。因此,专利权又被理解为"以公开换取的垄断权"或者"以公开换保护"。

(6)行政授予性。专利权的行政授予性是指专利权并非自动产生的,而是必须经专利行政部门的审查和授予程序才能取得。专利申请人需要按照法律规定的程序向专利行政机关递交规定的专利申请资料并缴纳费用,然后由专利审查员按照法律规定,对专利申请的可专利性和"三性"进行审查,没有发现驳回条件的,才能予以授权。这也是专利权与自动取得的著作权相比的主要区别。

此外,作为一种重要的无形财产,专利权还具有明显的价值性,即专利权人可以通过自行实施、转让、许可和质押等方式实现发明创造的市场价值。

### 三、专利权与相关权利的辨析

(一)专利权与物权的辨析

物权是财产权的一种,是权利人对物享有的权利,具有排他性、对世性、绝对性。专利权是发明创造人或其权利受让人对特定的发明创造在一定期限内依法享有的专用权与独占权,它强调的是对具有知识性的劳动成果的相关权利。两者之间的联系主要体现在:①二者都是财产支配权。物权反映的是对有形财产的占有关系,物权人对其有形财产可在法律的范围内享有的占有、使用、收益和处分的权利;专利权反映的是对发明创造这一无形财产的占有关系,专利权人对其获得授权的发明创造享有的排他性权利。②二者均为对世权、绝对权。物权与专利权都是权利主体特定、义务主体不特定的权利,都以社会一般人为义务主体。物权人和专利权人都可以独立地实现自己的权利,不需要义务人的积极行为协助,任何人对他人的物权和专利权都负有不得侵害的不作为义务。③二者都遵循法定主义原则。二者的设定和变动不仅涉及当事人的利益,而且会对第三人的利益产生限制作用。因此,物权的占有、使用、收益和处分,专利权的制造、使用、许诺销售、销售和进口等权能的种类和基本内容均由法律直接规定,并且二者的设定和变动还需公示,使之可以让交易以外的第三人确知。

虽然专利权与物权均是财产性权利,但两者有着明显的差异:①权利客体不同。物权的客体主要是有体物,包括动产和不动产,他物权的客体还可以包括权利,而专利权的客体是发明创造,具有无形性。②物权可以通过事实占有实现对客体的支配,而专利权则必须仰仗法律的保障,必须经过法定的申请、审查和授权等程序才可以获得。③物权效力具有优先性和追及性,而专利权则不具有这些特性。优先性是指在同一物上,当物权与债权并存时,物权优先于债权,当几个物权并存时,先设立的优于后设立的。追及性是指不管物权客体流入何人之手,物权人均可追及该物并将之取回。而专利制度有首次销售的权利穷竭原则,即专利权用尽,经专利权人许可或以其他方式合法投放市场的专利产品,他人在购买之后无须经过专利权人许可,就可以使用、销售或者许诺销售。④保护期限不同。物权的保护期限与其自然寿命竞合,而专利权有明确的保护期,期限届满则权利进入公有领域,成为人类共同的财富。⑤是否具有地域性。物权不具有地域性,即使所处地域发生改变,也不存在导致物权丧失;专利权则具有地域性,一项专利只在其获得授权的特定国家或地区的地域范围内有效,域外则不会当然获得法律保护。

(二)专利权与商标权的辨析

专利权和商标权均是知识产权的重要组成部分。两者之间的联系主要表现为:①从权利性质上看,专利权和商标权都属于知识产权,客体都是无形的财产,专利是发明、实用新型和外观设计,而商标是具有识别功能的标志;②从权利特征上看,专利权和商标权都具有专有性、地域性和时间性的特征,可以在特定的区域和期间内排除他人未经许可的使用;③从权利产生程序上看,专利权和商标权均需要经过知识产权行政管理部门的审查程序才可以获得,在我国均采用先申请原则和优先权原则。

专利权和商标权的区别在于:①保护的客体不同。专利权的客体是具有新颖性、创造性和实用性的解决某一实际问题的新的技术方案。商标权的客体是区别同一商品或服务的不同生产者或经营者并表明商品或服务质量的商标标识本身,申请注册的商标依法必须具有显著的特征。②权利的保护期限与是否可以续展的规定不同。我国《专利法》规定发明专利的保护期为二十年,实用新型专利的保护期为十年,外观设计专利的保护期为十五年,自申请之日起算。商标权则不同,我国《中华人民共和国商标法》(以下简称《商标法》)规定的商标权有效期为十年,但同时又规定,注册商标有效期满,需要继续使用的,商标注册人可以在期满前十二个月内办理续展手续,在此期间未能办理的,又规定了六个月的宽展期,每次续展注册的有效期为十年。可见,专利保护期届满会进入公有领域,但商标权可以通过续展实现无限期的保护。

③保护的内容不同。专利权的权能包括制造、使用、许诺销售、销售、进口,而商标权的内容主要是不得在相同或类似的商品上使用相同或近似的商标,此外,商标权人还享有的权利包括注册商标的专有使用权、转让权、许可使用权和续展权等。

(三) 专利权与技术秘密的辨析

专利和商业秘密均是科技创新成果保护的重要法律手段。商业秘密是指不为公众所知悉,能为权利人带来经济利益,具有实用性并经权利人采取保密措施的技术信息和经营信息。两者的共同点在于:专利权与技术秘密均属于人类智力活动的成果,所保护的客体均是重要的无形资产。但作为完全不同的科技成果保护制度,专利权和技术秘密之间有着本质的区别,主要表现在以下几个方面:

①保护范围不同。从保护的客体范围上看,技术秘密保护的客体范围比专利保护的客体范围明显更大。对于专利保护的客体,法律有明确的"可专利性"或"专利客体排除领域"(《专利法》第五条和第二十五条)规定,对于技术秘密客体而言,凡是能够用专利保护的技术都可采用技术秘密来保护,与此同时,商业秘密还可以保护不具有"可专利性"的客体范围,如经营性信息和属于专利权客体排除领域的部分技术性信息等。②保护方式不同。技术秘密是通过权利人采取保密措施的手段,从内部人员、制度规定及管理措施等方面予以控制和保护,而专利则有严格的行政程序,依靠国家知识产权行政管理机构的审查和授权予以保护。③获得法律保护的前提不同。专利是"以公开换取的垄断",专利权人要获得排他性权利,则需要完整、清楚和充分地公开其希望得到专利保护的技术方案。而技术秘密则相反,如果权利人主张技术秘密,则必须对相关信息采取保密措施,以确保该信息不为公众所知悉。④法律保护期限和区域不同。专利权具有时间性和地域性,而技术秘密则不存在时间性和地域性,只要它具有商业秘密的"秘密性"事实特征,该专有权便可一直存在,法律也将一直给予其不同程度的保护,任何国家或地区的人想要使用技术秘密,都须经过其所有人的许可。⑤专有性程度的不同。商业秘密不具有专有性或排他性。在持有人不存在以盗窃、贿赂、欺诈、胁迫、电子侵入或其他不正当手段,获取、披露、使用或者允许他人使用他人技术秘密的情况下,不同的技术秘密持有人持有相同的技术秘密时,都享有相同的权利,相互不能排除他人实施同样的技术。而专利在其有效期内,具有明显的排他性,对于同一个技术方案,不会存在两项或更多的专利权。对于获得授权的专利,未经权利人许可,专利权人以外的人不能以生产经营为目的实施其专利技术。而且,技术秘密保护的技术方案如果被他人以合法的途径研发出来,然后申请专利并获得授权,则技术秘密持有人在实施该技术方案时将受到专利权的限制,只能

"在原有的范围内"使用,否则将构成对他人专利权的侵犯。⑥权利法理出发点不同。法律对技术秘密的保护主要以"效益"为出发点,而非体现民法意义上的公平原则,因为技术秘密的拥有人只是从社会获得了权利,并没有将技术贡献给社会。而法律对发明专利的保护则秉持"效益优先,兼顾公平"的原则,专利申请人要获得排他性权利则需要以向社会公开其技术内容为条件。

(四)专利权与版权的辨析

专利权与版权都是知识产权的重要内容,且两者都具有专有性、时间性、地域性和客体的无形性的特征。著作权亦称版权,是指作者或其他著作权人依法对文学、艺术或科学作品所享有的各项专有权利的总称。作为两种完全不同的知识产权,专利权和版权的区别主要表现在:①取得保护的前提不同。对于同一内容的发明创造,专利权只授予先申请人,要求其具有"首创性";版权并不要求保护的作品是首创的,只要求它是独创的,任何作品只要是作者独立创作的,不论其内容是否与已发表的作品相似,均可获得独立的著作权。②取得方式不同。专利权是依申请取得,有严格的行政程序,并不是自动产生的;版权则是自动取得原则,自作品完成之日起,作者就可以自动取得作品的版权,不需要履行类似于专利的行政申请审批手续。③保护内容不同。专利权保护的是作者创造的思想内容,如果发明人就一项技术获得专利,其他人未经专利权人许可,不得实施专利技术;版权则并不保护作品的思想,而只保护作品的表达方式。④权利受保护的期限不同。专利权的保护中,发明的保护期限为二十年,实用新型保护期限是十年,外观设计的保护期限是十五年;版权当中的发表权以外的人身权保护不受时间限制,而人身权中的发表权和所有财产性权利保护期限较长,如果是自然人,著作权保护期为作者终生加其死后的五十年。

# 第三节 专利法的概念界定与特征

## 一、专利法的概念界定

从调整的法律关系上看,专利法是调整因发明创造的开发、利用及其保护等产生的各种社会关系之法律规范的总和。从立法目的上看,专利法是为了保护专利权人的合法权益,鼓励发明创造,推动发明创造的应用,提高创新能力,促进科学技术进步和经济社会发展而制定的法律。

专利法主要调整的社会关系包括：因确认发明创造的归属而发生的社会关系；因授予发明创造专利权而发生的各种社会关系；因发明创造专利的实施、转让或者许可实施而发生的各种社会关系；因发明创造专利权的保护而发生的各种社会关系。因此，专利法的主要内容包括：发明专利申请人的资格、专利法保护的对象、专利申请和审查程序、获得专利的条件、专利代理、专利权归属、专利权的发生与消灭、专利权保护期、专利权人的权利和义务、专利实施、转让和使用许可以及专利权的保护等。

**二、专利法的特征**

作为调整因确认发明创造的专有权和发明创造的利用而产生的各种社会关系的法律规范，专利法具有以下基本特征：

(1) 专利法是国内法。作为保护科技创新的制度安排，专利法反映了一个国家科技创新对法律保护制度的需求。但实际上，每个国家科技创新的能力和水平各不相同，因此，各个国家所实施的专利法需要与本国科技创新的具体情况相适应。也正因此，专利法是一项国内法律，只能在本国地域内生效，它不能凌驾于国家主权之上，因此也不能在本国地域以外发生法律效力。所以，要正确认识专利申请人的国籍或住所的作用，无论申请人是本国人还是外国人，也无论是住在本国还是外国，对于外国人而言，不管他是否在申请国有住所地或居所地，在一个国家递交专利申请，这个国家的专利法和国内法律就对他适用并发生法律效力，但如果申请人希望自己同时在另一个国家获得专利保护，就需要按照另外一个国家的专利法和有关法律规定的程序和要求开展申请行为。

(2) 专利法是特别法。特别法是适用于特定时期、特定地点、特定的人或事项的法规；与之相应的是一般法，即在全国范围内对全体公民适用的法律，涉及法律的各个领域。从一般法与特别法的关系来说，在特别法中有规定时，优先适用特别法；而在特别法中没有规定时，则适用一般法。从实体法角度来看，民法和行政法是一般法，而专利法是特别法；从程序法角度来看，民事诉讼法和行政诉讼法是一般法，而专利法是特别法。

(3) 专利法兼具了实体法和程序法的内容。实体法是规定具体权利义务内容或者法律保护的具体法律，决定了权利和义务的发生、变更和消失等；而程序法是规定以保证权利和职权得以实现或行使，义务和责任得以履行的有关程序为主要内容的法律，是正确实施实体法的保障。各国的专利法都规定了专利权的产生、变更、消失等必要条件及申请人、专利权人的权利和义务等内容，所以专利法是实体法。与此同时,各国专利法又规定了有关专利权的申请、审查和批准等手续,以及有关实施专利和公开发明内容的方法和方式,还具体规定了什么是专利侵权行为,以及如果专利被侵权,专利权人应当如何救济自己的权利等内容,所以说专利法也是程序法。

(4)专利法随科技的发展而发展。作为保护科技创新的制度安排,专利法与科技发展之间具有天然的互动关系。专利制度为科技创新的不断发展提供保障与激励,而科技创新的不断发展,也推动了专利制度的产生和不断完善,拓宽了专利权保护的范围。以信息技术、生物技术为主要内容的当代科技革命蓬勃发展,科技成果层出不穷,越来越多的国家通过修订专利制度来扩大专利保护。例如,软件和商业方法领域的发明,因为其中创新的内容主要涉及数学公式或者被视为纯粹的智力成果而被认为不具有专利的适格性,被排除在专利保护的客体领域之外。但发达国家在21世纪初为此类发明创造打开了专利保护的大门。因此,科技的发展进步,一方面有助于专利审查质量的提高,另一方面也推动着专利制度的不断修订与完善。

## 第四节 中国专利制度的修订历程

我国历史上曾有过许多发明创造,但受封建时期"重刑轻民"观念的影响,当时的统治者并没有采取任何保护和鼓励发明创造的措施。数千年来,中国的发明家们要么是御用工匠,寻常百姓无法获得其发明创造带来的好处;要么恪守"家族传承""传男不传女"的思想,以个体家庭手工业的方式经营生产。

15世纪前后,西方国家逐步进入资本主义时期,直到19世纪中后期,西方专利思想才传入我国。太平天国的洪仁玕久居香港,率先学习了近代科学知识,并于1859年提出了具有资本主义色彩的《资政新篇》,鼓励发明创造,提出建立专利制度的主张:"倘若能造如外邦火轮车,一日夜行七八千里者,准其自专其利,限满准他人仿做。"这一主张与现代专利制度精神基本吻合,但由于太平天国革命的失败,该专利制度并未得到实施。我国近代史上第一个有关专利制度的法规是清朝光绪皇帝于1898年颁发的《振兴工艺给奖章程》。该章程规定,大的发明如造船、造炮或用新法兴办大工程(如开河、架桥等),可以准许集资设立公司,批准五十年专利。其方法为旧时所无的,可批准三十年专利。仿造西方产品,也可批准十年专利。由于戊戌变法的失败,该章程也未能得到很好的实行。

我国真正具有现代意义的第一部专利法是由国民政府于1944年颁布、1949年1月1日起实施的专利法,该部法律在当时的世界上是比较先进的,但是由于内战环境的影响,老百姓为生活所困,无暇顾及发明创造,而且当时国民政府即将退至台湾,因此这部法律并未在中国大陆广泛实行,而台湾省至今仍在沿用这部专利法。1949年新中国成立后,政务院于1950年颁布了《保证发明权与专利权暂行条例》,该条例对保障专利权,专利申请条件、手续、审批程序,异议制度,专利权人权利、义务,保护期及违法者的法律责任等,都做了具体的规定。但该条例从1953年到1957年只批准了4项专利权和6项发明权。1957年以后,该条例已名存实亡,并于1963年11月被明令废止。1963年我国发布了新的《发明奖励条例》,然而该条例未经实施,我国便进入十年动乱时期,因此该条例也没有起到实际的效果。1978年,我国开始研究在中国建立专利制度的必要性,于1980年成立了中国专利局,负责起草《专利法》,并于1984年3月12日第六届全国人民代表大会常务委员会第四次会议通过了中华人民共和国第一部《专利法》。

**一、《专利法》第一次修正(1992年)的主要内容**

由于我国制定《专利法》时缺乏实践经验,专利法在具体实施过程中也发现了一些缺陷和不完善之处,因此需要通过修改加以补充和完善。另外,专利制度在国际科技、经济合作和贸易往来中的地位日益重要,作用日益显著,专利法国际协调活动频繁,世界知识产权组织于1991年6月就《保护工业产权巴黎公约》有关专利部分的补充条约召开了第一阶段的外交大会。十个发达国家与包括我国在内的十个发展中国家于1991年12月初步达成了《与贸易有关的知识产权协议》。同时,我国于1992年与美国也签署了《关于保护知识产权的谅解备忘录》。为履行承诺并向国际专利保护水平靠拢,1992年9月4日第七届全国人民代表大会常务委员会第二十七次会议通过了《关于修改〈中华人民共和国专利法〉的决定》。修改的主要内容包括以下几点:

第一,扩大专利保护的范围。1984年《专利法》第二十五条规定,我国对"药品和用化学方法获得的物质"以及"食品、饮料和调味品"不授予专利权,只对这些产品的生产方法可以授予专利权。而此次修改扩大了专利的保护范围,对上述产品也可以授予专利权。

第二,延长专利权的保护期限。1984年《专利法》第四十五条规定,发明专利的期限为十五年,实用新型和外观设计专利权的期限为五年,届满可以申请续展三年。此次修正将上述规定修改为:发明专利权的期限为二十年,实用新型和外观设计专利权的期限均为十年。

第三，增加对专利产品进口的保护。1984年《专利法》并未规定进口专利产品作为专利的内容，修正案对1984年《专利法》第十一条补充规定，未经专利权人许可，不得为生产经营目的进口其专利产品。

第四，将对方法专利的保护延及依该方法直接获得的产品。1984年《专利法》第十一条仅规定对专利方法的使用提供保护。为了使方法专利得到充分有效的保护，修正案对1984年《专利法》第十一条补充规定，未经专利权人许可，不得为生产经营目的使用、销售或者进口依该专利方法直接获得的产品。

第五，重新规定对专利实施强制许可的条件。1984年《专利法》第五十一条和第五十二条规定，专利权人负有自己或者许可他人在我国制造其专利产品或使用其专利方法的义务。自专利授权之日起满三年，如果专利权人无正当理由没有履行上述义务的，专利局就可以给予实施该专利的强制许可。为了与《关贸知识产权协议》和《保护工业产权巴黎公约》中关于防止专利权滥用的内容相协调，修正案删去了1984年《专利法》的上述规定，重新规定了对专利实施强制许可的法定条件，即在国家出现紧急状态或者其他非常紧急情况时，或者为了公共利益，或者为了防止专利权的滥用，专利局可以给予实施发明或者实用新型专利的强制许可。

第六，增设本国优先权。1984年《专利法》第二十九条只规定了外国专利申请人先在外国提出申请后到我国提出申请的，享有优先权。而此次修改为，在这种情况下，不论申请人是外国人还是中国人，都享有优先权。此外，修正案补充规定了本国优先权，即申请人就同一发明或者实用新型在中国第一次提出专利申请之日起十二个月内，又向专利局提出申请的，可以享有优先权。

第七，将授权前的异议程序改为授权后的行政撤销程序。1984年《专利法》在专利授权以前设有异议程序，但实践中公众提出异议的数量还不到公告的专利申请总数的1%，而99%以上的已公告的专利申请却要推迟至少三个月才能授权，这段时间申请人的权利处于不确定状态，影响专利技术尽快转化为生产力。因此，修正案删去了授权前的异议程序，规定专利申请经审查没有发现驳回理由的，专利局应立即可授予专利权。同时，为了纠正可能出现的失误，修正案又规定，自专利局授予专利权之日起六个月内，任何单位或者个人认为该专利权的授予不符合专利法规定的，都可以请求专利局撤销该专利权。

**二、《专利法》第二次修正(2000年)的主要内容**

从国际上看，以美国为首的发达国家在世界贸易组织的前身——关贸总协定——乌拉圭回合中发起知识产权谈判,并且最终形成了《与贸易有关的知识产权协议》(以下简称 TRIPs 协议),使得知识产权与货物贸易、服务贸易共同形成了世界贸易组织的三大支柱。TRIPs 协议是迄今为止最重要的一个知识产权协议。该协议涉及了所有的知识产权保护领域,而且全面提高了知识产权保护水准,特别是将争端解决机制引入了知识产权领域,整体力度超过了以往所有的知识产权国际条约。在 TRIPs 协议的影响下,为适应我国加入世界贸易组织(WTO)对专利法提出的新任务、新要求,解决专利法在实施中的新问题,都要求我们进一步补充和完善《专利法》。一方面要求我们的专利法规能够与 TRIPs 协议保持一致;另一方面要求我们的专利制度更具有保护力度,更有利于调动国内广大企事业单位的积极性,提高他们专利保护的能力和水平。从国内的情况来看,自 1992 年《专利法》的第一次修改之后,国内形势发生了很大变化:一是确立了建立社会主义市场经济体制的改革目标;二是科技进步和技术创新的重要性日益凸显。1999 年,《中共中央、国务院关于加强技术创新,发展高科技,实现产业化的决定》发布,其中第十三条专门论述了知识产权问题,而且特别强调要加强对知识产权的管理和保护。在这样的形势下,从专利保护角度来讲,也要求我们进一步完善专利法,使专利法更好地适应社会主义市场经济体制的要求,更有力地推进科技进步和创新。2000 年 8 月 25 日第九届全国人民代表大会常务委员会第十七次会议表决通过了《关于修改〈中华人民共和国专利法〉的决定》。具体修改的主要内容包括以下几点:

第一,将修改前规定的全民所有制单位申请获得的专利权归该单位"持有"改为"所有",从而使国有单位对其获得的专利权享有完全的处置权。

第二,进一步强化对专利权的效力,赋予发明和实用新型专利权人制止他人未经许可而许诺销售专利产品的权利。

第三,规定申请人对专利复审委员会就实用新型或者外观设计专利申请作出的复审决定不服的,以及当事人对专利复审委员会就实用新型或者外观设计专利作出的无效宣告请求审查决定不服的,可以向法院起诉。

第四,取消授予专利权之后的撤销程序,仅保留授予专利权之后的无效宣告请求程序。

第五,规定专利侵权纠纷涉及实用新型专利的,法院或者地方专利管理部门可以要求专利权人出具国家知识产权局作出的检索报告。

### 三、《专利法》第三次修正(2008 年)的主要内容

我国《专利法》第一次和第二次修改都是为了向国际标准靠拢,或是为了响应国

际需要。第三次修改则是在完全没有外部压力的情况下,根据我国的具体国情和客观需要进行的主动修改。为适应我国调整经济结构、转变发展模式,实现可持续科学发展的目标,促进创新型国家的发展进程,落实国务院制定的《国家知识产权战略纲要》提出的要求,2008年12月27日第十一届全国人民代表大会常务委员会第六次会议审议通过了《专利法》修正案。具体修改的主要内容包括以下几点:

第一,专利新颖性判断标准由"部分相对新颖性"提高到"全部绝对新颖性"。通常认为,在对专利新颖性的判断中,判断是否属于现有技术包括三个方面或三种情形,即出版物公开、使用公开和以其他方式为公众所知。在此次修改前,专利新颖性的判断采用"相对新颖性"和"绝对新颖性"相结合的"混合标准"。具体而言,对于"使用公开"和"以其他方式为公众所知"两种情形采用"相对新颖性"标准,也就是说,只有在国内出现这两种情形,才会否定专利申请的新颖性,在国外出现这两种情形,则不影响该专利申请的新颖性。而对于"出版物公开"情形则采用"绝对新颖性"标准,也就是说,只要该专利申请被公开发表过,不管是在国内还是在国外,均会影响该专利申请的新颖性判断。此次修改之后,无论是"出版物公开",还是"使用公开"或"以其他方式为公众所知",均采用单一的"绝对新颖性"标准。也就是说,不管是在国内,还是在国外,只要有人公开出版过、公开使用过或以其他方式为公众所知,均会影响该专利申请的新颖性。可见,此次修改提高了我国专利授权的新颖性审查标准,为我国专利申请质量的提升起到了重要的制度保障作用。

第二,对专利权的保护力度大幅提升。赋予了外观设计专利权人许诺销售权。修改之前的《专利法》在外观设计专利权中没有规定许诺销售权。为了加强对外观设计专利的保护,这次在外观设计专利中增加了许诺销售的权利。因此,根据修改后的《专利法》,外观设计专利权人可以制止他人未经其许可,以做广告、在商店货架或者展销会会场陈列等方式许诺销售该专利产品。同时,大幅提高了法定赔偿标准。修改之前的《专利法》没有对专利侵权的法定赔偿数额作出具体规定。这次修改考虑到我国在司法实践中适用法定赔偿的案件较多,因此对法定赔偿问题作出了明确规定,并将最高法《关于审理专利纠纷案件适用法律问题的若干规定》司法解释中的赔偿数额提高了一倍。此外,对权利人为制止侵权所支付的合理开支问题作出了明确规定。修改之前的《专利法》没有对权利人为制止侵权所支付的合理开支问题作出规定。这次修改以法律的形式明确规定赔偿数额应当包括权利人为制止侵权所支付的合理开支。

第三,明确了专利侵权纠纷处理和审理程序中的现有技术和现有设计抗辩原则。

《专利法》修改之前，专利侵权诉讼程序复杂漫长、费时费力。为了有效简化诉讼程序，此次修改增加了有关现有技术抗辩的规定，如根据修改后的《专利法》第六十二条规定，在专利侵权纠纷中，被控侵权人有证据证明其实施的技术属于现有技术或者现有设计的，不构成侵犯专利权。

第四，增加了对遗传资源的保护。修改前的《专利法》并未对遗传资源的保护作出规定，修改后的《专利法》第五条增加了保护遗传资源的原则性规定，第二十六条增加了遗传资源来源的披露程序。

第五，增加了专利实施的强制许可的有关规定。修改后的《专利法》第五十条规定，为了确保公共健康的目的，对取得专利权的药品，国务院专利行政部门可以授予强制许可。同时增加了有关半导体技术的发明创造的强制许可。

第六，加大了对违法行为的行政处罚力度。将过去规定的"假冒他人专利"行为和"冒充专利"行为统称为"假冒专利"行为。

第七，允许平行进口行为，规定了关于药品和医疗器械的行政审批例外。

**四、《专利法》第四次修正（2020年）的主要内容**

《专利法》的第四次修正是基于我国经济发展处于优化经济结构、转变发展方式的攻关期，加强知识产权保护、推动高质量创新是提高中国经济竞争力、实施创新驱动发展战略的内在需要。因而要全面完善知识产权保护的法律体系，着力优化营商环境，加大知识产权侵权违法行为惩治力度。同时，随着社会发展，专利领域出现一些有待解决的现实问题，需要通过修改专利法来加以解决。例如，专利保护效果不够、滥用专利权现象频发、跨区域侵权等现象增多，专利维权存在成本高、赔偿低、举证难，专利信息不对称，转化服务不足等问题。并且，加入《工业品外观设计国际注册海牙协定》、履行《中华人民共和国政府和美利坚合众国政府经济贸易协议》也需要相应修改专利法的有关规定。因此，为加强对专利权人合法权益的保护，促进专利实施和运用，解决实践中存在的问题，充分激发全社会的创新活力，2020年10月17日，全国人民代表大会常务委员会第二十二次会议对《中华人民共和国专利法修正案（草案）》进行第三次审议并表决通过，于2021年6月1日起正式实施。具体修改的主要内容包括以下几点：

第一，专利权保护客体发生变化。《专利法》第四次修改扩大了对于外观设计的保护范围，引入了局部外观设计的概念，在第二条第四款增加了"整体或者局部的"表述，顺应国际外观设计制度的发展趋势。其次，第二十五条第五项，将原子核变换方法排除在专利授权客体之外。

第二，增加了单位在专利实施和运用方面的自主权。新《专利法》第六条第一款增加了："该单位可以依法处置其职务发明创造申请专利的权利和专利权，促进相关发明创造的实施和运用。"此修改使得单位作为职务发明创造的专利权人，在专利的实施和运用方面拥有自主权。

第三，鼓励多元化的奖酬方式。《专利法》第四次修改将第十六条改为第十五条，增加一款作为第二款："国家鼓励被授予专利权的单位实行产权激励，采取股权、期权、分红等方式，使发明人或者设计人合理分享创新收益。"

第四，新增了专利申请以及专利权行使过程中的诚实信用原则。增加一条作为第二十条："申请专利和行使专利权应当遵循诚实信用原则。不得滥用专利权损害公共利益或者他人合法权益。滥用专利权，排除或者限制竞争，构成垄断行为的，依照《中华人民共和国反垄断法》处理。"

第五，增加了一种不破坏新颖性的情形。新《专利法》第二十四条，增加一项，作为第一项："（一）在国家出现紧急状态或者非常情况时，为公共利益目的首次公开的。"增加这项情形更加符合国际国内形势，因而当前《专利法》一共规定了四种不破坏新颖性的情形。

第六，优先权规则作出调整。新《专利法》第二十九条增加了外观设计的国内优先权，因而发明、实用新型和外观设计都能够主张国内或国外优先权。并且第三十条，调整了三种类型的专利申请提交优先权文件的期限。

第七，增加了外观设计专利权的保护期限和发明专利期限补偿。新《专利法》第四十二条第一款，将外观设计专利权的期限增加到十五年。增加了第四十二条第二款、第三款，为了解决专利权实际享受的保护期会缩短这一问题，新增了发明专利审查迟延和新药上市审评审批迟延的专利权期限补偿制度。

第八，国务院专利行政部门应积极推动专利许可与运营。新《专利法》增加一条，作为第四十六条，政府应当加强专利公共服务，促进专利实施和运用。原第十四条移至第四十九条，规定了对于国有企事业单位的发明专利的特殊许可制度。

第九，新增专利开放实施许可制度。新《专利法》第五十条至第五十二条，创设了专利开放许可制度，能够促进专利信息交流、保障专利许可交易安全并且节约社会资源，对于解决我国现阶段专利成果转化难的问题具有积极的推动作用。

第十，案件当事人可以主动出具专利权评价报告。《专利法》第四次修改将第六十一条改为第六十六条，第二款增加了实用新型或者外观设计专利侵权纠纷过程中，专利权人、利害关系人或者被控侵权人可以主动出具专利权评价报告。

第十一，更加注重知识产权行政保护。新《专利法》第六十九条明确了在调处专利侵权纠纷时行政机关具有调查取证的权力。第七十条第一款，新增了国务院专利行政部门处理在全国有重大影响的专利侵权纠纷方面的职能。第七十条第二款新增了地方人民政府管理专利工作的部门对于同一行政区域内多个案件的合并处理以及对于跨区域侵权案件的处理的规定。

第十二，损害赔偿与诉讼保全相关规定作出调整。第七十一条第一款将侵权人的侵权获益与权利人的实际损失作为损害赔偿额的并列顺位计算方式。同时规定，对故意侵犯专利权可适用"一倍以上五倍以下"的惩罚性赔偿。第七十一条第二款将法定赔偿数额的上下限分别提高到五百万和三万。并且，《专利法》第四次修改将合理开支条款独立成段，调整了位置，作为第七十一条的第三款。第七十一条第四款另外规定了损害赔偿额的举证责任倒置。新《专利法》将第六十六条改为第七十二条，将财产保全与行为保全合并，增加了财产保全以及行为保全的适用情形。第七十二条还删除了申请人提供担保的义务、法院解除保全的情形、法院作出保全裁定的时限要求以及因错误申请而赔偿损失的义务。新《专利法》第七十三条是证据保全的条款，删除了权利人提供担保的要求、法院作出保全裁定的时限要求以及解除证据保全的法定情形。

第十三，诉讼时效延长。按照新《专利法》第七十四条的规定，专利侵权的诉讼时效增加至三年，并且提高了起算日期的门槛，不仅要求专利权人或者利害关系人得知或者应当得知侵权行为，还要求得知侵权人时，诉讼时效才开始计算。发明专利申请公布后至专利权授予前使用该发明未支付适当使用费的，专利权人要求支付使用费的诉讼时效也增加至三年，起算日期不变。

第十四，新增了药品专利纠纷的解决机制。新《专利法》的第七十六条规定了药品上市审批过程中的专利权纠纷，相关当事人可以向人民法院起诉，请求对是否落实相关专利权保护范围作出判决，也可以向国务院专利行政部门请求行政裁决。

第十五，全文删除"专利复审委员会"的表述。《专利法》第四次修改已明确删除了有关"专利复审委员会"的用法，将承担复审和无效宣告职能的主体统一称为"国务院专利行政部门"，进一步强化了专利复审的行政行为性质，弱化了其居中裁判的"准司法"行为性质。

# 第二章 专利权的主体与客体

从法理上看,法律关系的主体是指法律关系的参加者,即在法律关系中享有权利或承担义务的人,法律上所称的"人"主要包括自然人和法人。自然人是指有生命并具有法律人格的个人,包括公民、外国人和无国籍的人。法人是与自然人相对称的概念,指具有法律人格,能够以自己的名义独立享有权利或承担义务的组织。专利权的主体即参加专利法律关系的人。从成果权及其转化的角度上看,专利权主体包括申请专利权利人、专利申请人和专利权人;从专利归属角度上看,专利权主体可以分为职务发明人和非职务发明人(即自然人);从国籍上看,专利权主体可以分为本国申请人和外国申请人;从发明创造完成人上看,专利权的主体还可以包括发明人和设计人;从专利成果价值实现方式上看,专利权主体可以分为许可人和被许可人、转让人和受让人、出质人和质权人;从发明创造的创新模式上看,专利权主体包括共同开发主体和委托开发主体。法律关系的客体是指法律关系主体的权利和义务指向的对象,专利权的客体也就是专利法的保护对象。我国《专利法》保护对象包括发明、实用新型、外观设计三种。本章将从以上角度,对专利权的主体和客体进行介绍。

## 第一节 专利权的主体

**一、职务发明创造与单位**

(1)职务发明创造的成果归属。根据我国《专利法》第六条的规定,职务发明创造是指执行本单位的任务或者主要是利用本单位的物质技术条件所完成的发明创造。根据各国的法律规定,职务发明创造一般应当认为属于雇主单位所有。职务发明是指员工在完成工作任务过程中发明的创新成果,因为它是在工作岗位上完成的,属于劳动成果。主要的原因包括:一方面,职务发明是在工作时间和工作任务下完成的,这些创新成果与职务相关,属于单位的无形资产。另一方面,从发明创造成果的完成条件上看,现代的技术发明创造离不开发明人所在单位的巨大创新投入,除了以发明人为核心的人力资本以外,还包括实验室、原材料和研发经费等创新资源。因此,从发明人与其所在单位之间的利益平衡和推动创新投入的持续性角度上看,大多数国家都规定雇员在日常工作中完成的职务发明的相关权利归属于雇主或发明人所在单位。

(2)职务发明的具体情形。根据我国《专利法》第六条的规定,职务发明创造有两种情形,一种是当然的职务发明创造,而另一种是或然的职务发明创造。"当然的职务发明创造"是指执行本单位任务所完成的职务发明创造和主要是利用本单位的物质技术条件所完成的发明创造。而"或然的职务发明创造"是指利用本单位的物质技术条件所完成的发明创造,这类职务发明创造的归属由发明人或设计人与其所在单位通过合同来约定发明创造成果的归属。此时,如果约定成果归单位所有,则成为职务发明创造;如果约定成果归发明人或设计人所有,则成为非职务发明创造。

(3)当然的职务发明创造之"执行本单位的任务所完成的发明创造"。该类职务发明创造包括三种情形:①在本职工作中作出的发明创造,如发明人张某在高端芯片开发岗位上研发出的高端芯片。②履行本单位交付的本职工作之外的任务所作出的发明创造,如单位本来交付给发明人张某的本职工作是研发高端芯片,但临时抽调到操作系统开发的岗位上开发出的操作系统发明成果。③退休、调离原单位后或者劳动、人事关系终止后一年内作出的,与其在原单位承担的本职工作或者原单位分配的任务有关的发明创造。这一种情形主要是防止发明人或设计人等研发人员的流动而带走原单位的科技成果,以更好地保护原单位的研发成果。法律规定的期限是一年,如果期限太短,则不能很好地保护原单位的权益;如果期限太长,则有可能导致我国发明资源的浪费,也不利于创新智力资源的合理流动。

(4)当然的职务发明创造之"主要是利用本单位的物质技术条件所完成的发明创造"。需要注意的是,并非所有利用了单位的物质技术条件完成的发明创造都属于职务发明创造。根据《专利法》第六条第一款的规定,只有是"主要利用"单位的物质技术条件完成的发明创造才是职务发明创造。其中的"主要"是对物质技术条件在发明创造研发过程中所起作用的限定,是指单位物质技术条件是作出发明创造不可缺少或不可代替的条件,相对于发明人使用的其他来源的物质技术条件而言,单位物质技术条件在重要性上胜过其他来源的物质技术条件,居于主要地位。"主要"意味着在职务发明创造过程中,单位的设备、资金、材料等物质技术条件对完成发明创造的贡献占比较高。相反,如果是少量地利用或者对发明创造的完成没有实质性帮助的利用,则可以认为不属于"主要利用"。根据最高人民法院早在2004年12月颁布,2020年修正的《关于审理技术合同纠纷案件适用法律若干问题的解释》的相关规定,"主要利用"是指在发明创造成果的研究、开发过程中,全部或者大部分利用本单位的资金、设备、器材或者原材料等物质条件,并且这些物质条件对于形成该技术成果具有实质性的影响。如果发明创造成果的实质性内容是在本单位尚未公开的技术成果、阶段性技术成果基础上完成的,也属于"主要利用本单位物质技术条件"。法院在认定"主要"时所依据的标准是所使用的物质技术条件是完成发明创造所必需的、必不可少的,即缺少这些物质技术条件,该发明创造就很可能无法完成。除此之外,少量利用的或者对发明创造的完成仅仅起到辅助作用的物质技术条件,不应视为"利用单位的物质技术条件"。关于"物质技术条件",《中华人民共和国专利法实施细则》(以下简称《专利法实施细则》)第十三条第二款中规定,本单位的"物质技术条件"是指本单位的资金、设备、零部件、原材料或者不对外公开的技术信息和资料等。这种规定的目的是更好地保障单位创新资源的权益。

(5)发明人在新单位完成的发明创造成果归属的特殊情形。发明人工作调动后主要利用了新单位的物质技术条件完成了与原单位交付的工作任务相关的发明创造。因为该发明创造是原单位交付的工作任务,所以原单位可以主张职务发明,同时,因为该发明创造主要利用了新单位的物质技术条件,所以新单位也可以主张职务发明。可见,对于此类发明创造,不管是原单位还是新单位均可能主张是本单位的职务发明创造。因此,早在2001年6月最高人民法院颁布的《最高人民法院关于印发全国法院知识产权审判工作会议关于审理技术合同纠纷案件若干问题的纪要的通知》第六条明确规定,完成技术成果的个人既执行了原所在法人或者其他组织的工作任务,又就同一科学研究或者技术开发课题主要利用了现所在法人或者其他组织的物质技术条件所完成的技术成果的权益,由其原所在法人或者其他组织和现所在法人或者其他组织协议确定,不能达成协议的,由双方合理分享。

(6)职务发明中的"单位"。一项发明创造如果确定为职务发明创造,则相关成果权,包括申请专利的权利、专利申请权和专利权均归单位所有。这里所述的"单位"就是发明人或设计人受雇佣的具体组织,是能够以自己的名义从事民事活动,独立享有民事权利,独立承担民事责任和义务的组织,既包括法人单位,也包括能够独立从事民事活动的非法人单位,如个人独资企业、个人合伙企业。需要强调的是,这里所称"单位"不仅包括正式、长期雇佣关系的组织,而且还包括临时工作单位,即借调、兼职、实习等建立临时劳动关系的情况。

(7)职务发明与非职务发明的界定。确定职务发明的步骤包括:第一,确定该发明创造的发明人或设计人。第二,确定该发明人或设计人是否受雇于某个单位。第三,确定该发明创造的完成是否是发明人执行所在单位的工作任务或主要是利用了所在单位的物质技术条件;第四,确定单位与发明人或设计人之间的合同,如果是"利用本单位的物质技术条件所完成的发明创造"则允许发明人、设计人与所在单位通过订立合同来约定发明创造的成果归属,只要合同不存在违反法律的内容,国家就会尊重合同双方当事人之间的意思自治。需要注意的是,此处可约定成果归属的情况仅限于"利用本单位的物质技术条件所完成的发明创造",对于"执行本单位的任务所完成的发明创造"和"主要是利用本单位的物质技术条件所完成的发明创造"这两种情况,相关成果权直接属于单位所有,不适用"约定"规则。值得强调的是,无论是在理论界还是在实践中,关于"主要是利用本单位的物质技术条件所完成的发明创造",应当直接界定为职务发明创造,还是同《专利法》第六条第三款关于"利用本单位的物质技术条件所完成的发明创造"一样,适用"约定"规则,目前学界未达成统一共识。此外,如何区分"主要是利用"和"利用",也是造成理论界争论不休和司法实践困难的主要原因之一。另外,约定应当采取书面形式,在没有约定的情况下,则按照《专利法》第六条第一款的规定确定其权利归属。

可见,界定职务发明与非职务发明,最关键的是确定发明人或设计人是否受该单位雇佣。如果发明人或设计人在作出发明创造之前未受雇于任何单位,也未接受任何单位的委托,则该发明创造属于非职务发明,相关成果权利自然归完成该发明创造的自然人(发明人或设计人)所有;如果发明人或设计人在作出发明创造之前受雇于某一单位,或者曾接受某一单位的委托,则该发明创造属于职务发明,相关成果权归单位所有。

**案例解读**

离职后专利申请的权属纠纷

原告深圳市某科技有限公司诉李某、深圳市某智能设备有限公司,主张被告李某原为本公司员工,离职后于解除原劳动关系的三个月内提出了与在本公司工作时有关的发明专利,并将该专利转移至其控股的深圳市某智能设备有限公司名下。李某和深圳市某智能设备有限公司侵犯深圳市某科技有限公司的专利权,深圳市某科技有限公司遂起诉请求确认涉案专利的发明专利权归其所有。

被告抗辩称,李某入职后仅从事研发管理工作,并非从事技术研发工作,涉案专利与李某的本职工作,以及深圳市某科技有限公司分配给李某的工作任务没有关联性,涉案专利不属于"职务发明创造"。

法院依据《专利法》第六条、《专利法实施细则》第十二条①认定涉案专利属于职务发明创造。最高人民法院认为,认定与本职工作或原单位分配的任务有关的职务发明创造时,应注重维护原单位、离职员工以及离职员工新任职单位之间的利益平衡,综合考虑以下因素:一是本职工作或原单位分配的任务的具体内容;二是涉案专利的具体情况及其与本职工作或原单位分配的任务的关系;三是原单位相关技术研发活动的情况,或有关技术的其他合法来源;四是涉案专利(申请)的权利人、发明人能否对专利技术的研发过程或者来源作出合理解释。②

**二、本国专利权人与外国专利权人**

专利法是国内法,专利权具有明显的地域性特征,一项专利申请在一个国家得到授权和保护,并不意味着在其他国家可以获得当然的授权和保护。因此,考虑专利申请的成本和必要性,专利申请人需要根据自身创新产品在不同国家进行市场扩张的需要选择专利申请的国家或地区。所以,对于一个特定国家的专利申请而言,既有国内专利申请人和专利权人,又有国外专利申请人和专利权人。国内专利申请人和专利权人包括具有本国国籍的本国自然人以及依据本国法律设立的法人和非法人组织。而国外专利申请人和专利权人相应地就包括外国自然人以及依据外国法律设立的法人和非法人组织。

根据《专利法》第十八条的规定,在中国没有经常居所或者营业场所的外国人、外国企业或者外国其他组织在中国申请专利和办理其他专利事务的,应当委托依法设立的专利代理机构办理。这是因为在专利申请过程中,专利审查员往往需要与申请人联系,要求其修改专利申请文件或陈述意见。在我国没有经常居所或营业场所的外国申请人,无法及时接收相关通知从而影响专利申请程序的顺利开展。因此,境外申请人应当委托依法设立的专利代理机构,由其代为接收并转送相关通知,办理专利

---

① 现行《中华人民共和国专利法实施细则》第十三条。
② 参见最高人民法院民事裁定书(2019)最高法民申6342号。

申请和审查相应的事项。

### 三、申请专利权利人、专利申请人和专利权人

从专利审批程序的角度上看,一件发明创造在申请专利前、申请专利后到专利授权前、专利授权后三个不同的阶段,会产生相应的"申请专利的权利、专利申请权和专利权"三项内容和效力均不同的权利。

申请专利的权利是指从发明创造完成后到提出专利申请之前,权利人享有的决定是否对该发明创造申请专利以及如何申请专利的权利,其指向已经完成但尚未提出专利申请的发明创造。该权利所处的阶段是发明创造研发出来后但尚未确定具体保护方式的时间段,因此,可以将其理解为一种"科技成果权"。该权利虽然名称中带有"专利"二字,但事实上该权利与专利尚未有直接的关系,准确理解是一种在"专利保护"或"商业秘密"等其他法律保护方式中进行选择的权利,而享有该权利的人即是申请专利权利人。

专利申请权是指提交专利申请之后,申请专利的人享有的决定是否继续进行申请程序、是否转让专利申请的权利。该权利所处的阶段是已经提出申请但尚未被授权的发明创造。如果申请专利权利人决定通过专利保护其发明创造,则申请专利的权利会转变为专利申请权,而享有该权利的人就是专利申请人。

专利权是指发明创造被公告授予专利权之后,专利权人享有的实施或转让其专利权、许可他人实施其专利、制止他人侵犯其专利权行为的权利,其指向的是已经被授予专利权的发明创造。该权利所处的阶段是专利申请后,经国家专利审查机构的专利审查员对专利申请进行审查后,没有发现驳回条件,最终得到授权的发明创造。该发明创造相关的专利申请权则会转变为专利权,而享有该权利的人就是专利权人。

### 四、发明人与设计人

无论是职务发明还是非职务发明,发明创造都是由发明人或者设计人,也就是自然人完成的,而不可能由"单位"或者"法人"等法律拟制的人完成。《专利法实施细则》第十四条规定,专利法所称发明人或设计人,是指对发明创造的实质性特点作出创造性贡献的人。在完成发明创造的过程中,只负责组织工作的人,为物质技术条件的利用人或者从事其他辅助工作的人,不是发明人或者设计人。美国《专利审查指南》规定,在确定发明人资格时,首先需要考虑谁对发明创造作出了构思。只有对发明构思作出了贡献,才有资格成为发明人,而仅将发明构思付诸实践的人,不符合发明人资格。

在非职务发明当中,发明人和设计人自然就是该发明创造的成果权人,无论是申

请专利的权利,还是专利申请权和专利权以及由这些权利产生的实施、许可或转让的市场收益,均归完成该发明创造的发明人或设计人所有。

**五、专利权特殊主体与专利权共有**

因为创新能力和优势的差异,不同的科技创新主体采取各自不同的创新路径。对于拥有较强创新能力的创新主体,通常更倾向于采用自主创新的模式,而对于创新能力不足的创新主体,则可能需要采用二次创新的模式,充分利用外部的创新资源,通过委托或合作的方式,开展科技创新,从而实现创新竞争力的提升。对于自主创新的模式,创新主体则需要加强与发明人之间的雇佣合同管理,避免发生职务发明的纠纷,即可以实现创新成果管理的效率和质量。而对于委托完成的发明创造和合作完成的发明创造,则更需要通过合同约定的方式,才能有效避免在发明创造成果归属方面产生争议。

委托完成的发明创造是指作为委托方的单位或个人提出研究开发任务并提供经费和报酬,由受托方的单位或者个人开展研究开发所完成的发明创造。在实践当中,双方通常都会签订书面合同约定相关权利义务。而且,委托方对研究设计成果享有的权利,一般与其提供的资金数额密切相关。一般情况下,资金提供多,则享有的权利就较多;反之亦然。但无论如何,应当在委托合同中约定双方的权利义务和成果的归属。合作完成的发明创造指两个以上单位或个人共同投资、共同参与研究开发工作所完成的发明创造。通常双方均会通过签订书面合同约定包括申请专利的权利归属等事宜,双方可以约定权利归合作方共有,也可以约定归其中一方所有,另一方有免费实施的权利等。我国《专利法》第八条规定,两个以上单位或者个人合作完成的发明创造、一个单位或者个人接受其他单位或者个人委托所完成的发明创造,除另有协议的以外,申请专利的权利属于完成或者共同完成该成果的单位或者个人;申请被批准后,申请的单位或者个人为专利权人。所以,对于利用外部创新资源完成的发明创造,不管是委托研发还是合作研发,双方均可以通过合同的方式,约定成果的归属,而这也是避免成果归属发生争议最直接有效的方式。如果没有约定或约定不清楚,且事后也未能达成成果归属协议的,则发明创造的成果属于完成或共同完成该成果的单位或个人。具体来说,对于委托研发而言,因为该发明创造是由受托方完成的,所以该成果归受托方的单位或个人所有;而对于合作研发而言,因为该发明创造由双方共同完成,所以成果归双方共有。

综上所述,对于委托完成的发明创造,双方可以通过合同的方式,约定成果归双方共有;而对于合作完成的发明创造,双方首先可以通过合同的方式,约定成果归双方共有,但是,如果双方没有约定或约定不清楚,事后也未能达成成果归属某一方的协议的,则该发明创造归双方共有。简单来说,对于委托完成的发明创造,只有双方的约定才能产生权利共有,而对于合作完成的发明创造,双方的约定或没有约定均有可能产生权利共有。而根据我国《专利法》第十四条的规定,专利申请权或者专利权的共有人对权利的行使有约定的,从其约定。没有约定的,共有人可以单独实施或者以普通许可方式许可他人实施该专利;许可他人实施该专利的,收取的使用费应当在共有人之间分配。可见,专利申请权或专利权的共有人之间首先可以通过合同的方式约定权利的使用。如果共有人之间就权利的行使没有约定,则共有人之一单独实施专利的,需要单独为其专利实施付出人力、物力和财力,其收益除了专利权提供的法律保障之外,更多的是实施者劳动的结果,且其他共有人同样有单独实施的权利,不分享单独实施获得的收益,不存在不公平之处,所以,单独实施专利而得到的收益不需要与其他共有人进行分配。但是,共有人单独许可他人实施专利的,许可人并没有付出如同单独实施者那样多的人力、物力和财力,收取使用费基于与其他共有人共同完成的发明创造,该收益应当认为是共有人的共同收益,所以,共有人之一进行的普通实施许可得到的收益就应当在共有人之间进行合理的分配。专利制度对于共有专利权规定了以上的收益分配原则,是为了鼓励和促进专利的实施和利用,以实现专利的经济价值和社会价值,所以要鼓励专利合理正当地使用,即便在没有共有人约定的情况下,也允许专利的单独实施或普通许可实施。但需要注意的是,除了共有人单独实施或者以普通许可方式许可他人实施该专利外,任何一方共有人行使共有的专利申请权或者专利权,包括放弃、转让申请权或专利权,许可他人独占实施该专利,对侵权行为起诉等,都应当取得全体共有人的同意。任何一方共有人不能以独占许可的方式将与他人共有的专利许可给共有人以外的第三人实施,因为独占实施许可不仅排除了其他共有人实施许可的权利,同时也排除了其他共有人自己实施的权利,因此,有可能导致权利冲突或者对其他共有人的不公平。

**案例解读**

委托开发成果的权属纠纷

原告重庆某电子有限公司诉广东某电器股份有限公司,主张被告广东某电器公司委托原告重庆某电子有限公司,以新宝公司现有电路布图资料为基础进行技术研发。委托完成后,广东某电器公司擅自将研发成果申请发明专利,侵犯了重庆某电子有限公司的专利权。因此,重庆某电子有限公司起诉请求确认该发明专利归其所有。

被告抗辩称,重庆某电子有限公司交付的设计方案是对原始电路布图的简单加工,属于加工承揽成果,应归其单独所有。

诉讼过程中,经广州知识产权法院从举证责任、法律关系性质、技术研发实施过程等方面释明,促成当事人达成调解协议,重庆某电子有限公司和广东某电器公司约定共同共有涉案专利权。本案中,重庆某电子有限公司接受委托后,在原来电路布图的基础上将其集成、优化并拓展。该技术成果后申请了集成电路布图专利。此项科技创新成果,既离不开作为"素材"的原电路布图,也凝聚了后续开发的"增值"部分,当事人之间约定共同共有的结果符合技术开发的实际情况。①

## 第二节　专利权的客体

从法理上看,法律关系客体是指法律关系主体的权利和义务指向的对象,通常包括物、非物质财富和行为结果三类。专利权的客体就是专利法的保护对象,是依照专利法授予专利权的新产品、新材料、新工艺、新装置、新应用和新设计等进行的发明创造。我国《专利法》第二条第一款规定:"本法所称的发明创造是指发明、实用新型和外观设计。"因此,专利权客体(即专利权利和义务指向的对象)就是指发明、实用新型和外观设计三种类型的专利。

**一、发明专利**

(1)发明专利的内涵理解与界定。发明专利是一种保护创造性技术创新的知识产权。美国《专利法》第101条规定,发明专利是指发明或发现了任何新颖且实用的方法、机器、产品、合成物,或者是在现有基础上作出的新颖且实用的改进。日本《专利法》规定,发明专利是指利用自然规律的有高度创造性的技术创新成果,即指针对产品技术结构、方法、工艺流程或工艺参数改进所提出的新的技术方案。世界知识产权组织主持起草并于1979年发布的《发展中国家发明专利示范法》规定,发明专利是指发明人的一种思想,是利用自然规律解决实践中各种问题的技术方案。

我国《专利法》第二条第二款规定,发明是指对产品、方法或者其改进所提出的新

---

① 参见广州知识产权法院案件文书(2019)粤73知民初709号。

的技术方案。其特点包括:①发明是一项新的技术方案,即利用自然规律解决生产、科研、实验中各种问题的技术解决方案,一般由若干技术特征组成。②按照性质划分,发明权利要求有两种基本类型,即产品权利要求和方法权利要求。产品权利要求包括人类技术生产的物(产品、设备);方法权利要求包括有时间过程要素的活动,这类活动又可以分成方法和用途两种类型。成为专利法意义上的"发明",应当符合以下条件:

第一,必须是一种技术方案。《专利审查指南》指出,技术方案是指对要解决的技术问题所采取的利用了自然规律的技术手段的集合。其能够解决技术问题,获得符合自然规律的技术效果。未采用技术手段解决技术问题,以获得符合自然规律的技术效果的方案,不属于专利法意义上的"技术方案",自然不能被授予专利权。因此,"技术方案"可以理解为专利申请人在申请专利时向专利局提交的关于发明内容的技术描述和实施方式。具体来说,技术方案应该包括发明的组成部分、操作流程和实现方式以及附图等内容。发明的组成部分应当清晰地说明发明涉及的各个部分或元件,并对它们进行详细的描述。发明的操作流程应当说明涉及改进或新增的工艺流程、机器装置、方法,以及它们之间的相互作用等。发明的实现方式应当确切地描述如何通过上述的组成部分实施操作流程,达到发明所需要的预期效果。附图则应当搭配技术方案进行提交,通过图示和说明来更加清晰地展示发明的实质。总之,发明专利的技术方案应该尽可能清晰、精准地描述发明的构造、操作、使用、制造和实现过程,从而为其获得专利权提供充分的技术支持。

第二,必须是顺应自然规律的结果。自然规律是指描述自然现象和事物运动规律的经验规则或数学公式,通过这些规律,人类可以理解自然界中各种事物之间的关系和发展趋势。自然规律存在于自然界的各个领域,如物理、化学、生物、天文等。这些规律具有客观性和普遍性,不受主观意识和社会因素的影响,因此被认为是全人类共同的科学知识财富。一些著名的自然规律包括:牛顿三大定律、万有引力定律、相对论等。这些规律反映了自然界中各种事物的基本特征和运动方式,为人类探索和利用自然提供了理论依据。发明必须建立在正确利用自然规律的基础上。历史上曾多次有人试图将"永动机"的设计方案申请发明专利权,但最终均以失败告终。永动机是一种不需要外界输入能量或者只需要一个初始能量就可以永远产生能量的机器。这种机械是违反能量守恒自然规律和热力学定律的。热力学第一定律表明第一类永动机不可能实现,因此,"永动机"并不是专利法意义上的发明。因此,"发明专利"应当是在正确利用自然规律基础上提出的改造客观世界的技术方案,依此区别于不能成为"发明专利"的"科学发现"和"智力活动的规则和方法"。

(2)发明专利的种类。《专利法》及其实施细则从我国实际情况出发,规定作为专利保护对象的发明有三种,分别是产品发明、方法发明及改进发明。

产品发明是指发明的结果表现为有一定形态的物品或者物质的发明。产品发明既可以是一种独立的产品,也可以是某一产品的零部件,还可以是一种化学物质。产品发明通常可以理解为以人造物品的形式体现出来的新技术或新方案。例如,机械结构、电子设备、化学物质等,要求该技术或方案是独创性的、有实用性的,并且能够被制造出来。产品发明是指发明的最终表现形式是实物,既包括一切有形的物体发明,又包括由不同物品相互配合构成的物品系统。在实践中,还有一种较为特殊的产品发明,即物质发明。物质发明是指通过化学方法或者物理方法获得的化合物或者混合物发明。例如,人们从自然界找到以天然形态存在的物质,这仅仅是一种发现,属于"科学发现",不属于发明,不能授予专利权。但是,如果是首次从自然界分离或提取出来的物质,其结构、形态或者其他物理化学参数是现有技术中不曾认识的,并能被确切地表征,且在产业上有利用价值,则该物质本身以及取得该物质的方法属于专利保护的客体。产品发明专利示例如图2-1所示。

**发明名称**

相机、支架和具有相机与支架的相机单元

**摘要**

本文公开了一种相机,其包括光接收部和包括所述光接收部的相机本体。所述相机本体的外表面至少在其部分上具有围绕沿左右方向延伸的转动中心线弯曲的弯曲表面,并且,当沿左右方向观察所述相机本体时,所述弯曲表面至少形成在围绕所述转动中心线彼此相对定位的部分处。本文还公开了一种支架,其包构造为保持相机外侧的相机保持部。当沿左右方向观察时,相机保持部被形成为以至少180度的角度包围所述相机的外表面,并且所述相机保持部具有内表面,所述内表面形成为使得相机可围绕转动中心线转动。

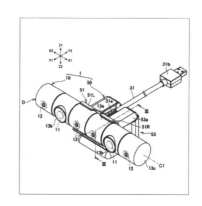

图2-1 产品发明专利示例图①

方法发明是指为使物体或物质产生质或量的变化而作用于某种具体物的动作、步骤或者其系列,该类发明的最终表现形态为一种实现某种技术效果的程序或步骤,包括所有利用了自然规律的方法。例如,加工方法、制造工艺、测试方法或产品的使用方法等所作出的发明。简单地说,方法发明是为达到某种效果而采取的一系列手

---

① 尼互动娱乐股份有限公司.相机、支架和具有相机与支架的相机单元:CN107623805B[P]2021-01-12.

段与步骤,因此,方法发明通常可以理解为以实现特定目的的流程、步骤或操作方式为核心的新技术或新方案,要求该方法具有独创性、实用性,且能够在实际应用中达到预期的效果。在实践中,人们还经常提到用途发明或者新用途发明,它是指基于发现已知产品或者方法的新的性能,并利用此性能而作出的发明,如已知药品的新的医疗用途。用途发明属于方法发明。目前,各国对方法发明的保护程度不同,我国专利法对方法发明的保护延及依照该方法所获得的产品。方法发明专利示例如图2-2所示,用途发明专利示例如图2-3所示。

**发明名称**

曝光方法、光刻方法及半导体制造方法

**摘要**

本发明揭示了一种曝光方法、光刻方法及半导体制造方法。所述曝光方法包括获得待曝光的膜层的厚度;判断所述膜层的厚度是否达到第一厚度,若达到,则依据所述膜层的厚度设定曝光能量;若未达到第一厚度,则获得所述膜层的平面差异;依据所述膜层的厚度及平面差异设定曝光能量。由此,在遇到高低差时避免了曝光能量不可控的情况,从而确保了CD的正确度和均匀性,有利于提高生产质量,提高良率。

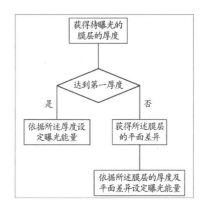

图2-2 方法发明专利示例图①

**发明名称**

染料木黄酮的用途

**摘要**

本发明提供了染料木黄酮用于治疗和预防干眼综合征或LKC的用途以及含有染料木黄酮的相应组合物。

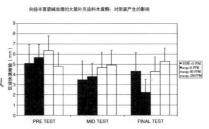

图2-3 用途发明专利示例图②

改进发明是指对现有产品或现有方法发明所作出的实质性革新的技术方案。在实践中,可以获得发明专利保护的客体也包括对现有产品或现有方法的改进。世界各国受理的专利申请中,涉及全新产品或全新方法的较少,绝大多数专利申请都是对

---

① 中芯国际集成电路制造(上海)有限公司.曝光方法、光刻方法及半导体制造方法:CN107783377B[P]2020-04-07.

② 帝斯曼知识产权资产管理有限公司.染料木黄酮的用途:CN101652135B[P]2012-09-26.

现有技术或现有方法的局部改进,这些改进虽然是在先前发明的基础上进行的,但对最终产品或方法的形成作出了新的创新性贡献,产生了新的技术效果,因此是可以获得专利授权的发明。改进发明可以理解为基于已有技术或方案进行进一步改进或优化,使其更具实用性和创新性的新技术或新方案。要求该技术或方案在原有技术或方案的基础上进行改进,而不是单纯的零散创新或简单重组,且改进后的效果必须具有实际意义和经济效益。

**二、实用新型**

(1)实用新型专利的内涵界定与理解。我国《专利法》第二条第三款规定,实用新型是指对产品的形状、构造或者其结合所提出的适于实用的新的技术方案。根据《专利审查指南》第一部分第二章规定,产品的形状是指产品所具有的、可以从外部观察到的确定的空间形状。对产品形状所提出的技术方案可以是对产品的三维形态的空间外形所提出的技术方案,如对凸轮形状、刀具形状作出的改进;也可以是对产品的二维形态所提出的技术方案,如对型材的断面形状的改进。产品的构造是指产品的各个组成部分的安排、组织和相互关系。无确定形状的产品,如气态、液态、粉末状、颗粒状的物质或材料,其形状不能作为实用新型产品的形状特征。产品的构造可以是机械构造,也可以是线路构造。机械构造是指构成产品的零部件的相对位置关系、连接关系和必要的机械配合关系等,线路构造是指构成产品的元器件之间的确定的连接关系。复合层可以认为是产品的构造,产品的渗碳层、氧化层等属于复合层结构。物质的分子结构、组分、金相结构等不属于实用新型专利给予保护的产品的构造。例如,仅改变焊条药皮组分的电焊条不属于实用新型专利保护的客体。

(2)实用新型专利的特征。实用新型专利是对特定产品或构造上的改进,在原有技术基础上作出的创新性的技术方案。它要求对已有的产品或装置作出局部改进,提高原有技术的使用效能,或者开发新的产品或装置,让其具有特定功能或效果,从而使得该方案达到实用的目的。因此,实用新型专利主要用于保护新型技术或方案中的小改进和创新。与发明专利不同,实用新型专利的创新程度相对较低,但因为其申请流程简便、审查周期短、费用相对较低,所以在实际应用中具有广泛的适用性。实用新型具有以下特征:

①属于改进型创新。与发明专利相比,实用新型专利所涉及的技术和方案创新高度有限,通常是在已有技术的基础上作出的改进或者局部创新。②实用性强。实用新型专利所保护的技术和方案须具有一定的实用性,即能够在实际使用中起到一定的作用和效果,从而满足市场需求。③具有明显的申请密集性。实用新型专利申

请量巨大,反映了实用新型专利作为一种便捷的技术创新成果保护方式的广泛适用性。④周期短、费用低。与发明专利相比,实用新型专利申请流程简便,审查周期相对较短,审查费用相对较低。⑤只能是具有一定的形状或构造的产品。实用新型只可能是产品,即具有确定形状、构造且占据一定物理空间的产品,各种方法、产品的用途,无确定形状的产品,如气态、液态、粉末状、颗粒状的物质或材料,均不属于实用新型专利保护的客体。⑥产品形状、构造或其结合能够解决技术问题。实用新型作为一种技术方案,应同发明专利一样能够正确利用自然规律解决技术问题,如将铅笔设计成三棱柱或六棱柱形状,可以有效防止铅笔滚落,将雨伞设计成三折或者五折可以减小雨伞的体积。这是实用新型与外观设计的根本区别,如果产品的形状只能给人美感,却无法解决任何技术问题,则对该产品的设计并非实用新型,而属于外观设计。实用新型专利示例如图2-4所示。

**发明名称**

相机密封盖及相机

**摘要**

本实用新型揭示了一种相机密封盖,包括:盖体,用于安装至相机的待密封开口;密封件,至少部分包覆在所述盖体周围,以密封所述盖体与相机的待密封开口之间的间隙;防丢件,一端连接至所述盖体上,另一端连接至相机上。与现有技术相比,本实用新型相机密封盖通过防丢件连接至相机上,有效地解决了现有相机密封盖常常丢失的问题。此外,本实用新型还揭示了与相机密封盖配合的相机。

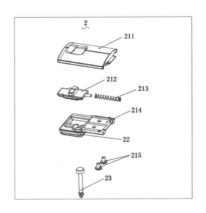

图2-4 实用新型专利示例图①

(3)实用新型与发明专利的区别。实用新型与发明虽然都属于技术方案,但作为不同的专利客体,二者之间有着明显的区别,主要表现为以下几点(表2-1):

第一,实用新型专利的创造性低于发明专利。我国《专利法》对申请发明专利的要求是,同申请日以前的已有技术相比,有突出的实质性特点和显著进步。而对实用新型的要求是,与申请日以前的已有技术相比,有实质性特点和进步。对发明强调了"突出的实质性特点"和"显著进步",而对实用新型只要求"实质性特点和进步"。可见,发明专利的创造性程度要高于实用新型专利,实用新型又因此被称为"小发明"。

第二,实用新型专利所包含的范围小于发明专利。发明可以是产品发明,也可以

---

① 影石创新科技股份有限公司.相机密封盖及相机:CN213126170U[P]2021-05-04.

是方法发明,还可以是改进发明。除《专利法》有特别规定以外,任何发明都可以依法获得专利权。实用新型仅限于产品的形状、构成或者其组合所提出的实用的新的技术方案。这样,各种制造方法就不能申请实用新型专利。同时,与形状、构造或其组合无关的产品也不可能有实用新型产生。因此,实用新型的范围比发明狭窄,仅限于产品的形状、构造或其组合所提出的适于实用的新的技术方案,不涉及新方法。

第三,实用新型专利保护期短于发明。《专利法》规定,发明专利权的期限为二十年,实用新型专利权的期限为十年,均是自申请日起计算。相比之下,实用新型专利的保护期比发明专利的保护期要少十年。

第四,实用新型专利的审批过程比发明专利简单。根据我国《专利法》的规定,专利局收到实用新型专利的申请后,经初步审查认为符合专利法要求,没有发现驳回条件的,即可公告,并通知申请人,发给实用新型专利证书。而对发明专利,则遵循"早期公开,迟延审查"原则,必须经过实质审查。可见,无论是审查的手续,还是耗费的审查时间,发明专利比实用新型专利要更加复杂,时间成本更高。

表 2-1 实用新型与发明的区别

| 专利权客体 | | 发 明 | 实用新型 |
|---|---|---|---|
| 相同点 | | 都属于技术方案 | |
| 不同点 | 保护范围 | 产品发明+方法发明 | 仅保护产品 |
| | 保护期限 | 相对较长:20 年 | 相对较短:10 年 |
| | 创新高度 | 相对较高:有突出的实质性特点和显著的进步 | 相对较低:具有实质性特点和进步 |
| | 审查程序 | 严格的实质审查 | 只做初步审查 |

### 三、外观设计

(一)外观设计专利的内涵界定与理解

随着人们物质生活水平的不断提高,消费者对产品的追求和品位也在不断提升。公众不但追求获得性能良好、功能齐全、使用方便、价格低廉、安全可靠的产品,也追求样式新颖、风格时尚、美观大方、赏心悦目的产品。前一类产品通过技术创新产生,后一类产品通过设计创新产生。[①] 授予外观设计专利权的主要目的在于促进产品外观的改进,增强产品的市场竞争力,美化生活或者工作的环境和氛围。根据《专利法》

---

① 吴观乐.外观设计专利的保护[M]//国家知识产权局法条司.专利法及专利法实施细则第三次修改专题研究报告.北京:知识产权出版社,2006.

第二条第四款的规定,外观设计是指对产品的整体或者局部的形状、图案或者其结合以及色彩与形状、图案的结合所作出的富有美感并适于工业应用的新设计。与发明专利和实用新型专利不同,外观设计专利主要保护产品在外观上的独特性,而非技术方案本身。外观设计专利的内涵包括两个方面:一方面,外观设计的可保护性,即外观设计专利所保护的外观表现必须是视觉上新颖、独特并且具有辨识度的,既没有被公众所了解,也不属于先前与之相同或者类似的设计中已经公开或出现过的;另一方面,外观设计具有实用性,即外观设计专利所保护的对象必须是一种实际存在的可供生产或者销售的物品,而非单纯的概念或想法。

(二)外观设计专利的特征

第一,外观设计是对工业产品外观进行的设计。只有对工业产品的整体或者局部的形状、图案或者其结合以及色彩与形状、图案的结合才可能是专利法意义上的外观设计。脱离工业产品而进行的形状、图案或其与色彩结合的设计可能构成著作权法意义上的平面或立体的美术作品,而不是专利法意义上的外观设计。设计方案应该附着在工业产品上,以产品作为载体,不能满足这一要求的,不能授予外观设计专利权。也就是说,外观设计是产品的外观设计,其载体应当是产品。不能重复生产的手工艺品、农产品、畜产品、自然物不能作为外观设计的载体。例如,根雕作品是在每个天然树根的独特外形基础上经过手工雕刻后制成的作品,采用不同的原料制成的作品的外观是不同的,不能以工业生产的方法批量化、重复地制造,因此不是专利法意义上的外观设计。除此之外,取决于特定地理条件、不能重复再现的建筑物、桥梁的形状,以及无法稳定再现的纯手工艺品、农畜产品等也不能构成外观设计。针对实践中屡次出现的局部外观设计创新被他人通过简单拼凑、替换等方式加以模仿而无法进行有效救济的现象,《专利法》第四次修改扩大了对于外观设计的保护范围,对产品的局部和整体设计都能获得外观设计专利权,满足了创新主体对于局部外观设计保护的需求,顺应了国际外观设计制度的发展趋势。

第二,外观设计是对产品形状、图案和色彩的设计。根据专利法关于外观设计的规定,对产品的外观作出的设计方案的构成要素是形状、图案和色彩。我国《专利审查指南》第一部分第三章规定,构成外观设计的是产品的外观设计要素或要素的结合,其中包括形状、图案或者其结合以及色彩与形状、图案的结合。产品的色彩不能独立构成外观设计,除非产品色彩变化的本身已形成一种图案。可以构成外观设计的组合包括:产品的形状、产品的图案、产品的形状和图案、产品的形状和色彩、产品的图案和色彩、产品的形状、图案和色彩。其中,形状是指对产品造型的设计,也就是指产品外部的点、线、面的移动、变化、组合而呈现的外表轮廓,即对产品的结构、外形等同时进行设计、制造的结果;图案是指由任何线条、文字、符号、色块的排列或组合而在产品的表面构成的图形。图案可以通过绘图或其他能够体现设计者的图案设计构思的手段制作。产品的图案应当是固定、可见的,而不应是时有时无或需要在特定的条件下才能看见的。色彩是指用于产品上的颜色或者颜色的组合,制造该产品所用材料的本色不是外观设计的色彩。外观设计要素,即形状、图案、色彩是相互依存的,有时其界限是难以界定的,如多种色块的搭配构成了图案。

第三,外观设计应当适于工业应用的、富有美感的新设计。适于工业应用是指该外观设计能应用于产业上并形成批量生产,而富有美感则是指在判断是否属于外观设计专利权的保护客体时,关注的是产品的外观给人的视觉感受,而不是产品的功能特性或者技术效果。外观设计专利示例如图2-5所示。

**发明名称**

相机

**摘要**

1. 本外观设计产品的名称:相机。;2. 本外观设计产品的用途:该相机用于捕获图像或视频。;该相机可以附接到移动设备上,其中,该相机可以包括红外相机、可见光相机、其他类型的相机和/或其组合,例如红外相机和可见光相机的组合。;3. 本外观设计产品的设计要点:相机的形状。;4. 最能表明本外观设计设计要点的图片或照片:<u>设计1立体图1</u>。;5. 指定基本设计:设计1和设计2是相似外观设计,其中设计1为基本设计。

图2-5 外观设计专利示例图①

外观设计专利的保护对象是在外观上具备新颖、独特、具有辨识度的工业或手工制品。因此,一个具有美感的外观设计可以提高产品的艺术性和吸引力,进而使商品与众不同、脱颖而出。富有美感设计也有助于增强产品市场竞争力。在市场竞争日益激烈的背景下,消费者的购买决策不再只考虑商品的实用功能,也更倾向于注重商品的品质与审美价值。因此,一个富有美感的外观设计可以增强消费者的品牌认知和对产品的好感度,从而提高销售额和市场占有率,为企业创造经济效益和市场优势。

当然,需要说明的是,"美感"属于人的主观感受,不同的人由于文化信仰、生活环境、受教育水平的不同,对于美的判断与感受也不同。因此,在对外观设计专利申请

---

① 菲力尔系统公司.相机:CN304427140S[P]2017-12-26.

进行审查时,对于要求保护的外观设计是否满足新设计的一般性要求,审查员通常仅需根据申请文件的内容及一般消费者的常识进行判断,对是否具有美感仅做定性判断,而不做定量判断,只要应用在产品上的设计有一定特色,给一部分消费者带来美的体验,就符合"具有美感"的要求。

(三)外观设计与发明、实用新型的区别

它们均是受专利保护的客体,在申请外观设计、发明或实用新型专利时,都需要提交相关文件、制图或样品等专利申请材料,并需要经审查后才能获批授权。此外,这三种专利都可以对相关技术领域内的创新成果进行保护,提高创新成果的商业价值和可持续发展能力。但是作为不同类型的专利客体,外观设计与发明、实用新型之间有着本质的区别,主要表现在:其一,保护对象不同。发明和实用新型专利主要保护的是一种新的技术方案或者某种使用性能上的改进;而外观设计专利则主要保护产品在外观上具有视觉可见性的表现,如形状、图案、颜色或其组合。其二,创新程度不同。发明专利创新程度相对较高,是基于全新理念或者解决长期技术难题的创新成果;实用新型是"小发明",通常是建立在一个已有的发明创新的基础之上进行的局部改善;而外观设计专利则是要求产品在外观上具备新颖性、独特性并且具有辨识度。其三,保护时限不同。三种专利的保护期限也是不一样的。发明专利保护期限为20年,实用新型是10年,而外观设计则是15年,均是从申请日开始计算。可见,虽然发明、实用新型和外观设计都属于专利范畴,但保护对象、创新高度和保护期限等方面均不相同,专利申请人应根据创新产品的具体需求,选择相应的专利进行申请保护。三种专利客体之间的区别如表2-2所示。

表2-2 发明、实用新型与外观设计的区别

| 专利权客体 | 保护范围 | 审批程序 | 优先权期限 | 审批条件 | 保护期限 | 强制许可 |
| --- | --- | --- | --- | --- | --- | --- |
| 发明 | 产品、方法或者其改进提出的新的技术方案 | 须实质审查,审查周期较长 | 12个月 | 新颖性、创造性、实用性 | 20年 | 可以 |
| 实用新型 | 只能保护产品,不能保护新方法 | 仅做初步审查,审查周期较短 | | | 10年 | |
| 外观设计 | 关于产品外表的装饰性或艺术性的设计,不要求解决技术问题 | | 6个月 | 新颖性、区别性、不构成权利冲突 | 15年 | 不可以 |

## 第三节 可专利性与专利保护客体的排除领域

### 一、可专利性的内涵理解

可专利性，又称专利适格性，是指一项发明创造获得专利权应当具备的实质性条件，即该项发明创造本身所应当具有的本质特征。专利权作为一种独占权，其属性决定了并非任何发明创造都能够被授予专利权。因此，发明、实用新型、外观设计的专利申请，应满足专利法所规定的授权条件，才能获得专利权，受到专利法的保护。广义的可专利性的判断包括三个方面：第一，申请专利的发明创造是《专利法》所指的发明、实用新型和外观设计；第二，申请专利的发明创造不是《专利法》排除的对象；第三，申请专利的发明或者实用新型符合《专利法》规定的新颖性、创造性和实用性；申请专利的外观设计符合《专利法》规定的新颖性、区别性和不构成权利冲突。而狭义的可专利性主要是指一项专利申请是否属于《专利法》保护的客体范围，或者说是否属于专利保护客体的排除领域或情形。

可专利性在不同的国家和地区有不同的规定，但通常来说，一项专利申请必须要满足特定的技术和法律要求才能获得专利保护。申请人在进行专利申请前应充分了解相关情况并制定合理的申请策略。可专利性或者说专利适格性是一项专利申请获得授权的基本前提条件。专利审查员在接到一项专利申请的时候，首先要判断该专利申请是否具有可专利性，然后再去判断该专利申请是否满足其他的授权条件（如"新颖性、创造性和实用性"）。如果经审查发现，专利申请不具有可专利性，则专利审查结束，不再进行其他的授权条件的审查。

### 二、专利保护客体的排除领域

与其他大多数国家一样，我国关于可专利性的规定，不是通过正向列举的"肯定性"方式进行规定，而是通过反向列举的"否定性"方式进行规定。也就是说，我们国家专利法没有直接规定哪些客体主题具有可专利性，但是明确规定了哪些客体主题不具有可专利性。如果专利申请不属于专利法明确规定的专利保护客体排除领域，则可以认为具有可专利性，才有获得专利授权的可能性；反之则不然。考虑到国家和社会的利益，我国专利法规定的专利保护客体的排除领域包括以下具体情形：

(一)违反法律、社会公德和妨害公共利益的发明创造

《专利法》第五条规定,对违反法律、社会公德或者妨害公共利益的发明创造,不授予专利权,具体表现为:

(1)违反法律的发明创造。法律是指由全国人民代表大会或者全国人民代表大会常务委员会依照立法程序制定和颁布的法律。它不包括行政法规和规章。发明创造与法律相违背的,不能被授予专利权。例如,用于赌博的设备、机器或工具,吸毒的器具,伪造国家货币、票据、公文、证件、印章、文物的设备等都属于违反法律的发明创造,不能被授予专利权。需要注意的是,如果发明创造并没有违反法律,但是由于其被滥用而违反法律的,则不属此列。例如,用于医疗的各种毒药、麻醉品、镇静剂、兴奋剂和用于娱乐的棋牌等。根据《专利法实施细则》的有关规定,违反法律的发明创造,不包括仅其实施为法律所禁止的发明创造。也就是说,如果仅仅是发明创造的产品的生产、销售或使用受到法律的限制或约束,则该产品本身及其制造方法并不属于违反法律的发明创造。例如,用于国防的各种武器的生产、销售及使用虽然受到法律的限制,但这些武器本身及其制造方法仍然属于可给予专利保护的客体,用于医疗的各种毒药、麻醉品、镇静剂、兴奋剂和用于娱乐的棋牌等也属于此列。

(2)违反社会公德的发明创造。社会公德是指公众普遍认为是正当的、并被接受的伦理道德观念和行为准则。社会公德的内涵基于一定的文化背景,随着时间的推移和社会的进步不断地发生变化,而且因地域不同而各异。因此,我国专利法中所称的社会公德限于我国境内。发明创造与社会公德相违背的,不能被授予专利权。例如,带有暴力凶杀或者淫秽的图片或者照片的外观设计、非医疗目的的人造性器官或者其替代物、人与动物交配的方法、改变人生殖系遗传同一性的方法或改变了生殖系遗传同一性的人、克隆的人或克隆人的方法、人胚胎的工业或商业目的的应用、可能导致动物痛苦而对人或动物的医疗没有实质性益处的改变动物遗传同一性的方法等,上述发明创造违反社会公德,不能被授予专利权。但是,根据我国《专利审查指南》的有关规定,如果发明创造是利用未经过体内发育的受精14天以内的人类胚胎分离或者获取干细胞的,则不能以"违反社会公德"为理由拒绝授予专利权。

(3)妨害公共利益的发明创造。妨害公共利益,是指发明创造的实施或使用会给公众或社会造成危害,或者会使国家和社会的正常秩序受到影响。例如,发明创造以致人伤残或损害财物为手段的,如一种使盗窃者双目失明的防盗装置及方法,不能被授予专利权;发明创造的实施或使用会严重污染环境、严重浪费能源或资源、破坏生态平衡、危害公众健康的,不能被授予专利权;专利申请的文字或者图案涉及国家重

大政治事件或宗教信仰、伤害人民感情或民族感情或者宣传封建迷信的,不能被授予专利权。但是,根据我国《专利审查指南》的有关规定,如果发明创造因滥用而可能造成妨害公共利益的,或者发明创造在产生积极效果的同时存在某种缺点的,如对人体有某种副作用的药品,则不能以"妨害公共利益"为理由拒绝授予专利权。

总之,上述关于违反国家法律、社会公德或者妨害社会公共利益的发明创造不授予专利权,目的在于防止对可能扰乱正常社会秩序、导致犯罪或者造成其他不安定因素的发明创造被授予专利权,其出发点是维护国家和人民的根本利益。当然,需要注意的是,法律、行政法规、社会公德和公共利益的含义较广泛,常因时期、地区的不同而有所变化,有时由于新法律、行政法规的颁布实施或原有法律、行政法规的修改、废止,会增设或解除某些限制,因此,此项关于专利客体排除领域的规定也需要根据具体的情形进行调整和适用。

(二)依赖以违法方式获取或利用的遗传资源完成的发明创造

《专利法》第五条第二款规定,对违反法律、行政法规的规定获取或者利用遗传资源,并依赖该遗传资源完成的发明创造,不授予专利权。专利法增加这一内容的原因,在于《生物多样性公约》的产生。1992年《生物多样性公约》中规定了三个原则:一是遗传资源的国家主权原则,即原来对遗传资源没有规定国家主权,被当作人类社会的共同遗产,从公约生效之日起,遗传资源也属于国家主权的范围。二是"知情同意"原则,即任何人要利用遗传资源,均要经过国家主管机关的同意方可以利用。三是"惠益共享"原则。即基于对遗传资源利用带来的商业上的收益,遗传资源的原始来源地也应当以某种方式分享,即不能"白用"。因此,我国专利法第三次修改中增加规定本款内容的目的在于在专利制度中落实《生物多样性公约》的上述规定,有效地保护我国的生物遗传资源,促进我国遗传资源的合理和有序利用。

根据我国《专利法实施细则》的相关规定,专利法所称遗传资源是指取自人体、动物、植物或者微生物等含有遗传功能单位并具有实际或者潜在价值的材料和利用此类材料产生的遗传信息;而专利法所称依赖遗传资源完成的发明创造是指利用了遗传资源的遗传功能完成的发明创造。其中,"遗传功能"是指生物体通过繁殖将性状或者特征代代相传或者使整个生物体得以复制的能力;"遗传功能单位"是指生物体的基因或者具有遗传功能的 DNA 或者 RNA 片段;"取自人体、动物、植物或者微生物等含有遗传功能单位的材料"是指遗传功能单位的载体,既包括整个生物体,又包括生物体的某些部分,如器官、组织、血液、体液、细胞、基因组、基因、DNA 或者 RNA 片段等;"发明创造利用了遗传资源的遗传功能"是指对遗传功能单位进行分离、分析、处理等，以完成发明创造，实现其遗传资源的价值。

"违反法律、行政法规的规定获取或者利用遗传资源"是指遗传资源的获取或者利用未按照我国有关法律、行政法规的规定事先获得有关行政管理部门的批准或者相关权利人的许可。例如，按照《中华人民共和国畜牧法》和《中华人民共和国畜禽遗传资源进出境和对外合作研究利用审批办法》的规定，向境外输出列入中国畜禽遗传资源保护名录的畜禽遗传资源应当办理相关审批手续，某发明创造的完成依赖于中国向境外出口的列入中国畜禽遗传资源保护名录的某畜禽遗传资源，未办理审批手续的发明创造不能被授予专利权。

**延伸阅读**

中国是遗产资源丰富的国家，在农作物、中草药、花卉以及动物和人类基因多样性等方面均有大量的遗产资源可以利用。1974年，美国一位育种专家在我国上海闵南区发现一种野生大豆，便采集了该野生大豆带有遗传基因的材料，并放入美国农业部野生大豆种子资源库。美国孟山都公司在该遗产材料中发现了与控制大豆高产性状密切相关的"标记基因"，利用该遗传材料发明了"高产大豆及其栽培、检测方法"，并向美国等100多个国家提出了64项专利保护申请。一旦该申请获得批准，在拥有世界90%以上野生大豆资源的大豆原产国中国，要种植含有此类"标记基因"的转基因作物，就要经美国人许可并向其付费，这对于贡献了基因材料的中国人而言显然是不公平的。在事件发生的1974年，无论国际还是国内，都没有规定禁止遗传资源的采集。假定发生在现在，根据第三次专利法修改第五条第二款的规定，美国育种专家就不能随意采集和带走该野生大豆的遗传资料，而首先要向我国有关部门提出请求，经许可后才可以采集，否则，该发明在中国不能获得专利权。

(三) 科学发现

科学发现是指对自然界中客观存在的物质、现象、变化过程及其特性和规律的揭示。科学理论是对自然界认识的总结，是更为广义的发现。它们都属于人们认识的延伸。这些被认识的物质、现象、过程、特性和规律不同于改造客观世界的技术方案，不是专利法意义上的发明创造，因此不能被授予专利权。例如，发现卤化银在光照下有感光特性，这种发现不能被授予专利权，但是根据这种发现制造出的感光胶片以及此感光胶片的制造方法则可以被授予专利权。又如，从自然界找到一种以前未知的以天然形态存在的物质，仅仅是一种发现，不能被授予专利权。因此，我国《专利法》

第二十五条第一项明确规定,对"科学发现"不授予专利权。当然,需要说明的是,根据我国《专利审查指南》的相关规定,如果是首次从自然界分离或提取出来的物质,其结构、形态或者其他物理化学参数是现有技术中不曾认识的,并能被确切地表征,且在产业上有利用价值,则该物质本身以及取得该物质的方法均可依法被授予专利权。而且应当注意的是,发明和发现虽有本质不同,但两者关系密切。通常情况下,很多发明是建立在发现的基础之上的,进而又促进了发现。发明与发现的这种密切关系在化学物质的"用途发明"上表现最为突出,当发现某种化学物质的特殊性质之后,利用这种性质的"用途发明"则应运而生。

**延伸阅读**

科学发现权又称发现权,是指发现人依法对经其智力劳动后所设计的科学方案以及由此得出未知领域客观存在的科学规律、现象而享有的专有性权利。[①] 由于科学发现对象的特殊性,当前学术界对于科学发现权是否具有知识产权属性存在较大争议,主要有以下几个方面:

第一,有观点认为科学发现的成果是客观存在的自然规律与现象,属于公有领域的信息,不具有创造性。值得注意的是,虽然科学发现不是人类的创造成果,但是科学家在发现自然现象和认识自然规律的过程中的智力创造性劳动却是不可否认的。具体的科学发现是由发现人设计特定方案、制造特定条件、使用特定方法所得出的,其创造性表现于科学发现从未知到已知的整个过程。

第二,反对科学发现权具有知识产权属性的另一理由是知识产权是权利人对其智力劳动成果享有的一种专有权,本质上是一种无形财产权。发现人对于科学发现不具有专有权,也不具有直接的财产内容。应该认识到的是,知识产权的专有性并不是绝对的。对于各种类型的知识产权,法律都规定了"权利限制"(如发明专利权的保护时限为20年)。因此,法律在专利领域限制发现权人对科学发现的专有权并不意味着知识产权排除科学发现的专有权保护。此外,对于知识产权财产权的理解不应局限于"可贸易性",如专利转让费或许可使用费;权利人基于其智力劳动成果能够带来物质利益的权利,都应视为财产权利。发现权具有财产权利的内容,具体表现为因发现获得报酬权和获得物质奖励权。

综上所述,科学发现仍然是发现者智力创造活动的结果,故而科学发现权具有知识产权属性。科学发现权是一种以人身权为主,兼具财产权的知识产权。其人身权

---

① 宋伟,蒋锐.科学发现权的权利本质与制度构造[J].电子知识产权,2023(01):4-16.

主要表现为表明身份权和荣誉权,其财产权主要表现为获得报酬权和获得物质奖励权。

在总体国家安全观视域下,知识产权对我国的产业安全影响大体可归纳为三类:一是技术创新受到限制,二是技术使用费负担沉重,三是关键技术产品或装备遭遇"卡脖子"问题。从知识产权对产业安全发挥作用的着力点来看,其发挥影响的基本路径可归结为主导创新链、支配价值链、控制创新链。实现科技自立自强,高质量自主知识产权的创造是根本保障。鉴于此,我们需要加强对自主原创性技术的保护,科学发现作为其"源头活水",亟待知识产权全链条的制度建构。

### (四)智力活动的规则和方法

专利权的本质特征是一项禁止性权利,即禁止他人未经专利权人许可而实施其专利的行为,但不能用来禁锢人的思想或思维活动。智力活动的规则方法涉及或至少包含在人的头脑中进行的思维活动,试图将这样的思维活动置于专利独占权的控制范围之内既不具有合理性,也不符合科学规律,更不具有现实可行性。因此,我国《专利法》第二十五条第二项明确规定,对"智力活动的规则和方法"发明创造不授予专利权。

智力活动是指人的思维运动,它源于人的思维,经过推理、分析和判断产生出抽象的结果,或者必须经过人的思维运动作为媒介,间接地作用于自然产生结果。智力活动的规则和方法是指导人们进行思维、表述、判断和记忆的规则和方法。由于其没有采用技术手段或者利用自然规律,也未解决技术问题和产生技术效果,因而不构成技术方案,不符合专利法关于专利保护客体主题的规定。因此,指导人们进行这类活动的规则和方法不能被授予专利权。根据《专利审查指南》的相关规定,在判断涉及智力活动的规则和方法的专利申请要求保护的主题是否属于可授予专利权的客体时,应当遵循以下原则:①如果一项权利要求仅仅涉及智力活动的规则和方法,则不应当被授予专利权。如果一项权利要求,除其主题名称以外,对其进行限定的全部内容均为智力活动的规则和方法,则该权利要求实质上仅仅涉及智力活动的规则和方法,也不应当被授予专利权。例如,审查专利申请的方法,组织、生产、商业实施和经济等方面的管理方法及制度,演绎、推理和运筹的方法,计算机的语言及计算规则,数学理论和换算方法,心理测验方法,教学、授课、训练和驯兽的方法,各种游戏、娱乐的规则和方法,信息表达方法,计算机程序本身等。②如果一项权利要求在对其进行限定的全部内容中既包含智力活动的规则和方法的内容,又包含技术特征的内容,则该权利要求就整体而言并不是一种智力活动的规则和方法,不应当依据《专利法》第二十五条排除其获得专利权的可能性。

**实务探讨**

许多国家的专利法规定,计算机程序本身和商业经营方法不能获得专利保护。随着科学技术的发展,与计算机程序和商业方法相关的主题是否属于能够授予专利权的主题范畴的问题引起了世界各国的高度关注,多年来一直是专利制度实务和理论领域的重要议题之一。根据我国《专利法》的规定,计算机程序是否属于能够授予专利权的主题范畴,取决于所要求保护的主体是否构成《专利法》第二条第二款所规定的"技术方案"。我国《专利审查指南》第二部分第九章专门讨论了关于涉及计算机程序的发明专利申请审查的规定,主要内容可以概括为以下四个方面:

第一,如果涉及计算机程序的发明专利申请的解决方案执行计算机程序的目的是解决技术问题,在计算机上运行计算机程序从而对外部或内部对象进行控制或处理所反映的是遵循自然规律的技术手段,并且由此获得符合自然规律的技术效果,则这种解决方案属于《专利法》第二条第二款所说的技术方案,属于专利保护的客体。例如,如果涉及计算机程序的发明专利申请的解决方案执行计算机程序的目的是实现一种工业过程、测量或测试过程控制,通过计算机执行一种工业过程控制程序,按照自然规律完成对该工业过程各阶段实施的一系列控制,从而获得符合自然规律的工业过程控制效果,则这种解决方案属于《专利法》第二条第二款所说的技术方案,属于专利保护的客体。

第二,如果涉及计算机程序的发明专利申请的解决方案执行计算机程序的目的不是解决技术问题,或者在计算机上运行计算机程序从而对外部或内部对象进行控制或处理所反映的不是利用自然规律的技术手段,或者获得的不是受自然规律约束的效果,则这种解决方案不属于《专利法》第二条第二款所说的技术方案,不属于专利保护的客体。例如,某人编写了一套翻译程序,输入一种语言文字后,程序将指挥计算机按照预先设定的规则和词汇及语句之间的对应关系输出另一种语言文字。该程序本质上仅体现了不同语言文字之间的转换规则,只是一种智力活动的规则和方法,因此不构成方法发明。

第三,如果涉及计算机程序的发明专利申请的解决方案执行计算机程序的目的是处理一种外部技术数据,通过计算机执行一种技术数据处理程序,按照自然规律完成对该技术数据实施的一系列技术处理,从而获得符合自然规律的技术数据处理效果,则这种解决方案属于《专利法》第二条第二款所说的技术方案,属于专利保护的客体。

第四,如果涉及计算机程序的发明专利申请的解决方案执行计算机程序的目的是改善计算机系统内部性能,通过计算机执行一种系统内部性能改进程序,按照自然规律完成对该计算机系统各组成部分实施的一系列设置或调整,从而获得符合自然规律的计算机系统内部性能改进效果,则这种解决方案属于《专利法》第二条第二款所说的技术方案,属于专利保护的客体。

(五)疾病的诊断和治疗方法

多数国家的专利法都将疾病的诊断治疗方法排除在能够授予专利权的主题范畴之外。TRIPs协议第二十七条第三款规定,各成员可以排除人和动物的诊断、治疗和手术方法的专利性。疾病的诊断和治疗方法是指以有生命的人体或者动物体为直接实施对象,进行识别、确定或消除病因或病灶的过程。出于人道主义的考虑和社会伦理的原因,医生在诊断和治疗过程中应当有选择各种方法和条件的自由。另外,这类方法直接以有生命的人体或动物体为实施对象,无法在产业上利用,不属于专利法意义上的发明创造。因此疾病的诊断和治疗方法不能被授予专利权。但是,用于实施疾病诊断和治疗方法的仪器或装置,以及在疾病诊断和治疗方法中使用的物质或材料属于可被授予专利权的客体。

(1)疾病的诊断方法。疾病的诊断方法是指为识别、研究和确定有生命的人体或动物体病因或病灶状态的过程。不能被授予专利权的与疾病诊断有关的方法需要同时满足两个条件:第一,以有生命的人体或动物体为对象;第二,以获得疾病诊断结果或健康状况为直接目的。如果一项发明从表述形式上看是以离体样品为对象的,但该发明是以获得同一主体疾病诊断结果或健康状况为直接目的的,则该发明仍然不能被授予专利权。如果请求专利保护的方法中包括了诊断步骤或者虽未包括诊断步骤但包括检测步骤,而根据现有技术中的医学知识和该专利申请公开的内容,只要知晓所说的诊断或检测信息,就能够直接获得疾病的诊断结果或健康状况,则该方法满足上述第二个条件。例如,血压测量法、诊脉法、足诊法、X光诊断法、超声诊断法、胃肠造影诊断法、内窥镜诊断法、同位素示踪影像诊断法、红外光无损诊断法、患病风险度评估方法、疾病治疗效果预测方法、基因筛查诊断法。

以下几类方法是不属于诊断方法的例子:第一,在已经死亡的人体或动物体上实施的病理解剖方法;第二,直接目的不是获得诊断结果或健康状况,而只是从活的人体或动物体获取作为中间结果的信息的方法,或处理该信息(形体参数、生理参数或其他参数)的方法;第三,直接目的不是获得诊断结果或健康状况,而只是对已经脱离人体或动物体的组织、体液或排泄进行处理或检测以获取作为中间结果的信息的方法,或处理该信息的方法。

(2)疾病的治疗方法。治疗方法是指为使有生命的人体或者动物体恢复或获得健康或减少痛苦,进行阻断、缓解或者消除病因或病灶的过程,包括以治疗为目的或者具有治疗性质的各种方法。预防疾病或者免疫的方法视为治疗方法。对于既可能包含治疗目的,又可能包含非治疗目的的方法,应当明确说明该方法用于非治疗目的,否则不能被授予专利权,包括外科手术治疗方法、药物治疗方法、心理疗法,以治疗为目的的针灸、麻醉、推拿、按摩、刮痧、气功、催眠、药浴、空气浴、阳光浴、森林浴和护理方法,为预防疾病而实施的各种免疫方法,为实施外科手术治疗方法或药物治疗方法采用的辅助方法,以治疗为目的的受孕、避孕、增加精子数量、体外受精、胚胎转移等方法,处置人体或动物体伤口的方法(如伤口消毒方法、包扎方法),以治疗为目的的其他方法,(如人工呼吸方法、输氧方法)。需要指出的是,虽然使用药物治疗疾病的方法是不能被授予专利权的,但是,药物本身是可以被授予专利权的。

以下几类方法是不属于治疗方法的例子,不属于本项拒绝授予其专利权的主题:第一,制造假肢或者假体的方法,以及为制造该假肢或者假体而实施的测量方法。例如,一种制造假牙的方法,该方法包括在病人口腔中制作牙齿模具,而在体外制造假牙。虽然其最终目的是治疗,但是该方法本身的目的是制造出合适的假牙。第二,通过非外科手术方式处置动物体以改变其生长特性的畜牧业生产方法。例如,通过对活羊施加一定的电磁刺激促进其增长、提高羊肉质量或增加羊毛产量的方法。第三,动物屠宰方法。第四,对于已经死亡的人体或动物体采取的处置方法。例如,解剖、整理遗容、尸体防腐、制作标本的方法。第五,单纯的美容方法,即不介入人体或不产生创伤的美容方法,包括在皮肤、毛发、指甲、牙齿外部可为人们所视的部位局部实施的,非治疗目的的身体除臭、保护、装饰或者修饰方法。第六,为使处于非病态的人或者动物感觉舒适、愉快或者在诸如潜水、防毒等特殊情况下输送氧气、负氧离子、水分的方法。第七,杀灭人体或者动物体外部(皮肤或毛发上,但不包括伤口和感染部位)的细菌、病毒、虱子、跳蚤的方法。

(3)外科手术方法。外科手术方法是指使用器械对有生命的人体或者动物体实施的剖开、切除、缝合、纹刺等创伤性或者介入性治疗或处置的方法,这种外科手术方法不能被授予专利权。但是,对于已经死亡的人体或者动物体实施的剖开、切除、缝合、纹刺等处置方法,只要该方法不违反《专利法》第五条第一款,则属于可被授予专利权的客体。外科手术方法分为治疗目的和非治疗目的的外科手术方法。以治疗为目的的外科手术方法,属于治疗方法,根据本项的规定不授予其专利权。而对于非治疗目的的外科手术方法,则不属于本项规定的客体排除范畴,具有专利保护的适格性。

**案例解读**

疾病诊断和治疗方法的认定

原告董雨春提出一项名称为"具有人类主要组织相容性复合物(MHC)表型的转基因小鼠、其实验性使用及用途"的发明专利申请,该涉案专利被国家知识产权局以不符合《专利法》第二十五条驳回。董雨春不服驳回决定,提出行政诉讼。

国家知识产权局辩称,涉案专利申请权利要求1-4所述方法均包含以有生命的转基因小鼠为对象,测定施用抗原后的免疫应答状况。测定小鼠体内免疫应答的类型,其实质上就是判断针对抗原所涉及的疾病,机体产生了何种类型的免疫保护作用,评估机体的健康状况得到了何种改善。因此,权利要求1-4实质上属于疾病的诊断和治疗方法。

一审二审法院均依据《中华人民共和国专利法》第二十五条决定维持国家知识产权局的驳回决定。诊断方法,是指为识别、研究和确定有生命的人体或动物体病因或病灶状态的过程。一项与疾病诊断有关的方法如果同时满足以下两个条件,则属于疾病的诊断方法,不能被授予专利权:①以有生命的人体或动物体为对象;②以获得疾病诊断结果或健康状况为直接目的。患病风险度评估方法属于疾病诊断方法。本案涉案专利申请的权利要求1-4中测定小鼠体内免疫应答的类型实质上就是判断针对抗原所涉及的疾病,机体产生了何种类型的免疫保护作用,评估机体的健康状况得到了何种改善。[①]

**(六)动物和植物品种**

动物和植物,作为自然界的生命,是按照自然规律出生和繁衍的,不是人类发明和创造的产物,因此,TRIPs协议第二十七条第三款规定,各成员可以排除微生物之外的动、植物以及对生产动、植物的主要是生物学的方法授予专利权,但生产动、植物的非生物学方法及微生物方法除外。

动物和植物是有生命的物体。根据我国《专利法》第二十五条第一款第四项的规

---

① 参见最高人民法院判决书(2020)最高法知行终274号。

定,动物和植物品种不能被授予专利权。专利法所称的动物不包括人,所述动物是指不能自己合成,而只能靠摄取自然的碳水化合物及蛋白质来维系其生命的生物。专利法所称的植物,是指可以借助光合作用,以水、二氧化碳和无机盐等无机物合成碳水化合物、蛋白质来维系生存,并通常不发生移动的生物。动物和植物品种可以通过专利法以外的其他法律法规保护。例如,植物新品种可以通过《植物新品种保护条例》给予保护。

根据《专利法》第二十五条第二款的规定,对动物和植物品种的生产方法,可以授予专利权。但这里所说的生产方法是指非生物学的方法,不包括生产动物和植物主要是生物学的方法。一种方法是否属于"主要是生物学的方法",取决于在该方法中人的技术介入程度。如果人的技术介入对该方法所要达到的目的或者效果起了主要的控制作用或者决定性作用,则这种方法不属于"主要是生物学的方法"。例如,采用辐照饲养法生产高产牛奶的乳牛的方法,改进饲养方法生产瘦肉型猪的方法等均属于可被授予发明专利权的客体。需要说明的是,微生物和微生物方法可以获得专利保护,而微生物发明是指利用各种细菌、真菌、病毒等微生物去生产一种化学物质(如抗生素)或者分解一种物质等的发明。

(七)原子核变换方法以及用原子核变换方法获得的物质

TRIPs协议第七十三条"为了安全的例外"规定:该协定的任何规定都不得解释为制止成员为保护其基本安全利益而采取必要措施,其中包括可裂变物质或者由这种物质衍生的物质。我国《专利法》借鉴其他国家的专利制度,同时也排除了原子核变换方法以及用该方法获得的物质相关发明创造获得专利保护的可能性,主要目的是维护国家安全,防止核扩散。

原子核变换方法以及用该方法所获得的物质关系到国家的经济、国防、科研和公共生活的重大利益,不宜为单位或私人垄断,因此不能被授予专利权。原子核变换方法是指使一个或几个原子核经分裂或者聚合,形成一个或几个新原子核的过程。例如,完成核聚变反应的磁镜阱法、封闭阱法以及实现核裂变的各种方法等,这些变换方法是不能被授予专利权的。但是,为实现原子核变换而增加粒子能量的粒子加速方法(如电子行波加速法、电子驻波加速法、电子对撞法、电子环形加速法等),不属于原子核变换方法,而属于可被授予发明专利权的客体。此外,为实现核变换方法的各种设备、仪器及其零部件等,均属于可被授予专利权的客体。用原子核变换方法所获得的物质,主要是指用加速器、反应堆以及其他核反应装置生产、制造的各种放射性同位素,这些同位素不能被授予发明专利权。但是,这些同位素的用途以及使用的仪器、设备属于可被授予专利权的客体。

(八) 主要起标识作用的平面印刷品外观设计

《专利法》第二十五条第一款第六项规定,主要起标识作用的平面印刷品外观设计不得授予专利权。"平面印刷品"主要是指平面包装袋、瓶贴、标贴等用于装入商品或附着在产品上的印刷品。"主要起标识作用"是指外观设计的图案、色彩或二者的结合主要用于使消费者识别其包装或附着的产品的来源或者生产者,而不是主要用于使该产品本身的外观产生美感以增强商品对消费者的吸引力。对于这种主要起辨识作用的印刷品,可以作为商标进行注册,获得《商标法》的保护,即使未注册商标,只要通过使用能够起到识别商品来源的功能,在他人未经许可使用,导致消费者混淆可能的前提下,还可以通过《反不正当竞争法》进行保护。

在2008年专利法修改之前,我国专利法没有将起标识作用的外观设计排除在授予专利权的范围之外,导致大量的此类平面图案设计被授权,这不仅不利于我国产品外观设计创新水平的提高,增强我国产品的国际竞争力,也增加了外观设计专利权与商标专用权、著作权之间的权利交叉与权利冲突。因此,2008年专利法修改增加了这一规定,旨在提升设计人的创新意识。例如,图2-6为酒瓶贴的外观设计,从图中可以看出,设计内容仅为瓶贴所应用的产品(凤城老窖酒),以及题字者的落款两项文字内容,均明显为起标识作用的内容,依据专利法上述条款不能授予专利权。图2-7的标贴内容仅为产品的商标图案,明显为标识作用,依据专利法上述条款也不能授予专利权。

图2-6 起标识作用的外观设计

图2-7 起标识作用的商标图案

# 第三章 专利权的内容

法律关系的内容就是法律关系主体享有的权利和承担的义务。权利是法律关系主体依法享有的某种权能或利益,它表现为权利享有者可以自己作出一定的行为,也可以要求他人作出或不作出一定的行为。义务是法律关系的主体依据法律规范必须履行的某种责任,它表现为"必须怎样行为"和"不得怎样行为"两种方式。权利与义务体现了人们在社会生活中的地位及其相互关系。专利权作为一种财产性权利,其内容包括专利权人享有的各种专有权利和实施受到专利保护的发明创造的权利。专利权内容是支配受到专利保护的发明创造和排除他人不法干涉的权能(包括积极的权能和消极的权能)。积极的权能主要是指使用、收益和处分的权利,具体表现为专利独占实施权、转让权、放弃权、许可他人实施专利的权利,因转让、许可而获得报酬的权利等。而消极的权能是排除他人不法干涉的权利,主要表现为:禁止他人实施其专利的权利。除了财产性权利,与专利权相关的权利还包括人身权利,主要表现为:发明人或设计人写明自己是发明人或设计人的权利,在其专利产品或该产品的包装上标明专利标记和专利号的权利。

## 第一节 专利权内容的理解

专利权是一种禁止性的权利。我国《专利法》第十一条从禁止他人擅自实施专利的角度规定了专利权的财产权主要内容:"发明和实用新型专利权被授予后,除本法另有规定的以外,任何单位或者个人未经专利权人许可,都不得实施其专利,即不得为生产目的制造、使用、许诺销售、销售、进口其专利产品,或者使用其专利方法以及使用、许诺销售、销售、进口依照该专利方法直接获得的产品。外观设计专利权被授予后,任何单位或者个人未经专利权人许可,都不得实施其专利,即不得为生产经营目的制造、许诺销售、销售、进口其外观设计专利产品。"可见,《专利法》第十一条规定的是专利权人所享有的"禁止性"权利,或者称为"否定性"权利。也就是说,对于其获得授权的发明创造,法律并没有直接规定专利权人可以实施该发明创造,而是规定了专利权人可以禁止他人未经许可而实施其发明创造。该条款具体规定了发明创造被授予专利权后可以获得何种程度的法律保护,是建立专利制度所要明确的最为基本的问题之一,为专利权人享有并实施其发明创造的"独占权"或者说"排他权"提供了制度的保障,进而推动实现"创新—受益—再创新—再受益"的良性循环。

## 第二节 专利权的财产权

专利权是一种典型的财产性权利,它授予专利权人在法律上拥有和支配自己的发明的能力以及从发明中获得经济利益的权利。专利权人可以在专利有效期内单独或合法许可他人使用、制造、许诺销售、销售或进口其专利所保护的发明创造,也可以将专利转让给其他人获得收益。此外,专利权人还可以通过发起侵权诉讼来保护自己的专利权,并获取侵权赔偿等救济措施。因此,作为一种财产性权利,专利权能够促进科技创新和经济发展,并且被视为吸引投资的重要因素之一。专利权的独占性以及财产权的性质决定了专利权人有权许可他人实施专利或转让其专利,或者以专利权进行质押和出资,从而实现专利权的市场价值。

### 一、专利制造权

制造权是指专利权人为生产经营目的生产、制造专利说明书中所描述的发明、实用新型或外观设计产品的独占权。专利制造权是产品发明专利、实用新型专利、外观设计专利权人享有的权利,专利权人享有独占制造专利产品、禁止他人未经其许可使用专利技术制造与专利产品相同或实质上相同的产品的垄断权。专利制造权从源头上保证了专利权人对专利产品的市场垄断权,为专利权人的经济利益提供了根本保障。"制造专利产品"是指为生产经营目的而进行的制造专利产品的行为。只要制造的产品用在了生产经营中,不管是否与专利产品的生产经营领域相同,都构成侵犯专利权人的制造权。

专利制造权表现为专利权人具有制造权利要求书中所描述的技术特征的产品的权利,是专利权人主张和行使其他权利的前提。对发明和实用新型专利权而言,是指作出或者形成具有权利要求所记载的全部技术特征的产品;对外观设计专利权而言,是指作出或形成采用外观设计专利的图片或者照片所表示的设计方案的产品。① 除法律另有规定外,任何单位或者个人都不得未经专利权人许可而擅自制造专利产品,否则即构成侵权。或者说,只要是未经专利权人许可并以生产经营为目的制造专利产品的,不论制造者的主观意图如何,也不论该产品是否被销售,都会构成侵犯专利权的行为,专利权人因此可以依法行使自己的权利,发起维权诉讼,并要求侵权人赔偿经济损失。

专利权人既可以依法自己行使制造权,也可以在一定的范围内许可他人行使制造权,同时可以收取相应的使用费。综上所述,专利制造权是专利权人的首要权利,能保证专利权人对产品生产的垄断权,保障专利权人的经济利益。

**案例解读**

专利制造权侵权纠纷

蔡某是 ZL98110995.0 号"离形纸热熔胶点状胶布及其热熔装置"专利的专利权人,该专利权处于有效的法律状态,依法应受法律保护。某鞋厂未经蔡某许可制造、销售热熔胶点状胶布和制造、使用用于制造该产品的热熔装置落入蔡某 ZL98110995.0 号"离形纸热熔胶点状胶布及其热熔装置"专利的保护范围。法院判决该鞋厂的行为侵犯了蔡某的专利权,应当承担停止侵权、赔偿损失等民事责任。②

**二、专利使用权**

(1)发明和实用新型的专利使用权。未经专利权人许可而使用专利产品的,构成单独成立的专利侵权行为之一。使用发明或实用新型专利产品通常是指利用专利产品,使其技术功能得到应用,包括对专利产品的使用和专利方法的使用。就专利产品的使用而言,除了使用者利用专利产品以获得其技术效能的行为外,还包括对依照该

---

① 尹新天.中国专利法详解(缩编版).北京:知识产权出版社,2012:96.
② 参见广东省高级人民法院(2005)粤高法民三终字第94号。

专利方法直接获得的产品的使用。"使用"仅限于发挥专利产品效能的使用，该效能是基于专利产品所蕴含的创造性而产生的。使用专利产品的方式通常包括三种：第一，直接利用专利产品以获得其所能产生的效果，如利用专利灯具来照明；第二，利用专利产品作为手段来制造其他产品，如在机床上使用专利刀具来加工其他产品；第三，利用专利产品作为零部件来生产其他产品，如利用专利半导体芯片来制造其他有关电子产品（无论专利产品是否在最终产品中占有核心地位，哪怕仅仅起次要作用，都构成使用行为）。在未经专利权人许可的情况下，擅自制造专利产品或者擅自销售专利产品，均构成侵犯专利权的行为。购买者即使不知道该专利产品是未经许可而制造销售的，也不得以生产经营为目的使用专利产品。当然，若购买的是专利权人自行制造或者经专利权人许可而制造并销售的专利产品，根据专利权用尽原则，不构成对专利权的侵犯。

（2）外观设计专利权人不能主张使用权。根据《专利法》第十一条的规定，产品发明专利权人、方法发明专利权人和实用新型专利权人均可主张"使用权"这一排他性权利，而且对于方法类发明的专利权人不仅可以禁止别人未经其许可而使用方法专利本身，还可以禁止别人未经其许可而使用依照该方法获得的产品，但是外观设计的专利权人并不能主张"使用"这一权能。究其原因，主要是因为对发明和实用新型专利产品来说，使用这些产品的行为在多数情况下都是为生产经营目的而进行的行为。但是，产品的外观设计旨在给人以赏心悦目的视觉感受，可以增加产品对用户的吸引力及其与其他同类产品的竞争力，因而，使用外观设计专利产品的行为在许多情况下都不是以生产经营为目的而进行的。而且，当"产品"和"外观"合二为一的时候，对"外观"的使用行为通常不是因为外观，而是为了发挥产品作为"物"的功能。因此，为了避免对市场竞争造成过度限制，法律并未给予外观设计享有使用权的地位。

**案例解读**

### 专利使用权侵权纠纷案

赵良新是名称为"古建彩绘的制作方法"、专利号为201010156763.7的发明专利的专利权人。其于2013年12月到河北省承德市安远庙游玩时，发现其中由文化遗产研究院负责制作的所有天花均系采用涉案专利方法制作。文化遗产研究院未经专利权人许可，擅自使用该专利方法生产产品，构成对专利权的侵害行为。故请求判令文化遗产研究院停止侵权、赔偿损失50万元。一审法院认为,综合全案情况,文化遗产研究院制作安远庙天花使用涉案专利权利要求1所保护的方法具有高度可能性。据此,判决文化遗产研究院向赵良新支付使用费及赔偿损失50万元。

二审法院认为,虽然赵良新未提供证据证明文化遗产研究院制作安远庙天花的步骤与涉案专利权利要求1的步骤相同,但已经尽力举证,且可以证明文化遗产研究院制作安远庙天花存在使用与其涉案专利相同方法步骤的较大可能性。文化遗产研究院在坚持主张其使用的是手绘方法的同时,还主张存在多种印制天花的方法,但既未能举证证明其使用的确系手绘方法,也未就其所称的多种天花印制方法进行举证并足以排除存在使用涉案专利方法的较大可能性。依据现有事实,综合考虑双方当事人的举证能力、举证情况等因素,可以推定文化遗产研究院使用了涉案专利权利要求1所保护的方法。据此,对一审判决予以维持。[1]

### 三、专利许诺销售权

(1)内涵界定与立法背景。许诺销售(Offering for Sale),是以做广告、在商店橱窗中陈列或者在展销会上展出等方式作出的销售商品的意思表示或者明确表示愿意出售某种产品的行为。专利法将专利产品从制造到销售,再到使用,都纳入专利权人的权利范围,以充分保护专利权人的排他性权利。然而,专利权人对销售行为的控制相对比较困难,如果一定要等到销售行为完成才采取措施,可能侵权产品早已扩散,要查明侵权产品的流向、控制侵权产品的流通将更加困难。即使能够了解侵权产品的流向,对善意的再销售者或使用者,专利权人恐怕也无法要求其承担赔偿责任。而且,非法销售侵权产品的人可能在完成销售行为后迅速撤离,专利权人又不知道谁是专利制造侵权人,从而使得专利权人制止侵权的努力两头落空。如果在销售行为未及实施,非法销售行为尚在准备阶段即采取措施,控制侵权行为的膨胀和蔓延,将大大提高专利权人制止侵权的效率,降低制止侵权的成本,从而更有效地维护专利权人的权利。因此,许诺销售行为就是指在非法销售行为实际进行前的一个特定的阶段所进行的特定实施行为,包括发布广告、展览、公开演示、寄送价目表、拍卖公告、招标公告以及达成销售协议等表明销售专利产品的行为。专利法赋予专利权人对许诺销售行为的禁止性权利,实际上增加了专利权人制止侵权行为的机会,扩充了其权利范围。

(2)相关立法和注意事项。为了充分保护专利权人合法利益,同时为了与TRIPs

---

[1] 参见北京市高级人民法院判决书(2017)京民终402号。

协议的规定保持一致，为中国加入 WTO 创造条件，我国在 2000 年修改《专利法》时，根据 TRIPs 协议第二十八条第一款新增了相关内容。① 同样地，为了维护外观设计专利权人的权益，加强对外观设计的保护，2008 年修改《专利法》时增加了制止许诺销售外观设计专利产品行为的规定。由于 TRIPs 协议并未对第二十八条第一款中的"offering for sale"作出定义，因此各国可以根据本国的法律制度和实践明确其含义。2001 年 6 月 19 日颁布的《最高人民法院关于审理专利纠纷案件适用法律问题若干规定》第二十四条②对许诺销售进行了界定：专利法第十一条、第六十三条所称的许诺销售，是指以广告、在商店橱窗中陈列或者在展销会上展出等方式作出销售专利产品的意思表示。该司法解释所列举的三种行为大致相当于合同法上的要约邀请，但许诺销售并不局限于解释所列举的三种行为，还应当包括如拍卖公告、寄送价目表、现场演示等其他以要约邀请或要约形式作出销售意思表示的行为。但是，许诺销售并不完全等同于《民法典》合同编中的要约和要约邀请，其涵盖范围更加宽泛。对于许诺销售而言，何时能够达成销售合同以及何时实现交付有关产品对许诺销售行为的认定并不重要。无论销售要约还是销售要约邀请，法律所关注的是它们同样表达了销售专利产品的意愿，都是产生实际销售行为的前兆，因此都属于"许诺销售"的行为。

值得注意的是，许诺销售行为与其他四种实施行为一样，可以单独地构成侵犯专利权的行为，其成立与否不取决于行为人是否同时或随后进行了实际销售等其他实施行为。不能将许诺销售行为仅仅看成是实际销售行为之前的准备工作，进而认为只有在后来确实发生了实际销售行为的情况下，才能认定许诺销售行为成立的结论。即许诺销售行为并不以实际销售行为为目的。未经专利权人许可而进行许诺销售行为是直接侵犯专利权的行为，而不是间接侵犯专利权的行为。

对于许诺销售行为，应当注意以下三个方面：第一，《专利法》将许诺销售行为与制造、使用、销售、进口四种行为并行列举，这表明许诺销售是一种独立的实施专利权的行为，并不依附于其余四种行为，可单独构成侵犯专利权的行为。第二，许诺销售只适用于涉及专利产品和依照该专利方法直接获得的产品的行为，对象必须是专利产品，不包括专利方法。第三，不包括许诺销售间接侵权产品的行为，即所提供的不是专利产品或依照专利方法直接获得的产品本身，而是制造这些产品所必需的关键

---

① TRIPs 第二十八条第一款：Where the subject matter of a patent is a product, to prevent third parties not having the owner's consent from the acts of: making, using, offering for sale, selling, or importing for these purposes that product.

② 现行《最高人民法院关于审理专利纠纷案件适用法律问题若干规定》(2020)第十八条。

设备、关键零部件等产品,属于帮助侵权、为侵权提供必需条件的行为。

**案例解读**

专利许诺销售侵权纠纷案

原告 B 公司享有一项名称为"2-[(二氢)吡唑-3,-基氧亚甲基]苯胺的酰胺及其制备方法和用途"的发明专利权(专利号:ZL95194436.3),申请日为 1995 年 6 月 21 日。2014 年 3 月 6 日,被告 H 药业公司、H 化工公司参加了第十五届中国国际农用化学品及植保展览会,并在展会上发放宣传册。H 药业公司宣传册主要产品页中"H 公司主要产品"标题下方记载"约 300 种制剂产品"字样,该页列明的产品清单中包括被控侵权产品吡唑醚菌酯(Pyraclostrobin)。宣传册中的 H 化工公司宣传页载明,吡唑醚菌酯的未来年产能为 1000 吨。一审法院认为,通过两被告在展会散发的宣传册上将被控侵权产品列为主要产品并注明其未来年产能的行为,可以认定两被告系通过做广告的方式作出了销售被控侵权产品的意思表示,即实施了许诺销售被控侵权产品的行为。本案中没有任何证据显示该行为经过原告授权,而且被控侵权产品落入了涉案专利的保护范围,因此,两被告未经专利权人许可,以生产经营为目的许诺销售被控侵权产品的行为侵犯了原告的专利权,应当承担侵权责任。[①]

### 四、专利销售权

(1) 内涵理解和发展历程。根据合同法律制度的一般理解,"销售"行为是买卖当事人之间进行的一种交易行为,即出卖人将标的物所有权转移给买受人,而买受人将相应价款支付给出卖人。销售专利产品的行为构成侵犯专利权,是指所销售的产品落入了专利权的保护范围。其中,对发明和实用新型而言,是销售与专利说明书中记载的产品相同或者实质上相同的产品,该产品再现了权利要求中记载的全部技术特征;对外观设计而言,是销售与外观设计专利的图片或者照片表示的产品相同或者实质上相同的产品。

专利权人有权销售其专利产品或者依照其专利方法直接获得的产品,也可以许可他人销售,并有权制止他人未经许可为生产经营目的销售其专利产品或依照其专利方法直接获得的产品。专利权人所主张的"销售权",是指产品的首次销售,

---

① 参见上海市第一中级人民法院(2014)沪一中民五(知)初字第 97 号。

不包括产品的二次销售,专利权人或者专利权的合法持有人一旦将其生产的专利产品或依照其专利方法直接获得的产品售出后,对这些已经售出的产品就不再享有销售权。

2000年之前,对销售行为有不同的理解。一种观点认为,所谓销售不仅指实际销售,同时还包括提供销售的表示;另一种观点认为其仅指实际销售。2000年《专利法》修改,增加了有关许诺销售的规定,不过只适用于发明和实用新型专利,而不适用于外观设计权,因此对销售外观设计产品的行为仍然存在不同的理解。2008年增加了外观设计的许诺销售,从而彻底消除了以往的争议。

(2)出卖人与买受人的责任承担。《专利法》第十一条规定,任何单位或个人未经专利权人许可不得销售专利产品。很明显,这是针对出卖人而言的,而不是针对买受人。然而,未经许可而销售专利产品的行为有可能是出卖人主动作出的行为,也有可能是应买受人要求而被动作出的行为。在判断是否构成侵犯专利权的行为时,通常不区分是出卖人主动还是应买受人的要求,出卖人在这两种情形下进行的销售行为都将构成侵犯专利权的行为。对于买受人而言,如果购买侵权专利产品是为了在生产经营活动中使用该产品,则买受人随后使用该专利产品的行为将构成侵犯专利权的行为;如果是为了转卖该产品,则买受人随后销售该产品的行为将构成侵犯专利权的行为。因此,仅仅购买专利产品这一行为本身并不构成侵犯专利权的行为。当然,侵权产品买受人随后作出的其他侵犯专利权的行为,自有追究其侵权责任的途径,因此,不必就其购买侵权产品的行为追究其侵权责任。

(3)侵犯许诺销售权与销售权的责任承担差异。订立买卖合同之前进行的有关准备工作,如提出销售要约邀请、提出销售要约,应当属于许诺销售行为。因此,对于销售行为而言,销售行为时间起点的判断,比较合理的做法是以买卖合同成立与否为主,合理考虑实际交付因素的混合型判断方式,即在一般情况下以订立买卖合同的日期作为销售行为发生的时间起点。

销售侵权专利产品不仅会使专利权人或者其被许可人制造的专利产品占有的市场份额受到影响,影响相关专利权人本来可以获得的合法利益,而且销售者自己也会从中非法获利,因此侵权人理应承担赔偿损失的侵权责任;而对于许诺销售行为而言,侵权人还仅仅是作出销售侵权产品的意思表示,实际销售行为尚未发生,在多数情况下难以认定专利权人受到了实际损害,也难以认定侵权人获得了违法所得。因此,一般只责令侵权人承担立即停止侵权行为的民事责任即可。如果买卖合同没有履行或者所交付的产品与合同约定的产品不符,未落入专利权的保护范围,则可以认定没有发生销售专利产品的行为。但是,出卖人的行为仍然构成未经许可许诺销售专利产品的侵权行为,在专利权人主张其权利时至少要承担停止侵权行为的民事责任。

**案例解读**

专利销售权侵权纠纷

原告蔡某独立自主开发设计了一套美容按摩器具,并于同年12月向国家知识产权局申请了实用新型专利,该实用新型专利的名称为"按摩经络刷"。该专利产品推出后,受到市场的欢迎。但自2012年开始销售量急剧下降,经调查,蔡某发现被告陈某销售一种"按摩经络刷"。法院经过对比,被控侵权产品的技术方案与原告专利权利要求书载明的内容完全一致,应认定被控侵权产品的技术方案完全落入原告专利保护范围,被告未经许可销售专利产品,构成侵权。[①]

**五、专利进口权**

(1)内涵理解。通常认为,特定专利产品在一个国家市场上出现,其主要途径包括境内制造专利产品和进口专利产品两种方式。因此,对于专利权人而言,是否有权制止他人未经其许可而进口其专利产品的行为,对维护专利权人的合法利益是十分重要的。专利进口权是指专利权人有权制止他人未经许可为生产经营目的进口合法制造专利产品或依照其专利方法直接制造的产品,以及进口使用或体现了外观设计专利的产品。专利进口权主要用于限制他人进口,以充分保障专利权人的财产利益。进口权包括禁止专利产品的平行进口。需要指出的是,进口权控制的是产品的进口,而不是专利的进口。知识产权的地域性决定了专利本身是不能进出口的,因为一国的专利一出国境,就不再具有法律效力。进口权的确立使专利权人得以在专利产品从海关入境阶段便行使自己的排他性权利。

(2)作用及意义。1984年通过的《专利法》并未赋予专利权人以进口权,因此,在1992年《专利法》第一次修改之前,专利权人并不能禁止他人以生产经营为目的进口其专利产品或进口依照其专利方法直接获得的产品。在法律上,进口权的规定对于专利权人的意义在于:第一,可以有效防止侵权后果的发生。没有进口权,专利权人就难以在专利产品处于边境阶段在海关将其扣留,而等到该进口产品进入销售阶段,

---

① 参见陕西省高级人民法院(2014)陕民三终字第00026号。

则损害结果可能已经产生。有了进口权,辅之以必要的知识产权海关保护措施,专利权人可以将侵权产品挡于国门之外,有效地防止损害结果发生。第二,可以降低维权成本。专利产品一旦进口,专利权人就只能在产品的销售阶段或使用阶段来维护自己的专利权。相对于专利产品进口商来说,专利产品销售者或使用者分散于市场的各个角落,专利权人对于这些分散的侵权者分别来请求行政或司法救济,将需要承担相对较高的时间成本和经济成本。因此,如果没有规定专利进口权,在很多情况下,"专利权人实际上无法得到救济",相反,如果将进口作为专利实施行为,表明专利权人可以通过进口专利产品来"实施"自己的专利,从而使得专利权人的合法权益得到有效保障。

(3) 相关规定。对专利进口的保护主要规定在《中华人民共和国知识产权海关保护条例》中,知识产权权利人可以依照本条例的规定,将其知识产权向海关总署申请备案,知识产权海关保护备案自海关总署准予备案之日起生效,有效期为十年。知识产权权利人发现侵权嫌疑货物即将进出口的,可以向货物进出境地海关提出扣留侵权嫌疑货物的申请。海关发现进出口货物有侵犯备案知识产权嫌疑的,应当立即书面通知知识产权权利人。被扣留的侵权嫌疑货物,经海关调查后认定侵犯知识产权的,由海关予以没收。海关没收侵犯知识产权货物后,应当将侵犯知识产权货物的有关情况书面通知知识产权权利人。①

(4) 平行进口。在涉及专利进口的问题中,最有争议性的便是平行进口问题。所谓平行进口,是指同一专利权人就同一专利产品在两个不同知识产权法律制度的国家均取得专利权,如合法购买者将其在外国购买的专利产品进口到中国进行销售的行为。产生"平行进口"的主要原因是不同国家专利产品生产成本不同、销售成本不同和价格政策不同,导致同样的专利产品在各个国家的销售金额上存在价格差异。只要存在价格差异,就会导致产品在不同国家或地区间进行流动。而流动方向必然是从低价位的国家买入,在高价位的国家卖出,从而使专利产品的进口成为一件有利可图的交易。

在现代国际贸易中,由于各个国家的经济发展水平各不相同,对专利平行进口行为是否合法也持有不同的态度,有支持的也有禁止或限制的,至今还没有一个统一的标准。目前国际上形成了专利平行进口的几大理论基础:一是地域性理论,是指各个国家的专利法律制度是相互独立的,不受其他国家法律的影响。二是默示许可理论,是指如果一个专利权人或其被许可人在首次合法销售其专利产品时,没

---

① 参见《中华人民共和国知识产权海关保护条例》第七条、第十条、第十二条、第十六条、第二十七条。

有明确提出任何限制性或者禁止性的条件和要求,那么就表明购买者在合法购买该专利产品时取得了专利权人的"默示许可",此时购买者可以自由使用、转让或者出卖该专利产品。三是权利用尽理论,是指专利产品在被专利权人或其被许可人首次售出以后,专利权人就丧失对该专利产品加以控制的权利,而购买者取得了自由处置专利产品的权利。与默示许可理论相比,权利用尽理论没有给专利权人提出限制性要求的机会,而是直接剥夺了其对于专利产品的控制权。除此之外,还包括一些学者提出的国家利益理论和进口权理论。前者是指如果具体的案件涉及本国的利益,尽管专利平行进口在该国的专利法上没有明确规定,为了维护本国的利益,该国也会采用权利穷尽原则和默示许可原则来决定专利产品的平行进口是否合法。美国法院就经常会根据国家利益来决定平行进口的合法性。[1] 后者是指任何人在未经专利权人许可的情况下都不得为生产经营目的进口其专利产品或者依照专利方法直接获得的产品。进口权在大部分国家的专利法中都有所体现,被视为专利权人的一项基本权利。[2]

TRIPs协议对平行进口问题也作出了一个折中的规定:"对于依照本协定的争端解决而言,在接受上述第三条和第四条规定的条件下,本协定的任何规定均不得用于涉及知识产权的权利用尽问题。"[3]TRIPs协议第三条和第四条分别规定了国民待遇原则和最惠国待遇原则,因此,对于专利平行进口的问题,可以由各个国家根据自身的实际情况来决定,但必须符合国民待遇原则和最惠国待遇原则。我国2008年《专利法》对"平行进口"行为的合法性予以确认,第六十九条第一项规定:"专利产品或者依照专利方法直接获得的产品,由专利权人或者经其许可的单位、个人售出后,使用、许诺销售、销售、进口该产品的,不视为侵犯专利权。"该项规定确立了专利权用尽原则,对其可以分解为以下两层含义:第一,对于在我国获得的专利权而言,专利权人或其被许可人在我国境内售出专利产品或者依照专利方法直接获得的产品后,购买者在我国境内使用、许诺销售、销售该产品不视为侵犯专利权的行为,即"专利权的国内用尽"。第二,对于在我国获得的专利权而言,专利权人或其被许可人在我国境外售出专利产品或者依照专利方法直接获得的产品后,购买者将该产品进口到我国境内以及随后在我国境内使用、许诺销售、销售该产品不视为侵犯专利权的行为,即"专

---

[1] 杜玉琼.论国际专利平行进口权利穷竭原则.西南民族大学学报(人文社科版),2016,37(01):113-117.
[2] 叶京生.论知识产权平行进口及对我国的立法建议.国际商务研究,2004(01):38-42.
[3] TRIPs第六条: For the purposes of dispute settlement under this Agreement, subject to the provisions of Articles 3 and 4 nothing in this Agreement shall be used to address the issue of the exhaustion of intellectual property rights.

利权的国际用尽"。①

**案例解读**

中微半导体设备(上海)有限公司是业内研发、组装集成电路等设备的先进企业,先后开发了具有自主知识产权的芯片设备,并在全球范围内申请了1200余项专利。随着国际市场份额的逐渐扩大,与美国某公司发生知识产权纠纷,双方在中国、美国等多地互相展开专利诉讼、无效宣告等知识产权司法与行政领域的诉争。福建省高级人民法院于2017年12月裁定美国某公司的子公司停止进口、制造、销售和许诺销售被诉侵犯中微半导体设备(上海)有限公司专利权的设备。中微半导体设备(上海)有限公司根据法律程序向海关总署申请知识产权备案,并积极向货物进出口地海关寻求保护,在掌握了涉嫌侵犯其专利权的设备即将从上海浦东国际机场进口的情况后,立即向上海海关提出扣留侵权嫌疑货物的申请,并缴纳相应担保。上海海关依据《中华人民共和国知识产权海关保护条例》规定,及时启动知识产权海关保护程序,根据权利人申请,暂停涉嫌侵权设备通关,该设备价值人民币3400万元。海关执法过程中,美国某公司主动与中微半导体设备(上海)有限公司开展和解谈判,双方最终达成全球范围相互授权的和解协议。②

## 第三节 专利权相关的人身权

从法理上看,人身权是与"财产权"相对称的概念,是与人身不可分离而又没有直接经济内容的权利,包括人格权和身份权。通常认为,专利权人对于他们获得授权的发明创造或设计享有一定程度的垄断和排他的使用权,从而使得专利权人能够获得经济收益和商业利益。所以,专利权的核心是对于技术方案的一种"独占"权利,而非对人身权的保护。但从客观上看,专利权虽然是一种典型的财产性权利,但是也存在与其相关的部分人身权。发明创造是发明人或设计人创造性工作的成果,为了鼓励

---

① 尹新天.中国专利法详解(缩编版).北京:知识产权出版社,2012:605.
② "2017年中国海关保护知识产权典型案例",载中国海关总署官网,http://www.customs.gov.cn/customs/xwfb34/302425/1802371/index.html,2021年1月21日访问。

发明创造,法律赋予发明人或设计人在专利文件上署名的权利。理论上看,这种权利被界定为专利权的"精神权利"或"人身权利"。这是对发明家或设计师创造性工作的精神奖励。可见,专利发明人或者设计人的署名权是发明人或设计人有权在专利文件中表明自己是发明人或设计人的权利。通过行使署名权,社会公众可以清楚地知道是谁对该专利的实质性特点作出了创造性的贡献,谁是发明创造的发明人或设计人,这一方面体现了对发明人或设计人智力工作成果的肯定和尊重,另一方面也有利于所在单位或其他单位进行有效的技术创新智力资源管理。

以署名权为表现形式的人身权是执行奖励或报酬的重要依据。对于职务发明创造而言,虽然申请专利的权利、专利申请权和专利权均属于发明人或者设计人所在的单位,但法律仍然赋予发明人或者设计人在专利文件上署名的权利,以表明其对发明创造作出的实质性贡献,并确认发明人或者设计人完成的智力成果,以激发发明人或设计人继续进行发明创造的积极性,同时也是被授予专利权的单位给予发明人或设计人以奖励或报酬的重要依据。

此外,以署名权为表现形式的人身权是界定职务发明的重要基础。确定谁是发明创造的发明人或设计人是确定一项发明创造是否是职务发明的第一步。确定这一步之后,再确定发明人或设计人是否被雇佣于特定的单位,然后确定是否是完成被雇佣单位的工作任务或主要利用了被雇佣单位的物质技术条件,最终得以确定该发明创造是否是职务发明。

专利权中的人身权主要是指专利发明人、设计人有权在专利文件中写明自己是该专利的发明人或设计人,即署名权。署名权不因专利财产权的转让而消失。另外,还有专利文件的修改权等。根据《专利法实施细则》的相关规定,发明人或者设计人是指对发明创造的实质性特点作出创造性贡献的人。在完成发明创造过程中,只负责组织工作的人、为物质技术条件的利用提供方便的人或者从事其他辅助工作的人,不是发明人或者设计人。而《专利法》第十六条明确规定,发明人或者设计人有权在专利文件中写明自己是发明人或者设计人,《专利法实施细则》第十九条也规定,发明、实用新型或者外观设计专利申请的请求书应当写明"发明人或者设计人的姓名"等事项。在国际申请过程中,需要在进入中国国家阶段的书面声明中写明发明人的姓名等事项。此外,请求变更发明人姓名等事项的,应当向国务院专利行政部门办理著录事项变更手续,必要时应当提交变更理由的证明材料。

《保护工业产权巴黎公约》(以下简称《巴黎公约》)是最重要的国际工业产权公约,要求成员国将专利权授予发明人或设计师。美国等少数国家规定,发明人必须在声明(Declaration)中宣誓自己为真正的发明人,声明已阅读和了解说明书的内容,以及会向专利局揭露任何与申请案专利性有关的技术资料。在美国专利实践中,发明人占据着极其重要的地位,因为美国宪法规定了发明应授予完成发明的人,即发明人。因此,"先申请制"在美国又被称为"发明人先申请制"。专利授权后,应当在专利说明书中首先写明发明人的姓名,然后写明受让专利的单位或者个人的姓名。而作为发明人的雇主,只有在取得了发明人签署的转让协议后,才有资格以自己的名义获得美国专利。这样,发明人的名字将不可避免地出现在专利文件当中。当然,大多数国家的专利制度直接规定,职务发明创造的申请专利的权利属于发明人所在单位,专利文件中写明的申请人是发明人所在单位。因此,有必要在专利文件中单独设置说明书,写明发明人或设计人的姓名。也就是说,在职务发明创造当中,发明人或设计人虽然并不享有专利权,但可以享有署名权这一人身权利。

**案例解读**

发明人署名权纠纷

原告王某诉称,其在被告张某投资设立的美国贝达公司担任科学顾问期间,向张某提供了治疗糖尿病药物的原始技术文稿。事后,张某设立的上海贝达公司向中国国家知识产权局申请了相关技术的专利,未将王某列为发明人。王某认为其系涉案专利的真正发明人,要求确认王某系涉案专利的发明人及权利人。

被告辩称,王某与其签署合作意向书,并承诺将让王某享有一定份额的公司股份,涉案专利实质上是被作为技术出资转让的。

法院审理认为,根据在案证据,原告王某确系涉案专利发明人。王某鉴于现实考量放弃将涉案技术申请专利的权利,将专利申请权进行了转让。在专利申请被批准后王某再要求确认其为专利权人,该主张不能成立。法院依据《中华人民共和国专利法》第十六条判决确认王某为涉案专利发明人,驳回王某要求确认其为专利权人的请求。①

---

① 参见上海知识产权法院司法保障营商环境建设典型案例(2018年4月)。

## 第四节 专利权人的义务

**一、充分公开的义务**

专利权人充分公开的义务是专利申请人在专利申请文件当中披露发明创造所蕴含的技术信息。专利权人要获得专利授权,享有专利权带来的排他性或垄断性权利,就需要承担公开的义务,让社会公众或其他技术创新者充分了解该项专利技术的创新点、实现方法和应用领域,从而在此基础上进行更高层次或更加深入的研究和创新,进而推进科技进步和创新发展以及知识共享。当然,专利权人也可以通过公开技术方案来展示自己在该领域的技术水平和创新能力,提高自身的创新形象和竞争优势。

《专利法》第二十六条规定,专利申请人递交的说明书应当对发明或者实用新型作出清楚、完整的说明,以所属技术领域的技术人员能够实现为准;必要的时候,应当有附图。摘要应当简要说明发明或者实用新型的技术要点。《专利审查指南》第二部分规定,说明书对发明或者实用新型作出的清楚、完整的说明,应当达到所属技术领域的技术人员能够实现的程度。也就是说,说明书应当满足充分公开发明或者实用新型的要求。"所属技术领域的技术人员能够实现的程度",是指所属技术领域的技术人员按照说明书记载的内容,就能够实现该发明或者实用新型的技术方案,解决其技术问题,并且产生预期的技术效果。说明书应当清楚地记载发明或者实用新型的技术方案,详细地描述实现发明或者实用新型的具体实施方式,完整地公开对于理解和实现发明或者实用新型必不可少的技术内容,使得所属技术领域的技术人员能够实现该发明或者实用新型。若审查员有合理的理由质疑发明或者实用新型没有达到充分公开的要求,则应当要求申请人予以澄清。在实质审查中,当说明书因公开不充分时,属于《专利法实施细则》第五十九条规定的应当予以驳回的情形。

**案例解读**

化学产品发明专利的公开要求

田边株式会社向国家知识产权局提交了一项名称为"新颖化合物"的发明专利申

请,该专利申请被专利复审委员会以公开不充分为由予以驳回。田边株式会社不服驳回结果,提起诉讼。

专利复审委员会认为,涉案申请权利要求1要求保护式(Ⅰ)化合物或其医药上可接受的盐,由于本申请说明书未能对权利要求1要求保护的医药上可接受的盐作出清楚、完整的说明,不符合《中华人民共和国专利法》第二十六条第三款的规定。

法院审理认为,本申请说明书记载了大量式(Ⅰ)化合物的苯环上连有噻吩基甲基和1-β-D-吡喃葡萄糖基的具体化合物的制备实施例,但并没有给出相应的效果数据,也没有证明式(Ⅰ)化合物具有所述生物活性及医药用途,不满足充分公开的要求。对于化学产品发明,应当完整地公开该产品的用途或使用效果,即使是结构首创的化合物,也应当至少记载一种用途。如果所属技术领域的技术人员无法根据现有技术预测该发明能够实现所述用途或使用效果,则说明书中还应当记载对于本领域技术人员来说,足以证明发明的技术方案可以实现所述用途或达到预期效果的定性或定量实验数据。[①]

### 二、缴纳专利申请费和年费的义务

专利申请费是指在申请专利时需要缴纳的费用,包括初步审查请求费、实质审查请求费、公告费、授权费和印花税等几个部分。专利年费是指在专利权被授予后到专利保护期限届满前的期间内,专利权人为维持其专利权的有效性而每年应当缴纳的费用。缴纳专利年费是专利权人应当履行的义务。如果专利权人没有在规定期限内缴纳规定数额的专利维持年费,其专利权将会终止。专利权终止后,将成为社会公用技术,任何人都可以免费、自由地使用这项权利。因此,按照规定缴纳年费,对于专利权人是至关重要的。要求专利权人按时缴纳年费,一方面是因为国家知识产权局等机构为其提供了法律保护和服务;另一方面,年费作为经济杠杆,有助于促使专利权人放弃没有经济价值的专利权,以增加公共领域技术知识的资源供给,使得社会公众可以自由、免费地使用更多的知识资源。我国专利申请相关费用和专利维持年费如表3-1所示。

---

[①] 参见最高人民法院裁定书(2015)知行字第352号。

表 3-1 我国专利申请相关费用一览表

| 申请分类 | 缴费阶段 | 费用项目 | 说　明 |
|---|---|---|---|
| 国内申请 | 专利申请阶段 | 申请费 | |
| | | 申请附加费 | 专利申请超页数加收 |
| | | 优先权要求费 | |
| | | 公布印刷费 | |
| | | 实质审查费 | |
| | 专利授权阶段 | 年　费 | |
| | | 滞纳金 | 期限内未缴纳或者未缴足专利年费的，补缴时同时缴纳滞纳金 |
| | | 延长期限请求费 | 申请人对专利局指定的期限请求延长的，缴纳延长期限请求费 |
| | | 著录事项变更费 | |
| | | 专利权评价报告请求费 | |
| | | 无效宣告请求费 | |
| | | 复审费 | |
| | | 恢复权利请求费 | |
| | | 副本证明费 | |
| PCT 国际申请 | PCT 国际阶段 | 检索费 | |
| | | 附加检索费 | 国际检索后确定申请缺乏单一性的，应缴纳附加检索费 |
| | | 国际申请费 | 代国际局收取 |
| | | 国际申请附加费 | 代国际局收取 |
| | | 手续费 | 代国际局收取 |
| | | 初步审查费 | |
| | | 初步审查附加费 | |
| | | 优先权文件费 | |
| | | 单一性异议费 | |
| | | 副本复制费 | |
| | | 后提交费 | |
| | | 恢复权利请求费 | |
| | | 滞纳金 | |

续表

| 申请分类 | 缴费阶段 | 费用项目 | 说　明 |
| --- | --- | --- | --- |
| PCT国际申请 | PCT国家阶段 | 申请费 | 根据受理局和国际检索单位的不同，可免缴或减缴 |
| | | 申请附加费 | |
| | | 实质审查费 | |
| | | 公布印刷费 | |
| | | 宽限费 | |
| | | 优先权要求费 | |
| | | 译文改正费 | |
| | | 单一性恢复费 | |
| | | 优先权恢复费 | |

\* 收费标准详见附录1。

《专利审查指南》规定，申请费的缴纳期限是自申请日起两个月内，或者自收到受理通知书之日起15日内。需要在该期限内缴纳的费用有优先权要求费和申请附加费以及发明专利申请的公布印刷费。优先权要求费是指申请人要求外国优先权或者本国优先权时需要缴纳的费用，该项费用的数额以作为优先权基础的在先申请的项数计算。申请附加费是指申请文件的说明书（包括附图、序列表）页数超过30页或者权利要求超过10项时需要缴纳的费用，该项费用的数额以页数或者项数计算。公布印刷费是指发明专利申请公布需要缴纳的费用。未在规定的期限内缴纳或者缴足申请费（含公布印刷费、申请附加费）的，该申请被视为撤回。未在规定的期限内缴纳或者缴足优先权要求费的，视为未要求优先权。实质审查费的缴纳期限是自申请日（有优先权要求的，自最早的优先权日）起三年内。该项费用仅适用于发明专利申请。授权当年的年费的缴纳期限是自申请人收到专利局作出的授予专利权通知书和办理登记手续通知书之日起两个月内。

授予专利权当年的年费应当在办理登记手续的同时缴纳，以后的年费应当在上一年度期满前缴纳。缴费期限届满日是申请日在该年的相应日。需要注意的是，专利年度从申请日起算，与优先权日、授权日无关，与自然年度也没有必然联系。各年度年费按照收费表中规定的数额缴纳，专利权人未按时缴纳年费（不包括授予专利权当年的年费）或者缴纳的数额不足的，可以在年费期满之日起六个月内补缴，补缴时间超过规定期限但不足一个月时，不缴纳滞纳金。补缴时间超过规定时间一个月的，缴纳相应数额的滞纳金。凡因年费或滞纳金缴纳逾期或者不足而造成专利权终止的,在恢复程序中,除补缴年费之外,还应当缴纳或者补足全额年费25%的滞纳金。专利年费滞纳期满仍未缴纳或者缴足专利年费或者滞纳金的,自滞纳期满之日起两个月后审查员应当发出专利权终止通知书。专利权人未启动恢复程序或者恢复权利请求未被批准的,专利局应当在终止通知书发出四个月后,进行失效处理,并在专利公报上公告。专利权自应当缴纳年费期满之日起终止。

### 三、不得滥用专利权的义务

不得滥用专利权是指专利权人应当在法律所允许的范围内选择其利用专利权的方式并适度行使自己的权利,不得损害他人的知识产权和其他合法权益。专利权滥用是专利权人未依法律规定实施其专利,从而给本国技术发展造成不良影响或者给他人合法使用技术的行为构成不正当限制的行为。推动发明创造的应用和推广是专利制度重要的立法目的。专利权人在被授予专利权后,获得了对发明创造的排他性权利。从本质上看,滥用专利权是一种法律行为,行为人是享有专利权的人或推定享有专利权的人。行为人在主观上有滥用的故意,且其行为侵犯了他人或社会公众的利益。专利权滥用的后果是造成社会公共利益或他人利益的损害,这个损害可能是已经发生的,也可能是如果不加以制止就将要发生的。权利不得滥用原则更侧重于专利权人与社会公共利益之间的利益平衡,所以专利权滥用首先关注社会公共利益是否受到损害,同时也包括以损害他人利益为主要目的的行为。实践中,专利权滥用行为通常表现为跨国公司利用专利优势地位,排除或限制竞争的行为。

滥用专利权的行为主要形式包括:第一,专利许可、专利池中的专利权滥用,具体表现为采取拒绝许可、回授许可、许可时固定价格、限制被许可人的技术再研发,并且将无效专利、已过保护期限的专利、生产相关产品的周边专利等放入专利池中,收取高额许可费。第二,专利钓饵、专利蟑螂或专利流氓(Patent Troll)的滥用行为。具体表现为部分投机型的非专利实施主体(Non-Practicing Entities,NPEs)有目的性地从个人、科研机构等专利权人手中购买专利,然后对实施该专利的市场主体提起专利诉讼以获得专利赔偿,这些专利流氓本身不从事技术研发,也不实施专利技术,只是通过专利诉讼战略赢得高风险的回报。因此,从公正的市场竞争角度上看,此类行为被认为是典型的专利权的滥用,它不合理地限制了技术创新和社会进步。第三,"放水养鱼"行为。该行为主要表现为,行为人在得知他人实施侵权行为时,有意不及时提起侵权诉讼,而是等到自己可以获得更多专利侵权赔偿的时候,再提起停止侵权的诉讼。第四,"恶意诉讼"行为。恶意诉讼是实践中较为常见的一种滥用专利权行为。行为人申请专利的目的在于禁止他人实施,以获得竞争优势、独占市场。因而,行为人利用现行专利制度中对实用新型和外观设计仅进行初步审查的规定,申请实用新型专利和外观设计专利,在获得授权后,通过诉讼手段排挤竞争对手。行为人在对其专利技术稳定性不进行检索的情况下,就随意提起诉讼,并贸然使用诉前停止侵权行为、诉前财产保全等临时性措施,从而对他人正常实施技术的行为构成直接的影响。

专利权滥用是专利权人或独占实施的被许可人不正当行使专利权,或者利用其专利优势地位,不正当地限制专利交易或者采取不公正的交易方法的行为,它与专利制度促进科学技术进步和创新的宗旨相悖。专利权滥用是公平、公正的市场竞争格局发展的障碍,是对公众利益的侵犯,应依法予以禁止。因此,《专利法》第二十条规定,申请专利和行使专利权应当遵循诚实信用原则,不得滥用专利权损害公共利益或者他人合法权益。滥用专利权,排除或者限制竞争,构成垄断行为的,依照《中华人民共和国反垄断法》处理。

**四、给予发明人或设计人以奖励或报酬的义务**

在职务发明当中,发明创造的成果权归单位所有,无论是申请专利的权利,还是专利申请权和专利权以及由这些权利所产生的市场收益,均归发明人或设计人所在的单位所有。但是,对于为该发明创造的实质性特点作出创造性贡献的发明人或设计人而言,他们也享有一定的权利,包括人身权利和财产权利。前者主要是署名的权利,即依据《专利法》第十六条的规定,发明人或者设计人有权在专利文件中写明自己是发明人或者设计人。后者主要是获得奖励或报酬的权利,即依据《专利法》第十五条的规定,被授予专利权的单位应当对职务发明创造的发明人或者设计人给予奖励。发明创造专利实施后,根据其推广应用的范围和取得的经济效益,对发明人或者设计人给予合理的报酬。

《专利法实施细则》也明确规定,被授予专利权的单位可以与发明人、设计人约定或者在其依法制定的规章制度中规定《专利法》第十五条规定的奖励、报酬的方式和数额。如果所在单位未与发明人或设计人约定也未在其依法制定的规章制度中规定《专利法》第十五条规定的奖励的方式和数额的,应当自公告授予专利权之日起3个月内发给发明人或者设计人奖金。一项发明专利的奖金最低不少于4000元,一项实用新型专利或者外观设计专利的奖金最低不少于1500元。所在单位未与发明人、设计人约定也未在其依法制定的规章制度中规定《专利法》第十五条规定的报酬的方式和数额的,应当依照《中华人民共和国促进科技成果转化法》的规定,给予发明人或者设计人合理的报酬。

**案例解读**

职务发明人奖励、报酬纠纷

原告黄峙玮原系利尔公司员工,以其为代表的利尔公司研发部课题组接受公司的任务进行技术研发。技术研发后,利尔公司就该成果申请了专利并实施,获得巨大的经济效益。黄峙玮认为,其是案涉发明专利的唯一职务发明人,但利尔公司至今未按照相关规定向其支付专利报酬、专利奖励及专利奖金,因此起诉索要。

被告利尔公司辩称,利尔公司就职务发明专利制定了专门文件,就专利报酬进行了明确约定,黄峙玮对此一直认可并予以执行。利尔公司已经按照公司制度向黄峙玮支付了专利报酬,并基于涉案专利技术已通过股权激励的方式给予黄峙玮巨额报酬。

再审法院认定利尔公司所称奖励不属于基于专利法的相关规定对黄峙玮主张的涉案专利的奖励或者报酬,依据《中华人民共和国专利法》第十五条,酌情判决利尔公司向黄峙玮一次性支付涉案专利实施报酬150万元。本案原告作为涉案专利的职务发明人,依法享有向专利权人主张专利实施后报酬的权利,专利权人无权拒绝。专利权人于专利实施前基于职务发明人所做的技术贡献给予的绩效工资、股权激励,皆不属于《专利法》及《专利法实施细则》规定的专利实施后的奖励或报酬,专利权人以此为由拒绝支付职务发明人的专利实施报酬,无事实与法律依据。①

---

① 参见四川省高级人民法院判决书(2018)川民再615号。

# 第四章　专利申请的审查与授权

与著作权的自动取得原则不同,专利权的取得需要公权力的直接参与。专利申请人要获得具有法律意义上的专利权,需要按照专利法律制度的规定向国家知识产权行政管理部门递交规定的专利申请材料,然后由国家知识产权行政部门的专利审查员对专利申请进行审查后,没有发现驳回条件的,专利申请才能最终获得授权批准。因此,专利权不是自然取得的权利,其产生需要满足一定条件,或者说,一件专利申请要获得专利授权,必须符合《专利法》所规定的形式要件和实质要件。形式要件是指专利申请要符合专利法规定的程序和文书要求,如递交符合格式要求的申请书、缴纳申请费等,而实质条件是对发明创造本身的要求。对于不同的客体,《专利法》规定了不同的实质要件,发明和实用新型应当符合新颖性、创造性、实用性,其中发明和实用新型的创造性要求也各不相同。外观设计不但要符合新颖性,还要具备区别于在先设计的特征,而且不能与在先权利相冲突。

## 第一节　专利申请的基本原则与文件要求

### 一、专利申请的基本原则

(1)书面申请原则。专利的书面申请原则是指申请人为获得专利权所需履行的各种法定手续都必须依法以书面形式办理。专利申请不仅涉及一定领域的技术知识,还涉及有关专利的法律知识。专利申请行为是专利权产生的前提,同时又具有排除在后同类专利申请的效力。因此,专利申请须以书面形式进行,要有严格记录以备查询。而且在专利制度发展过程中,世界各国都曾要求以书面形式办理专利申请手续。如今信息技术已经被广泛应用,一些发达国家早于 20 世纪 80 年代已开始着手建立专利审查的无纸化系统。随着电子信息技术的普及与应用,专利申请可以电子数据的方式通过网络递交。但由于专利申请是一个法律行为,因此还需要法律制度对这些电子证据的全面认可,即一旦发生法律争议时,无论是相关当事人还是专利局都应当提交能够得到法律承认的电子文档作为证据。具体地讲,就是需要如电子证据法、电子签名法等相关法律的支持。我国的民事诉讼法、行政诉讼法等程序法和证据法也就电子数据或数据电文在法律上的效力作了明确的规定。在法律解释上,我国将电子数据同样解释为书面证据。因此,书面申请原则仍然是我国专利申请的主要原则。

事实上,书面原则不仅适用于专利申请,而且适用于专利审查、专利代理以及专利实施等各种专利事务。在专利审查过程中,审查员与申请人之间的联系通常使用审查意见通知书或意见陈述的书面形式实现。在专利文件撰写过程当中,一方面,专利代理人与申请人之间的专利文件撰写与专利申请的代理关系是建立在书面的委托代理合同基础上的;另一方面,专利代理人与专利发明人之间关于专利申请涉及的技术内容、创新要点以及保护的范围则需要通过书面的技术交底书来进行。专利技术的实施过程中,更少不了书面的专利实施许可合同,即使是依照专利法而颁发的强制许可等,也必须有国家知识产权行政管理部门或有关政府部门的书面文件才能实施。甚至于专利权人声明放弃专利权,也必须以书面形式发表声明,否则便不具备法律效力。当然,在法律有明确规定的情况下也可以采用其他形式,如在宣告专利权无效请求的审理过程中允许口头审理,但值得说明的是,此处的口头审理也需要有严格的书面记录。

我国《专利法实施细则》第二条规定:"专利法和本细则规定的各种手续,应当以书面形式或者国务院专利行政部门规定的其他形式办理。以电子数据交换等方式能够有形地表现所载内容,并可以随时调取查用的数据电文,视为书面形式。"《专利审查指南》也明确规定,专利申请手续应当以符合规定的电子形式、纸件形式等书面形式办理。以口头、电话、实物、传真、电子邮件等形式办理的,视为未提出,不产生法律效力,另有规定的除外。申请人以纸件形式提出专利申请并被受理的,在审批程序中应当以纸件形式提交相关文件。除另有规定外,申请人以电子形式提交的相关文件视为未提交。申请人以电子形式提出专利申请并被受理的,在审批程序中应当通过专利局指定的特定电子系统以电子形式提交相关文件,另有规定的除外。不符合规定的,该文件视为未提交。

专利电子申请是指以互联网为传输媒介,将专利申请文件以符合规定的电子文件形式向国家知识产权局提出的专利申请。申请人可通过电子申请系统向国家知识产权局提交发明、实用新型和外观设计专利申请和中间文件,以及进入中国国家阶段的国际申请和中间文件。理论上看,专利电子申请全年 365 天、全天 24 小时内都可以提交专利文件,包括节假日期间,为申请人提供了很大的便利。专利电子申请可以由个人、单位直接进行提交,无须通过代理机构,只要申请注册电子用户即可。我国的专利电子申请系统是国家知识产权局专利业务办理系统。从法律效力上看,与纸件邮寄申请材料不同,专利电子申请的申请日是以国家知识产权局完整收到符合专利法及其实施细则规定的专利申请文件之日为申请日,而纸质邮寄通常是以邮寄的邮戳日为申请日。通过专利电子申请系统提交专利申请的,国家知识产权局专利局也将以电子文件形式通过电子申请系统向电子申请用户发送各种通知书和决定,因此接到的通知书都是电子发文,并没有国家知识产权的公章,这种情况需要额外申请纸件通知书。需要注意的是,根据国家法律规定,涉及国家秘密的信息不得在国际联网的计算机信息系统中存储、处理、传递,需要提交保密申请的可以通过纸件的方式进行提交。因此,保密申请不可以通过电子提交的形式提交申请。纸件申请可以转换成电子申请,保密申请除外。纸件转电子需通过电子的形式提出请求,但是电子申请不可以转换成纸质申请。

为了规范通过互联网传输并以电子文件形式提出的专利申请,即专利电子申请有关的程序和要求,方便申请人提交专利申请,提高专利审批效率,国家知识产权局早在 2010 年即制定并施行《关于专利电子申请的规定》,其中明确规定,提出专利电子申请的,应当事先与国家知识产权局签订《专利电子申请系统用户注册协议》。开办专利电子申请代理业务的专利代理机构,应当以该专利代理机构名义与国家知识产权局签订用户协议。申请人委托已与国家知识产权局签订用户协议的专利代理机构办理专利电子申请业务的,无须另行与国家知识产权局签订用户协议。发明、实用新型和外观设计专利申请均可以采用电子文件形式提出,申请专利的发明创造涉及国家安全或者重大利益需要保密的,应当以纸件形式提出专利申请。采用电子文件形式向国家知识产权局提交的各种文件,以国家知识产权局专利电子申请系统收到电子文件之日为递交日。对于专利电子申请,国家知识产权局以电子文件形式向申请人发出的各种通知书、决定或者其他文件,自文件发出之日起满 15 日,推定为申请人收到文件之日。根据最新修改的《专利法实施细则》,以电子形式向国务院专利行政部门提交各种文件的,以进入国务院专利行政部门指定的特定电子系统的日期为递交日。国务院专利行政部门以电子形式送达的各种文件,以进入当事人认可的电子系统的日期为送达日。关于电子文件申请的有关规定,目前应以《专利法实施细则》为准。

(2)先申请原则。专利权是一种排他性、独占性权利,一项发明创造只能被授予一项专利权。但在现实当中,可能会发生两个不同的创新主体分别独立完成了相同的发明创造,并且都向专利局递交专利申请的情况。此时,专利的排他性就使得这两个创新主体之间发生权利冲突。从世界各国专利立法的相关规定和实践来看,这一权利冲突主要通过先发明原则或先申请原则来加以解决。先发明原则,又称为"发明在先原则",以发明创造完成的时间先后为准,即谁先完成发明,专利权就授予谁。按照该原则,两个或两个以上的申请人分别就同样的发明创造申请专利的,专利权将被授予最先完成发明创造的人。与先发明原则相对应的是先申请原则,该原则以提出申请时间的先后为准,谁先提出申请,专利权就授予谁。按照该原则,两个以上的申请人分别就同样的发明创造申请专利的,专利权授予最先申请的人。

先发明原则的理论依据是法国大革命时期"天赋人权"的思想。当时的立法者认为,如果不承认发明创造为最初发明人的财产,就等于无视人权。在这种思想的指导下,法国的专利制度最早确立了"发明在先原则"。然而,先发明原则存在以下明显的不足之处:第一,可能助长发明人长期不公开其发明创造的创新成果,不利于发明创造的尽早公开和传播。由于实行先发明原则,发明人为防止他人在自己发明创造的基础上进行改进,可能迟迟不申请专利。专利制度的立法宗旨之一就是促使发明人尽早地公开其发明创造,以便于他人在现有技术的基础上进一步进行创新,从而促进技术进步。而在先发明原则下,专利申请的时间早晚并不影响专利权的归属,从而不利于专利技术的早日公开。但是,如果发明人不及时申请专利,必然导致技术公开时间的推迟,并进而可能导致技术创新活动中研发资金或人员的重复投入和浪费,这有悖于"以公开换取垄断从而推动技术进步"的专利制度宗旨。第二,可能增加了创新主体主张专利权的时间成本和证据成本。当两个以上的人就同样的发明创造申请专利时,判断谁是最先完成发明创造的人是一件非常困难的事情。一旦进入这样的程序,专利行政机构通常需要花费大量的时间去判断谁最先完成了该发明创造,同时专利申请人还要提供足够的证据去证明自己是最先完成发明创造的创新主体。在专利申请实践当中,当出现抵触申请时,申请人通常要耗费大量人力、物力或聘请律师或亲自去取证,以证明自己是先发明人。此时,专利审查批准机构需要启动专门的抵触程序,判断到底谁是先发明人,而这种运行机制需要耗费大量的各类成本。第三,可能使得专利权处于不稳定的状态。专利授权之后，如果第三人能够提供足够的证据证明其才是最先完成该专利相关的发明创造的主体，已经获得授权的专利可能会由于丧失新颖性而被判定专利权无效。因此，先发明原则增加了专利权不稳定的因素。对于专利权人而言，他人随时都可能以先发明人的名义提出相同内容的专利申请，从而启动抵触程序。对社会公众而言，这种不稳定的专利权甚至直接影响到专利技术交易的安全性和稳定性。

很长一段时间，美国是全球为数不多的采用先发明制的国家。2011年初，美国参议院再次提出专利法改革提案，并最终在美国参议院和众议院分别获得通过，这标志着自2005年以来，美国专利法改革取得实质性突破。2011年9月8日，美国众议院以89∶9票通过对专利法进行全面修正的《美国发明法案》。9月16日，美国总统奥巴马正式签署了《美国发明法案》。这是美国近60年来对专利法作出最大的一次修订，修订最主要的内容就是将先发明制改为先申请制。这一修改顺应了世界多数国家关于专利申请的潮流，使世界各国的专利制度趋于一致。该法案实施不仅简化了美国国内专利申请的流程，而且也为外国人域外申请美国专利提供了便利，具体成效体现在如下几个方面：第一，解决了在先发明制度缺陷引发的"专利流氓"问题，缓解专利局和地方法院审理专利纠纷的工作压力，增强了专利权的稳定性和公信力；第二，缩减了在先技术的范围从而简化了专利申请流程。根据《美国发明法案》，在先技术只会在最先发明人公开或者提交专利申请时产生，已经被放弃的发明技术或未成熟的国外申请不会影响之后申请的可专利性；第三，最大程度地保障了外国人根据《巴黎公约》享有的优先权。《美国发明法案》规定，在认定新颖性宽限期时，对于任何作为在先技术的公开专利或公开专利申请，应当以国外最早优先权日来认定是否落入新颖性宽限期。

先申请原则是指两个以上的申请人分别就同样的发明创造申请专利的，专利权授予最先申请的人。通常认为，法律保护的是积极行使自己权利的人，而不保护在权利上睡大觉的人。先申请原则有利于激励发明人尽快申请专利，向社会公开专利技术，这样专业技术人员及社会公众能尽早从中获益。虽然从实质公平角度来讲，先发明原则比先申请原则更公平，但是，从法律实践角度上看，先申请原则优于先发明原则。因为采用先申请原则可以促使发明人将其发明的新技术尽早地申请专利，使得最新的技术可尽快地公之于众，既避免了重复开发，又可给后续开发提供创新的思路和借鉴。而且，实行先申请原则可以大大提高专利保护效率，减少因诉讼造成的社会财富的浪费。此外，采用先申请原则有利于保障交易安全，因为专利权人未必是最早的发明人,所以如果实行先发明原则,则意味着专利权在一定期限内是不稳定的,但先申请原则是通过保障程序上的公平,从而实现权利保护和市场交易的稳定性。因此,先申请原则被包括我国在内的绝大多数国家的专利制度所采用。自从美国也由先发明制改为先申请制之后,世界上目前只有菲律宾对专利授权采用先发明制。

我国自1985年实施专利制度以来便采用先申请原则。《专利法》第九条第二款规定:"两个以上的申请人分别就同样的发明创造申请专利的,专利权授予最先申请的人。"理论上,判断申请时间的先后可以精确到分、秒,乃至更小的时间单位。但在实际工作过程中,受各种客观因素的影响,不可能做到如此精确。目前国际上通行的判断申请时间先后的标准有两个:一个是以时刻为单位,另一个是以日为单位。在德国、法国等地,判断申请的先后以时刻为单位,这种做法虽然非常精确,但是增加了专利局审查工作的工作量,而且,证明申请的具体时刻有时是比较困难的。因此,多数国家以日为单位来判断申请的先后。我国专利制度从一开始就以申请日作为判断申请先后的时间标准,这对于协调国际申请中的优先权日问题也非常方便,因为二者的时间单位是一致的。

当然,以时刻为单位判断申请先后也有其优点,即一般不会出现就同样的发明创造同时申请专利的情况。若以申请日为单位则可能遇到不同专利申请人就同一技术方案在同一日申请专利的情况,历史上就曾有过类似的情况。例如,在贝尔提出有关电话的专利申请一小时后,便有他人也去申请电话相关的发明专利。以申请日作为时间标准的,在同一日申请专利者一律视为同时申请。那么对于这种因同时申请而产生的权利冲突,目前各国通行的做法是协商解决,即当有两个或两个以上申请人就同样的发明创造在同日提出申请时,申请人应在接到专利局通知后自行协商解决。通过协商,或确定以共有方式将发明创造作为共同申请处理;或一方在获得相应补偿的情况下放弃申请,由另一方单独申请。如果申请人各方意见始终不一,达不成协议,专利局将驳回各方申请。这种驳回各方申请的做法初看似乎不近情理,但也正是这样的制度设计最终将推动专利申请各方协商一致。《日本专利法》第三十九条第二款规定:"相同的发明于同日提出两件以上的专利申请案时,由专利申请人协商确定申请人,唯一人可取得该发明的专利。协商不成或无法进行协商时,任何人均不授予专利。"同样的情况也适用于实用新型之间或者发明与实用新型之间的冲突。我国《专利法实施细则》规定,两个以上的申请人同日(指申请日;有优先权的指优先权日)分别就同样的发明创造申请专利的,应当在收到国务院专利行政部门的通知后自行协商确定申请人。《专利审查指南》第二部分也明确规定,在审查过程中,对于不同的申请人同日(指申请日;有优先权的指优先权日)就同样的发明创造分别提出专利申请,并且这两件申请符合授予专利权的其他条件的,应当根据《专利法实施细则》第四十七条第一款的规定,通知申请人自行协商确定申请人。申请人期满不答复的,其申请被视为撤回;协商不成,或者经申请人陈述意见或进行修改后仍不符合《专利法》第九条第一款规定的,两件申请均予以驳回。

(3)单一性原则。单一性是指一件发明或者实用新型专利申请应当限于一项发明或者实用新型,属于一个总的发明构思的两项以上发明或者实用新型,可以作为一件申请提出。也就是说,如果一件申请包括几项发明或者实用新型,则只有在所有这几项发明或者实用新型之间有一个总的发明构思使之相互关联的情况下才被允许,这是专利申请的单一性要求。从理论上看,单一性原则可以从广义和狭义两个方面进行理解,狭义的单一性原则是指一件专利申请的内容只能包含一项发明创造,不能将两项或两项以上的发明创造作为一件申请提出;而广义的单一性原则还包括同样的发明创造只能被授予一次专利权,同样的发明创造不能同时存在两项或两项以上的专利权。可见,先申请原则或先发明原则是以广义的单一性原则为基础的,因为它们是单一性原则的两种具体实践方式。

专利申请应当符合单一性要求的主要原因包括两个方面:一方面是经济上的原因,即是为了防止申请人只支付一件专利的费用而获得几项不同发明或者实用新型专利的保护。而另一方面是技术上的原因,即是为了便于专利申请的分类、检索和审查。如果允许专利申请人将两项分别属于不同领域的技术作为一件申请提出,那么专利行政管理机构就无法对专利申请进行有效的分类、审查和公告的管理。为此,世界各国无一例外地要求一件专利申请只能包含一项独立的发明创造。我国《专利法》第三十一条规定,一件发明或者实用新型专利申请应当限于一项发明或者实用新型,一件外观设计专利申请应当限于一项外观设计。

发明或实用新型的合案申请是指属于一个总的发明构思的两项以上的发明或者实用新型,可以作为一件申请提出。而可以作为一件专利申请提出的属于一个总的发明构思的两项以上的发明或者实用新型,应当在技术上相互关联,包含一个或者多个相同或者相应的特定技术特征。其中特定技术特征是指每一项发明或者实用新型作为整体,对现有技术作出贡献的技术特征,也就是使发明相对于现有技术具有新颖性和创造性的技术特征,并且应当从每一项要求保护的发明的整体上考虑后加以确定。因此,"属于一个总的发明构思"是指具有相同或者相应的特定技术特征。

外观设计的合案申请是指用于同一类别并且成套出售或者使用的产品的两项以

上的外观设计,可以作为一件申请提出。所谓"同一类别并且成套出售或者使用的产品的两项以上的外观设计",是指各产品属于分类表中同一大类,习惯上同时出售或者同时使用,而且各产品的外观设计具有相同的设计构思,如成套茶具中的茶壶、茶杯等。而且,将两项以上外观设计作为一件申请提出的,应当将各项外观设计的顺序编号标注在每件外观设计产品各幅图片或者照片的名称之前。另外,将同一产品的多项相似外观设计作为一件申请提出的,对该产品的其他设计应当与简要说明中指定的基本设计相似。一件外观设计专利申请中的相似外观设计不得超过10项。

属于一个总的发明构思的两项以上发明的权利要求可以按照以下六种方式之一撰写:第一,不能包括在一项权利要求内的两项以上产品或者方法的同类独立权利要求。所述的"同类"是指独立权利要求的类型相同,即一件专利申请中所要求保护的两项以上发明仅涉及产品发明,或者仅涉及方法发明。只要有一个或者多个相同或者相应的特定技术特征使多项产品类独立权利要求之间或者多项方法类独立权利要求之间在技术上相关联,则允许在一件专利申请中包含多项同类独立权利要求。第二,产品和专用于制造该产品的方法的独立权利要求。第三,产品和该产品的用途的独立权利要求。第四,产品、专用于制造该产品的方法和该产品的用途的独立权利要求。第五,产品、专用于制造该产品的方法和为实施该方法而专门设计的设备的独立权利要求。第六,方法和为实施该方法而专门设计的设备的独立权利要求。后五种方式涉及的是两项以上不同类独立权利要求的组合。

需要注意的是,不属于一个总的发明构思的两项以上独立权利要求,即使按照上述六种方式中的某一种方式撰写,也不能允许在一件申请中请求保护。而且,上述六种方式并非穷举,也就是说,在属于一个总的发明构思的前提下,除上述排列组合方式外,还允许有其他的方式。一般情况下,审查员只需要考虑独立权利要求之间的单一性,从属权利要求与其所从属的独立权利要求之间不存在缺乏单一性的问题。但是,在遇到形式上为从属权利要求而实质上是独立权利要求的情况时,应当审查其是否符合单一性规定。另外,如果一项独立权利要求由于缺乏新颖性或者创造性等理由而不能被授予专利权,则需要考虑其从属权利要求之间是否符合单一性规定。

判断一件专利申请中要求保护的两项以上权利要求是否满足单一性的要求,就是要看权利要求中记载的技术方案的实质性内容是否属于一个总的发明构思,即判断这些权利要求中是否包含使它们在技术上相互关联的一个或者多个相同或者相应的特定技术特征。这一判断是根据权利要求的内容来进行的,必要时可以参照说明书和附图的内容。国务院专利行政部门在受理后发现专利申请不满足单一性时,通常会要求申请人将其申请分案处理。所谓分案,就是将一个不满足单一性的申请案分作两个或多个,使每一个申请案均满足单一性要求。对申请人而言,做分案处理的申请案不仅耽搁了审查时间,而且还需补交专利申请相关费用。另外,即使专利申请属于法律允许的合案情形,通过审查并得到授权,专利权人在日后的实务中要处分其权利有时也会十分不便,因为专利权通常不允许部分转让。

(4)优先权原则。地域性是专利权的重要特征,一项专利申请在某个国家得到授权,并不意味着在其他国家也可以得到当然的授权。因此,在经济全球化的背景下,专利申请人通常需要根据自身的海外扩张的战略性意图,在相应的国家进行专利布局。到外国申请专利的时候,申请人通常可以依据《巴黎公约》处理海外专利申请事项。《巴黎公约》第二条规定,本联盟任何国家的国民,在本联盟所有其他国家应当享有该国有关法律现在授予或今后可能授予其国民的一切利益,而且均不得损害本公约特别规定的权利。因此,他们应当享有和国民同样的保护,在他们的权利被侵犯时享有同样的法律救济,但以遵守对国民规定条件和手续为限,即"国民待遇"原则。《巴黎公约》第四条规定,本联盟国家的国民在本联盟各国申请的专利,与在其他国家(不论是否为本联盟的成员国)就同一发明所取得的专利是相互独立的。这一条确立了专利领域的专利权独立原则。对于同一发明创造,不同成员国有权独立地决定是否授予专利权。一项发明在一个成员国被授予专利权,并不意味着该发明在其他成员国当然地被授予专利权。某一成员国的国民就其完成的发明创造意欲在其他成员国获得专利保护,就必须向其他成员国分别提出申请,其在一个成员国获得的专利权的效力范围仅限于该成员国境内,受该国专利法的保护,不能在其他成员国自动受到保护。

优先权原则源自1883年签订的《巴黎公约》,目的是便于缔约国国民在其本国提出专利或者商标申请后向其他缔约国提出申请,是《巴黎公约》的基本原则之一。所谓"优先权"是指申请人在一个缔约国第一次提出申请后,可以在一定期限内就同一主题向其他缔约国申请保护,其在后申请可在某些方面被视为是在第一次申请的申请日提出的。换句话说,在一定期限内,申请人提出的在后申请与其他人在其首次申请之后就同一主题所提出的申请相比,享有优先的地位,这就是优先权一词的由来。这种将后续申请的申请日提前至首次申请的申请日的权利便是优先权。在要求优先权时,首次申请日被称作优先权日,享有优先权的一定期限被称作优先权期。

优先权分为外国优先权和本国优先权。所谓外国优先权是指申请人自发明或者实用新型在外国第一次提出专利申请之日起十二个月内,或者自外观设计在外国第一次提出专利申请之日起六个月内,又在中国就相同主题提出专利申请的,依照该外国同中国签订的协议或者共同参加的国际条约,或者依照相互承认优先权的原则,可以享有优先权,即以其在外国第一次提出申请之日为申请日。该原则同样适用于我国申请人向外国提出的专利申请。所谓本国优先权是指申请人自发明或者实用新型在中国第一次提出专利申请之日起十二个月内,或者自外观设计在中国第一次提出专利申请之日起六个月内,又向国务院专利行政部门就相同主题提出专利申请的,可以享有优先权。

申请人向专利局提出一件专利申请并要求外国优先权的,审查员应当审查作为要求优先权基础的在先申请是否是在巴黎公约成员国内提出的,或者是对该成员国有效的地区申请或者国际申请。对于来自非巴黎公约成员国的要求优先权的申请,应当审查该国是否是承认我国优先权的国家,还应当审查要求优先权的申请人是否有权享受巴黎公约给予的权利,即申请人是否是巴黎公约成员国的国民或者居民,或者申请人是否是承认我国优先权的国家的国民或者居民。同时,审查员还应当审查要求优先权的在后申请是否是在规定的期限内提出。不符合规定的,审查员应当发出视为未要求优先权通知书。在先申请有两项以上的,其期限从最早的在先申请的申请日起算,对于超过规定期限的,针对那项超出期限的要求优先权声明,审查员应当发出视为未要求优先权通知书。初步审查中,对于在先申请是否是巴黎公约定义的第一次申请以及在先申请和在后申请的主题的实质内容是否相同均不予审查,除非第一次申请明显不符合巴黎公约的有关规定或者在先申请与在后申请的主题明显不相关。此外,申请人要求优先权的,应当在提出专利申请的同时在请求书中声明;未在请求书中提出声明的,视为未要求优先权。申请人在要求优先权声明中应当写明作为优先权基础的在先申请的申请日、申请号和原受理机构名称;未写明或者错写在先申请日、申请号和原受理机构名称中的一项或者两项内容,而申请人已在规定的期限内提交了在先申请文件副本的,审查员应当发出办理手续补正通知书;期满未答复或者补正后仍不符合规定的,审查员应当发出视为未要求优先权通知书。需要说明的是,作为优先权基础的在先申请文件的副本应当由该在先申请的原受理机构出具。在先申请文件副本的格式应当符合国际惯例,至少应当表明原受理机构、申请人、申请日、申请号。要求多项优先权的,应当提交全部在先申请文件副本,其中某份不符合规定的,审查员应当发出办理手续补正通知书,期满未答复或者补正后仍不符合规定的,视为未提交该在先申请文件副本,针对该在先申请文件副本对应的那项要求优先权声明,审查员应当发出视为未要求优先权通知书。在先申请文件副本应当在提出在后申请之日起三个月内提交;期满未提交的,审查员应当发出视为未要求优先权通知书。

要求本国优先权的在先申请和在后申请应当符合下列规定:第一,在先申请可以是发明、实用新型专利申请或者外观设计专利申请,不应当是分案申请。第二,在先申请的主题没有要求过外国优先权或者本国优先权,或者虽然要求过外国优先权或者本国优先权,但未享有优先权。第三,该在先申请的主题尚未授予专利权;第四,要求发明、实用新型专利优先权的,应当在第一次提出申请之日起十二个月内提出;要求外观设计专利优先权的,在后申请应当在其在先申请的申请日起六个月内提出。第五,申请人要求优先权的,应当在提出专利申请的同时在请求书中声明;未在请求书中提出声明的,视为未要求优先权。申请人在要求优先权声明中应当写明作为优先权基础的在先申请的申请日、申请号和原受理机构名称(即中国)。未写明或者错写上述各项中的一项或者两项内容的,审查员应当发出办理手续补正通知书,期满未答复或者补正后仍不符合规定的,审查员应当发出视为未要求优先权通知书。第六,申请人要求本国优先权的,其在先申请自在后申请提出之日起即视为撤回,但外观设计专利申请人要求以发明或者实用新型专利申请作为本国优先权基础的除外。申请人要求本国优先权,经初步审查认为符合规定的,审查员应当对在先申请发出视为撤回通知书。申请人要求两项以上本国优先权,经初步审查认为符合规定的,审查员应当针对相应的在先申请,发出视为撤回通知书。需要注意的是,被视为撤回的在先申请不得请求恢复。

优先权原则的作用和效力主要可以概括为以下四个方面:一是在优先权期内,发明创造不因任何将该发明创造公之于众的行为而丧失新颖性。二是可以排除他人在优先权日后就同样的发明创造提出专利申请,从而鼓励享有专利申请权的创新主体及时地申请专利。同样的发明创造要在他国受到专利保护就必须依该他国专利法申请专利,但发明人在第一次正式申请的申请日后,再向他国提出后续申请时可能会遇到第三人也在这些国家就同样的发明创造提出了专利申请的情况。此时,如果第三人的申请日晚于优先权日,这些国家的专利行政机构将驳回第三人的申请,而将专利权授予给享有优先权的申请人,不论优先权人在这些国家的后续申请实际申请日是否早于第三人的申请日。我国《专利法实施细则》规定:"专利法所称申请日,有优先权的,指优先权日。"可见当存在优先权时,专利权的授予并不完全按发明创造在该国提出专利申请的实际申请日的先后顺序。在这种情况下,优先权原则可被视作先申请原则的例外。三是督促发明人加快发明创造的创新研发进程。优先权的期限为十二个月,这就要求发明人必须在第一次申请之后的十二个月内对相同主题的发明创造进行完善与改进。创新主体通常在首次提出专利申请之后,将下一阶段的创新研制计划的完成日期定在优先权期限届满之前,以便于更好地主张优先权。四是有利于专利申请类型的转换。因为实用新型与发明专利是两类不同的专利保护客体类型,它们在审查程序方面有着明显的差异和不同。利用优先权制度,申请人可以根据发明创造的实际需要进行选择,在规定的专利优先权期限内选定发明创造的专利保护类型。五是有利于提高专利权稳定性。通过主张优先权,专利申请人可以对第一次提出的专利申请进行修改、补充、完善,从而有助于提高专利权法律稳定性。

优先权制度的建立为国际专利申请提供了便利,但仅就一国内部而言,其设立优先权制度似乎仅仅是为就同一内容的发明创造跨国家、跨地区多次申请专利提供了方便,并未给在本国首次提出专利申请的申请人带来任何直接利益。为此,不少国家的专利法在这种国际优先权制度的基础上,又建立了本国优先权制度。所谓本国优先权制度,就是指本国人在本国首次提出专利申请后,又就相同的主题再次向专利局提出申请的,可以在优先权期内享有优先权,为首次在本国提出专利申请的申请人提供更好的保护。例如,当首次申请由于偶然原因成为死案,或者在首次申请递交后又就发明进行了改进,只要还在优先权期限内,均可在再次申请专利时提出优先权要求。我国1992年修改的《专利法》就发明专利和实用新型专利申请规定了本国优先权制度,2020年修改的《专利法》增加了外观设计的本国优先权制度。依照我国现行《专利法》第二十九条第二款:"申请人自发明或者实用新型在中国第一次提出专利申请之日起十二个月内,或者自外观设计在中国第一次提出专利申请之日起六个月内,又向国务院专利行政部门就相同主题提出专利申请的,可以享有优先权。"我国《专利法》关于本国优先权制度的具体规定,在优先权的产生、优先权期、部分或多项优先权等方面均与国际优先权的规定相同。

**二、专利申请文件及要求**

我国《专利法》第二十六条规定,申请发明或者实用新型专利的,应当提交请求书、说明书及其摘要和权利要求书等文件。请求书应当写明发明或者实用新型的名称,发明人的姓名,申请人姓名、名称、地址,以及其他事项。说明书应当对发明或者实用新型作出清楚、完整的说明,以所属技术领域的技术人员能够实现为准;必要的时候,应当有附图。摘要应当简要说明发明或者实用新型的技术要点。权利要求书应当以说明书为依据,清楚、简要地限定要求专利保护的范围。依赖遗传资源完成的发明创造,申请人应当在专利申请文件中说明该遗传资源的直接来源和原始来源;申请人无法说明原始来源的,应当陈述理由。申请外观设计专利的,应当提交请求书、该外观设计的图片或者照片以及对该外观设计的简要说明等文件。同时,我国《专利法》第二十七条规定,申请外观设计专利的,应当提交请求书、该外观设计的图片或者照片以及对该外观设计的简要说明等文件。申请人提交的有关图片或者照片应当清楚地显示要求专利保护的产品的外观设计。

(1)专利请求书。专利请求书是申请人用于表达请求专利局对其发明授予专利权的愿望的书面文件。在我国,专利请求书是一种专利局专门印制的标准表格,申请人只能按表格规定的格式或要求填写,否则申请将不被受理或被要求补正。国务院专利行政部门收到发明或者实用新型专利申请的请求书、说明书(实用新型必须包括附图)和权利要求书,或者外观设计专利申请的请求书、外观设计的图片或者照片和简要说明后,应当明确申请日、给予申请号,并通知申请人。如果发明或者实用新型专利申请缺少请求书、说明书(实用新型无附图)或者权利要求书的,或者外观设计专利申请缺少请求书、图片或者照片、简要说明的,又或者请求书中缺少申请人姓名、名称,或者缺少地址的,国务院专利行政部门不予受理,并通知申请人。但是《专利法实施细则》第四十五条又规定,发明或者实用新型专利申请缺少或者错误提交权利要求书、说明书或者权利要求书、说明书的部分内容,但申请人在递交日要求了优先权的,可以自递交日起两个月内或者在国务院专利行政部门指定的期限内以援引在先申请文件的方式补交。补交的文件符合有关规定的,以首次提交文件的递交日为申请日。

发明、实用新型或者外观设计专利申请的请求书应当写明下列事项:第一,发明、实用新型或者外观设计的名称。第二,申请人是中国单位或者个人的,其名称或者姓名、地址、邮政编码、统一社会信用代码或者身份证件号码;申请人是外国人、外国企业或者外国其他组织的,其姓名或者名称、国籍或者注册的国家或者地区。第三,发明人或者设计人的姓名。第四,申请人委托专利代理机构的,受托机构的名称、机构代码以及该机构指定的专利代理师的姓名、专利代理师资格证号码、联系电话。第五,要求优先权的,在先申请的申请日、申请号以及原受理机构的名称。第六,申请人或者专利代理机构的签字或者盖章。第七,申请文件清单。第八,附加文件清单。第九,其他需要说明的有关事项。

请求书中的发明名称和说明书中的发明名称应当一致。发明名称应当简短、准确地表明发明专利申请要求保护的主题和类型。发明名称中不得含有非技术词语,如人名、单位名称、商标、代号、型号等;也不得含有含糊的词语,如"及其他""及其类似物"等;也不得仅使用笼统的词语,致使未给出任何发明信息,如仅用"方法""装置""组合物""化合物"等词作为发明名称;发明名称一般不得超过 25 个字,特殊情况下,如化学领域的某些发明,可以允许最多到 40 个字。

<u>发明专利请求书示例见附录2,外观设计请求书见附录3。</u>

(2)说明书及其附图。专利申请说明书,简称专利说明书,是对专利内容进行清楚、完整、详细的说明,提交专利行政机构审核的书面材料。它由国家专利行政机构制作。专利申请说明书是申请人在申请专利时所必须提交的一种技术文书,它清楚、完整地叙述发明的内容,详细介绍发明过程,指出类似发明的技术情况及不足,说明本发明在克服这些不足时所采用的方法,说明本发明技术的先进性、新颖性。可见,专利申请说明书是发明和实用新型专利申请文件的主要组成部分,也是专利文献的重要组成部分。

通常所说的专利文献便是指专利申请说明书,它起着公开发明的技术内容、支持权利要求的保护范围的作用。要想获得发明创造的专利权,就必须向国家专利行政机构提交专利申请说明书。专利申请说明书主要功能是清楚、完整地公开发明或实用新型,使所属技术领域的科技人员能够理解和实施该发明或实用新型。专利制度的公开性就是通过公布专利申请说明书来实现的。专利申请说明书还用于支持专利申请权利请求,并在确定发明或者实用新型专利权的保护范围时,可以用以解释权利要求。

发明或者实用新型专利申请的说明书应当写明发明或者实用新型的名称,该名称应当与请求书中的名称一致。说明书应当包括下列内容:第一,技术领域,写明要求保护的技术方案所属的技术领域;第二,背景技术,写明对发明或者实用新型的理解、检索、审查有用的背景技术,甚至引证反映这些背景技术的文件;第三,发明内容,写明发明或者实用新型所要解决的技术问题以及解决其技术问题采用的技术方案,并对照现有技术写明发明或者实用新型的有益效果;第四,附图说明,说明书有附图的,对各幅附图作简略说明;第五,具体实施方式,详细写明申请人认为实现发明或者实用新型的优选方式,必要时,举例说明,有附图的,对照附图。

说明书文字部分可以有化学式、数学式或者表格,但不得有插图。说明书文字部分写有附图说明的,说明书应当有附图;说明书有附图的,说明书文字部分应当写有附图说明。说明书文字部分写有附图说明但说明书无附图或者缺少相应附图的,应当通知申请人取消说明书文字部分的附图说明,或者在指定的期限内补交相应附图。申请人补交附图的,以向专利局提交或者邮寄补交附图之日为申请日,审查员应当发出重新确定申请日通知书。申请人取消相应附图说明的,保留原申请日。

说明书附图应当使用包括计算机在内的制图工具和黑色墨水绘制,线条应当均匀清晰、足够深,不得着色和涂改,不得使用工程蓝图。附图的大小及清晰度,应当保证在该图缩小到三分之二时仍能清晰地分辨出图中各个细节,以能够满足复印、扫描的要求为准。流程图、框图应当作为附图,并应当在其框内给出必要的文字和符号。一般不得使用照片作为附图,但特殊情况下,如显示金相结构、组织细胞或者电泳图谱时,可以使用照片贴在图纸上作为附图。

(3)权利要求书。权利要求书是申请发明专利和申请实用新型专利必须提交的申请文件,是发明或者实用新型专利要求保护的内容,具有直接的法律效力,是确定专利保护范围的重要法律文件。因此,权利要求书是专利申请文件最核心的部分,对于专利权的权利保护范围界定具有重要意义。权利要求撰写的质量,将影响到后续审查过程中对其新颖性、创造性的评判,而且还决定着该专利所能保护的范围。权利要求不清楚,不仅可能导致专利申请无法授权,或者在专利授权之后也有可能被宣告无效,而且也会对后续的侵权判定构成重大影响。因此,对于申请人而言,权利要求书的撰写至关重要。

我国《专利法实施细则》明确规定,权利要求书应当有独立权利要求,也可以有从属权利要求。独立权利要求应当从整体上反映发明或者实用新型的技术方案,记载解决技术问题的必要技术特征。从属权利要求应当用附加的技术特征,对引用的权利要求作进一步限定。发明或者实用新型的独立权利要求应当包括前序部分和特征部分。其中,前序部分写明要求保护的发明或者实用新型技术方案的主题名称和发明或者实用新型主题与最接近的现有技术共有的必要技术特征,而特征部分则使用"其特征是……"或者类似的用语,写明发明或者实用新型区别于最接近的现有技术的技术特征。这些特征和前序部分写明的特征合在一起,限定发明或者实用新型要求保护的范围。当然,发明或者实用新型的性质不适于用前款方式表达的,独立权利要求可以用其他方式撰写。一项发明或者实用新型应当只有一个独立权利要求,并写在同一发明或者实用新型的从属权利要求之前。发明或者实用新型的从属权利要求应当包括引用部分和限定部分,其中,引用部分写明引用的权利要求的编号及其主题名称;限定部分写明发明或者实用新型附加的技术特征。从属权利要求只能引用在前的权利要求。引用两项以上权利要求的多项从属权利要求,只能以择一方式引用在前的权利要求,并不得作为另一项多项从属权利要求的基础。

根据我国《专利法》和《专利法实施细则》规定,权利要求书应当以说明书为依据,说明要求专利保护的范围。权利要求书应当说明发明或者实用新型的技术特征,清楚和简要地表述请求保护的范围。因此,权利要求书应当满足以下要求:第一,权利要求书应当以说明书为依据。权利要求书应当以说明书为依据,是指权利要求应当得到说明书的支持。权利要求书中的每一项权利要求所要求保护的技术方案应当是所属技术领域的技术人员能够从说明书充分公开的内容中得到或概括得出的技术方案,并且不得超出说明书公开的范围。第二,权利要求书应当清楚。每项权利要求的类型应当清楚,权利要求的主题名称应当能够清楚地表明该权利要求的类型是产品权利要求还是方法权利要求。与此同时,每项权利要求所确定的保护范围应当清楚,权利要求的保护范围应当根据其所用词语的含义来理解。另外,构成权利要求书的所有权利要求作为一个整体也应当清楚,即权利要求之间的引用关系应当清楚。第三,权利要求书应当简要。不但每一项权利要求应当简要,而且构成权利要求书的所有权利要求作为一个整体也应当简要。一件专利申请中,不得出现两项或两项以上保护范围实质上相同的同类的权利要求。权利要求的数量应当合理,允许有合理数量的限定发明或者实用新型优选技术方案的从属权利要求。权利要求的表述应当简要,除记载技术特征外,不得对原因或者理由作不必要的描述,也不得使用商业性宣传用语。为避免权利要求之间相同内容的不必要重复,在可能的情况下,权利要求应尽量采取引用在前权利要求的方式撰写。权利要求书示例如图4-1所示。

  判断一件专利申请权利要求书撰写的质量至少需要考虑以下因素:第一,是否具有新颖性,明显不具备新颖性的独立权利要求是不符合要求的。例如,独立权利要求中的技术特征仅仅是说明书背景技术部分的内容,而未涉及本发明的发明点时,该权利要求是明显不具备新颖性的。第二,是否得到说明书的支持。权利要求书应当符合《专利法》第二十六条第四款的规定,即权利要求书在实质上应当得到说明书的支持。第三,是否清楚和完整,包括权利要求的类型是否清楚、描述是否完整、用词是否准确、范围是否明确和主题是否一致等内容。第四,是否具有单一性。是否满足单一性的要求,主要是判断权利要求书涉及的技术方案是否同时解决彼此相互独立的两个以上技术问题。如果是,权利要求书则不满足单一性的要求,需要分案处理。第五,是否具有合理的范围。导致权利要求保护范围不合理的主要原因是技术问题分析不清晰,独立权利要求内包含了"非必要"的技术特征,从而影响权利要求的保护范围。

## 权 利 要 求 书

CN 205433281 U    1/1 页

1. 一种带温度测量设备的锅具,包括锅体(1)和固定在所述锅体(1)上的手柄(2),其特征在于,所述锅体(1)的底部(11)设有温度传感器(3),所述手柄(2)内设有温度计(4),所述温度传感器(3)与所述温度计(4)相连,所述温度计(4)与电源相连。

2. 根据权利要求1所述的带温度测量设备的锅具,其特征在于:所述电源为电池,所述手柄(2)上设有电池槽(21),电池位于所述电池槽(21)中。

3. 根据权利要求1所述的带温度测量设备的锅具,其特征在于:所述温度传感器(3)包括探头(31)和输出端(32),所述探头(31)埋设于所述锅体(1)的底部(11),所述输出端(32)与所述温度计(4)相连。

4. 根据权利要求3所述的带温度测量设备的锅具,其特征在于:所述锅体(1)的底部(11)为复合底层,由内至外依次为不锈铁层、铝层、不锈铁层,所述探头(31)埋设与铝层内。

5. 根据权利要求1所述的带温度测量设备的锅具,其特征在于:所述锅体(1)与所述手柄(2)之间设有连接件(6),所述连接件(6)的一端焊接在所述锅体(1)上,另一端与所述手柄(2)固定连接。

6. 根据权利要求5所述的带温度测量设备的锅具,其特征在于:所述连接件(6)与所述手柄(2)通过螺栓(5)固定连接。

7. 根据权利要求6所述的带温度测量设备的锅具,其特征在于:所述手柄(2)的内部形成容纳空间(22),所述温度传感器(3)的输出端(32)和温度计(4)均位于所述容纳空间(22)中。

8. 根据权利要求1所述的带温度测量设备的锅具,其特征在于:所述手柄(2)的后端设有通孔(23)。

9. 根据权利要求1所述的带温度测量设备的锅具,其特征在于:所述锅具为煎锅、炒锅、蒸锅、炖锅、压力锅。

10. 根据权利要求1所述的带温度测量设备的锅具,其特征在于:所述温度计(4)为数显温度计。

图 4-1  权利要求书示例图[①]

(4) 说明书摘要。申请发明专利或实用新型专利的,应当提交说明书摘要。说明书摘要应当写明发明或者实用新型专利申请所公开内容的概要,即写明发明或者实用新型的名称和所属技术领域,并清楚地反映所要解决的技术问题、解决该问题的技术方案的要点以及主要用途。说明书摘要可以包含最能说明发明的化学式;有附图的专利申请,还应当在请求书中指定一幅最能说明该发明或者实用新型技术特征的附图作为摘要附图。附图的大小及清晰度应当保证在该图缩小到 4cm×6cm 时,仍能清晰地分辨出图中的各个细节。摘要文字部分不得超过 300 个字。摘要中不得使用商业性宣传用语。

---

① 上海冠华不锈钢制品股份有限公司.带温度测量设备的锅具:CN205433281U[P]2016-08-10.

摘要文字部分应当写明发明的名称和所属的技术领域,清楚反映所要解决的技术问题,解决该问题的技术方案的要点以及主要用途。未写明发明名称或者不能反映技术方案要点的,应当通知申请人补正;使用了商业性宣传用语的,可以通知申请人删除或者由审查员删除,审查员删除的情况应当通知申请人。摘要文字部分不得使用标题,文字部分(包括标点符号)不得超过300个字。摘要超过300个字的,可以通知申请人删节或者由审查员删节,审查员删节的情况应当通知申请人。说明书有附图的,申请人应当提交一幅最能说明该发明技术方案主要技术特征的附图作为摘要附图。

摘要附图应当是说明书附图中的一幅。申请人未提交摘要附图的,审查员可以通知申请人补正,或者依职权指定一幅,并通知申请人。审查员确认没有合适的摘要附图可以指定的,可以不要求申请人补正。申请人提交的摘要附图明显不能说明发明技术方案主要技术特征的,或者提交的摘要附图不是说明书附图之一的,审查员可以通知申请人补正,或者依职权指定一幅,并通知申请人。摘要中可以包含最能说明发明的化学式,该化学式可被视为摘要附图。摘要及其附图示例如图4-2所示。

**(54) 实用新型名称**
　　带温度测量设备的锅具
**(57) 摘要**
　　本实用新型提供一种带测温设备的锅具,包括锅体和固定在所述锅体上的手柄,所述锅体的底部设有温度传感器,所述手柄内设有温度计,所述温度传感器与所述温度计相连,所述温度计与电源相连。本实用新型结构简单、设计新颖、使用方便,通过在锅具的锅体底部设有温度传感器,并在手柄中设有温度计,可随时知道锅具的温度,使用者根据实际情况可切断加热来源,不会烧坏食物或锅具。

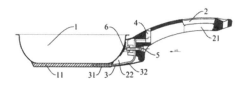

图 4-2　摘要及其附图示例图①

(5)图片或照片。由于外观设计是一种造型或图案,因此图片和照片是表述外观设计的最佳方式,它可以清楚地将外观设计的特点表现出来。作为申请文件的图片或照片一定要充分清楚地展示外观设计的特点。我国《专利法》第二十七条第二款规

---

① 上海冠华不锈钢制品股份有限公司.带温度测量设备的锅具:CN205433281U[P]2016-08-10.

定,申请人提交的有关图片或者照片应当清楚地显示要求专利保护的产品的外观设计。我国《专利审查指南》规定,就立体产品的外观设计而言,产品设计要点涉及六个面的,应当提交六面正投影视图;产品设计要点仅涉及一个或几个面的,应当提交所涉及面的正投影视图和立体图,对于其他面既可以提交正投影视图,也可以提交立体图。使用时不容易看到或者看不到的面可以省略视图,并应当在简要说明中写明省略视图的原因。就平面产品的外观设计而言,产品设计要点涉及一个面的,可以仅提交该面正投影视图;产品设计要点涉及两个面的,应当提交两面正投影视图。必要时,申请人还应当提交该外观设计产品的展开图、剖视图、剖面图、放大图以及变化状态图。此外,申请人可以提交参考图,参考图通常用于表明使用外观设计的产品的用途、使用方法或者使用场所等。色彩包括黑白灰系列和彩色系列。对于简要说明中声明请求保护色彩的外观设计专利申请,图片的颜色应当着色牢固、不易褪色。六面正投影视图的视图名称,是指主视图、后视图、左视图、右视图、俯视图和仰视图。其中主视图所对应的面应当是使用时通常朝向消费者的面或者最大限度反映产品的整体设计的面。例如,带杯把的杯子的主视图应是杯把在侧边的视图。

(6)外观设计的简要说明。简要说明是用于解释产品外观设计的图片或者照片的说明。外观设计的简要说明应当写明外观设计产品的名称、用途,外观设计的设计要点,并指定一幅最能表明设计要点的图片或者照片。省略视图或者请求保护色彩的,应当在简要说明中写明。对同一产品的多项相似外观设计提出一件外观设计专利申请的,应当在简要说明中指定其中一项作为基本设计。申请局部外观设计专利的,应当在简要说明中写明请求保护的部分,已在整体产品的视图中用虚线与实线相结合方式表明的除外。简要说明不得使用商业性宣传用语,也不得说明产品的性能。

《专利审查指南》具体列出了简要说明应当包括的内容:第一,外观设计产品的名称。简要说明中的产品名称应当与请求书中的产品名称一致。第二,外观设计产品的用途。简要说明中应当写明有助于确定产品类别的用途。对于零部件,通常还应当写明其所应用的产品,必要时写明其所应用产品的用途。对于具有多种用途的产品,简要说明应当写明所述产品的多种用途。第三,外观设计的设计要点。设计要点是指与现有设计相区别的产品的形状、图案及其结合,或者色彩与形状、图案的结合,或者部位。对设计要点的描述应当简明扼要。第四,指定一幅最能表明设计要点的图片或者照片,用于出版专利公报。外观设计图片或照片及其简要说明示例如图4-3所示。

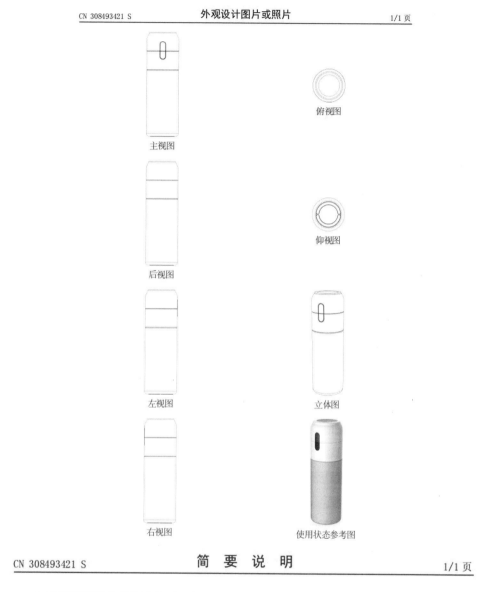

1. 本外观设计产品的名称:杯子。
2. 本外观设计产品的用途:用于杯子。
3. 本外观设计产品的设计要点:在于形状。
4. 最能表明设计要点的图片或照片:立体图。

图 4-3　外观设计图片或照片及其简要说明示例图①

---

① 小米有品科技有限公司.杯子:CN308493421S[P]2016-08-10.

## 第二节 专利申请的审批与复审

各国专利法都规定了专利审查制度。从世界范围来看,专利审查制度可以分为两大类,即不审查制和审查制。其中,不审查制可以分为登记制和文献报告制,审查制可分为即时审查制和早期公开延迟审查制。所谓登记制,是指专利局在受理专利申请之后,并不对申请案做实质性审查,只就申请案做形式审查后即予以登记授权的专利审查制度。文献报告制也被称为文献检索制,它是指申请案被专利局受理后,专利局除了做形式审查外,还就申请案的新颖性做一次检索,向申请人提供一份对比文献的检索报告,由申请人自己对照报告内容决定是否坚持申请。若申请人坚持其申请,专利局将予以登记授权。目前,大多数国家的发明专利都实行审查制。其中,即时审查制是指专利局接到专利申请后,立即进行形式审查,然后自动启动实质性审查程序,能够顺利通过实质性审查程序的申请案予以公告授权的专利审查制度。而早期公开延迟审查制则是指在申请案通过形式审查后,将申请案的内容予以公开,待一定期限后再做实质性审查,实质性审查通过之后再进行授权。世界上大部分国家的专利批准采用这种制度。我国专利制度则针对不同的专利类型规定了不同的审查制度,对于发明专利采用了早期公开延迟审查制,而对于实用新型和外观设计专利则采用了登记制。

**一、发明专利的审查与批准**

(1)发明专利的初步审查。根据我国《专利法》第三十四条的规定,专利局收到发明专利申请后,经初步审查认为符合专利法要求的,自申请日起满十八个月,即行公布。专利局也可以根据申请人的请求早日公布其申请。因此,发明专利申请的初步审查是受理发明专利申请之后、公布该申请之前的一个必要程序。发明专利申请初步审查的主要任务包括以下四个方面的内容:第一,审查申请人提交的申请文件是否符合专利法及其实施细则的规定,发现存在可以补正的缺陷时,通知申请人以补正的方式消除缺陷,使其符合公布的条件;发现存在不可克服的缺陷时,发出审查意见通知书,指明缺陷的性质,并通过驳回的方式结束审查程序。申请文件包括请求书、说明书、说明书附图、权利要求书、说明书摘要等。而明显的实质性缺陷则包括专利申请属于《专利法》第五条和第二十五条规定的不具有可专利性、违反向外国申请专利的保密性审查、不符合单一性的要求、对专利申请文件的修改超出原说明书和权利要求书记载的范围、在说明书或权利要求书中使用了与技术无关的词句或使用了商业性宣传用语以及贬低或诽谤他人或他人产品的词句等情形。第二，审查申请人在提出专利申请的同时或者随后提交的与专利申请有关的其他文件是否符合专利法及其实施细则的规定，发现文件存在缺陷时，根据缺陷的性质，通知申请人以补正的方式消除缺陷，或者直接作出文件视为未提交的决定。与专利申请有关的其他文件包括委托专利代理机构、要求优先权、不丧失新颖性的公开、实质审查请求、提前公布声明、撤回专利申请声明和著录项目变更等相关文件。第三，审查申请人提交的与专利申请有关的其他文件是否是在专利法及其实施细则规定的期限内或者专利局指定的期限内提交的；期满未提交或者逾期提交的，根据情况作出申请视为撤回或者文件视为未提交的决定。第四，审查申请人缴纳的有关费用的金额和期限是否符合专利法及其实施细则的规定，费用未缴纳或者未缴足或者逾期缴纳的，根据情况作出申请视为撤回或者请求视为未提出的决定。

　　经初步审查，对于申请文件符合专利法及其实施细则有关规定并且不存在明显实质性缺陷的专利申请，包括经过补正符合初步审查要求的专利申请，应当认为初步审查合格。审查员应当发出初步审查合格通知书，指明公布所依据的申请文本，之后进入公布程序。初步审查中，对于申请文件存在可以通过补正克服的缺陷的专利申请，审查员应当进行全面审查，并发出补正通知书。补正通知书中应当指明专利申请存在的缺陷，说明理由，同时指定答复期限。经申请人补正后，申请文件仍然存在缺陷的，审查员应当再次发出补正通知书。初步审查中，对于申请文件存在不可能通过补正方式克服的明显实质性缺陷的专利申请，审查员应当发出审查意见通知书。审查意见通知书中应当指明专利申请存在的实质性缺陷，说明理由，同时指定答复期限。对于申请文件中存在的实质性缺陷，只有其明显存在并影响公布时，才需指出和处理。申请人在收到补正通知书或者审查意见通知书后，应当在指定的期限内补正或者陈述意见。申请人期满未答复的，审查员应当根据情况发出视为撤回通知书或者其他通知书。申请人因正当理由难以在指定的期限内作出答复的，可以提出延长期限请求。对于因不可抗拒事由或者因其他正当理由耽误期限而导致专利申请被视为撤回的，申请人可以在规定的期限内向专利局提出恢复权利的请求。申请文件存在明显实质性缺陷，在审查员发出审查意见通知书后，经申请人陈述意见或者修改后仍然没有消除的，或者申请文件存在形式缺陷，审查员针对该缺陷已发出过两次补正通知书,经申请人陈述意见或者补正后仍然没有消除的,审查员可以作出驳回决定。申请人对驳回决定不服的,可以在规定的期限内向国务院专利行政部门提出复审请求。

(2)发明专利申请的"提前公开,延迟审查"与发明专利临时保护制度。发明专利申请的"提前公开,延迟审查"制度是指发明专利申请通过初步审查以后,自申请之日起满十八个月就会向社会公开,自申请之日起三年内,申请人可以随时向国务院专利行政部门提出实质性审查的请求。申请人请求早日公布其发明专利申请的,应当向国务院专利行政部门声明。国务院专利行政部门对该申请进行初步审查后,除予以驳回的外,应当立即将申请予以公布。这一制度是落实专利制度"以公开换垄断"的重要机制,有利于避免因专利审查的延迟而妨碍公众及时地获取和传播技术信息,从而避免重复的研发投入,提升技术创新能力与水平,同时也使得发明专利申请人有足够的时间根据自身专利布局的战略意图,对是否有必要启动针对该发明专利申请进行实质审查作出相应的决策。

对发明专利申请进行实质审查的目的在于确定发明专利申请是否应当被授予专利权,特别是确定其是否符合专利法有关新颖性、创造性和实用性的规定。实质审查程序的启动通常由申请人提出请求后启动,当然也可以由专利局依职权启动。发明专利申请经实质审查没有发现驳回理由的,专利局应当作出授予发明专利权的决定。在实质性审查程序的启动过程中,审查员应当查对实质性审查启动程序的依据,包括申请文档中是否有实质审查请求书,其提交的时间是否在自申请日起三年之内,是否有发明专利申请公布及进入实质审查程序通知书,专利局决定自行对发明专利申请进行实质审查的,是否有经局长签署的通知书和已经通知申请人的记录。需要注意的是,国务院专利行政部门依照《专利法》第三十五条第二款的规定对专利申请自行进行审查时,应当通知申请人。而申请人可以对专利申请提出延迟审查请求。

国务院专利行政部门对发明专利申请进行实质审查后,认为不符合本法规定的,应当通知申请人,要求其在指定的期限内陈述意见,或者对其申请进行修改。此时,如果发明专利申请经申请人陈述意见或者进行修改后,专利局认为仍然不符合专利法规定,应当予以驳回。审查员应当在尽可能短的时间内完成专利申请的实质审查。通常情况下,在发出一次或者两次审查意见通知书后,审查员就可以作出驳回决定或者发出授予专利权的通知书。决定或者通知书一经发出,申请人的任何呈文、答复和修改均不再予以考虑。

申请人可以在被授予专利权之前随时撤回其专利申请。在实质审查程序中,以下情形的专利申请将被视为撤回:第一,发明专利的申请人请求实质审查的时候,如果发明专利已经在外国提出过申请的,国务院专利行政部门可以要求申请人在指定期限内提交该国为审查其申请进行检索的资料或者审查结果的资料;无正当理由逾期不提交的,该申请即被视为撤回。第二,国务院专利行政部门对发明专利申请进行实质审查后,认为不符合本法规定的,应当通知申请人,要求其在指定的期限内陈述意见,或者对其申请进行修改;无正当理由逾期不答复的,该申请即被视为撤回。第三,国务院专利行政部门认为一件专利申请不符合专利申请单一性要求的规定的,应当通知申请人在指定期限内对其申请进行修改;申请人期满未答复的,该申请视为撤回。

(3)发明专利申请的临时保护制度。发明专利申请的临时保护是指对公布以后、授权以前的发明专利申请给予一定保护的制度。根据我国《专利法》第三十九条的规定,专利权是从公告授权之日起生效。也就是说,在授权以前,即使他人实施了同样的发明,专利申请人也不能以侵犯专利权为理由起诉他人实施其专利技术。但是,由于发明专利申请执行的是"提前公开,延迟审查"的制度,发明专利申请在尚未得到授权时就予以公布,社会公众就可以通过已经公布的发明专利申请说明书掌握该发明的技术内容,并可以实施。但由于发明专利此时尚未授权,不具有"排他性",申请人无法行使专利权。这对发明专利申请人不公平。因此,各国给予处于这个时期的发明专利申请人一定的保护。当然,由于专利申请可能因为不满足"三性"审查等原因,无法通过后面的实质审查程序而被驳回。因此,在这一阶段给予发明专利申请人的保护不能与已授权的发明专利一样的保护,所以,将该保护称为发明专利申请的临时保护。我国《专利法》第十三条规定:"发明专利申请公布后,申请人可以要求实施其发明的单位或者个人支付适当的费用。"

对于发明专利申请的临时保护需要注意以下事项:第一,该临时保护只适用于公布后的发明专利申请,公布日之前的发明专利申请不能适用。这是因为在专利申请公布或者公告前,国务院专利行政部门的工作人员及有关人员对其内容负有保密责任,社会公众无法从国家知识产权局获知专利技术信息。此时,即便有社会公众实施该发明专利申请相关的技术方案,该实施也与专利申请人和国家知识产权局无关。第二,临时保护制度只针对发明专利申请,而不适用于实用新型和外观设计。这是因为实用新型和外观设计的授权只有初步审查程序,而不需要进行实质性审查,也就是说,在实用新型和外观设计授权之前,这些专利本身就没有公布,也是处于保密状态。第三,临时保护期间的实施不属于侵犯专利权的行为。对他人在发明专利申请公布日至专利权生效日之间的临时保护期内,未经许可而实施同样的发明创造行为,并不是"侵犯专利权"的行为,从而区别于专利授权之后发生的侵犯专利权的行为。在责任承担方面,临时保护规定的是"申请人可以要求实施其发明的单位或个人支付适当的费用",而"侵犯专利权"则要求侵权者承担"停止侵权行为和赔偿损失"的民事责任。第四,专利申请人要在授权之后才可以主张"临时保护",要求实施其发明的单位或个人支付适当费用。这是因为发明专利申请在实质审查后得到授权具有或然性,有可能得到授权,也有可能因为不满足"三性"而被驳回或撤回,所以在授权之前就要求实施者支付费用没有合法的理由,对于实施者而言也不公平。因此,《专利法》对于临时保护赋予发明专利申请人"可以要求"而不是"有权要求"。同样地,如果发明专利申请人希望通过诉讼形式主张"临时保护",也应当在发明专利权被授予之后提出,否则法院将不予受理。

**二、实用新型和外观设计的审查与批准**

我国《专利法》第四十条规定,实用新型和外观设计专利申请经初步审查没有发现驳回理由的,由国务院专利行政部门作出授予实用新型专利权或者外观设计专利权的决定,发给相应的专利证书,同时予以登记和公告。实用新型专利权和外观设计专利权自公告之日起生效。可见,我国专利法对实用新型和外观设计专利采用了登记制,审批程序相对简单。国务院专利行政部门在受理申请案后仅进行初步审查,没有发现驳回条件的申请案直接授予专利权并予以公告。

(1)实用新型初步审查的内容。实用新型专利申请的初步审查是受理实用新型专利申请之后、授予专利权之前的一个必要程序。实用新型专利申请初步审查的范围是:第一,请求书、说明书、说明书附图、权利要求书和说明书摘要等申请文件的形式审查。第二,申请文件的明显实质性缺陷审查,包括专利申请是否明显属于专利法规定的不具有可专利性的情形,外国人、外国企业或者外国其他组织在中国申请专利和办理其他专利事务的委托审查,在中国完成的发明或者实用新型向外国申请专利的保密审查,申请专利的诚实信用和专利权滥用的审查;专利申请保护客体审查;专利授权的新颖性、创造性和实用性的审查;说明书的"清楚、完整"的审查;说明书对权利要求书的支持程度的审查;专利申请单一性审查和专利申请文件的修改是否超范围的审查。第三,其他文件的形式审查,包括专利申请权转让、不丧失新颖性的例外、外国优先权和本国优先权等与专利申请有关的其他手续和文件的审查。第四,有关费用的审查,包括专利申请是否按照规定的种类、标准和期限办理费用缴纳手续。值得注意的是,以往的实用新型初步审查中并不对专利申请是否符合《专利法》第二十二条第三款进行审查,即创造性审查。2023年修改的《专利审查指南》将《专利法》第二十二条第三款纳入了实用新型初步审查的范围,明确了初步审查中,审查员对于实用新型专利申请是否明显不具备新颖性和创造性进行审查。实用新型专利申请中引入明显创造性审查与严厉打击非正常专利申请的背景相符,是提高专利审查授权质量和效率的一项重要改革。

(2)外观设计初步审查的内容。外观设计专利申请的初步审查是受理外观设计专利申请之后、授予专利权之前的一个必要程序。外观设计专利申请初步审查的范围是:第一,请求书、外观设计图片或者照片、简要说明、涉及图形用户界面的产品外观设计说明等申请文件的形式审查;第二,申请文件的明显实质性缺陷审查,包括专利申请是否违反法律、社会公德或者妨害公共利益的审查,是否属于对平面印刷品的图案、色彩或者二者的结合作出的主要起标识作用的设计的审查,外国人、外国企业或者外国其他组织在中国申请专利和办理其他专利事务的委托审查,专利申请保护客体的审查,外观设计授权条件的新颖性审查,图片或照片是否清楚地显示要求专利保护的产品的外观设计的审查,专利申请单一性审查和专利申请文件的修改是否超范围的审查;第三,其他文件的形式审查,包括不丧失新颖性的例外、外国优先权、本国优先权、专利代理委托书等与专利申请有关的其他手续和文件;第四,有关费用的审查,包括专利申请是否按照规定的种类、标准和期限办理费用缴纳手续。

**三、专利申请的驳回与复审**

专利审查员对发明专利申请进行审查后如果发现以下情形的,将驳回发明专利申请,并作出驳回的审查决定:专利申请的主题违反法律、社会公德或者妨害公共利益,或者申请的主题是违反法律、行政法规的规定获取或者利用遗传资源,并依赖该遗传资源完成的,或者申请的主题属于《专利法》第二十五条规定的不授予发明专利权的客体;专利申请不是对产品、方法或者其改进所提出的新的技术方案;专利申请所涉及的发明在中国完成,且向外国申请专利前未报经专利局进行保密审查的;专利申请的发明不具备新颖性、创造性或实用性;专利申请没有充分公开请求保护的主题,或者权利要求未以说明书为依据,或者权利要求未清楚、简要地限定要求专利保护的范围;专利申请是依赖遗传资源完成的发明创造,申请人在专利申请文件中没有说明该遗传资源的直接来源和原始来源;对于无法说明原始来源的,也没有陈述理由;专利申请不符合专利法关于发明专利申请单一性的规定;专利申请的发明是依照《专利法》第九条规定不能取得专利权的;独立权利要求缺少解决技术问题的必要技术特征;申请的修改或者分案的申请超出原说明书和权利要求书记载的范围。类似地,专利审查员对实用新型和外观设计进行初步审查过程中,如果发现驳回条件的,将作出驳回的审查决定。

发明专利经过实质性审查程序,实用新型和外观设计经过初步审查程序,如果专利审查员没有发现驳回理由的,专利申请就会得到批准授权,专利申请人就会转变为专利权人。但是,如果专利审查员认为存在驳回理由的,专利申请将会被驳回。此时,如果专利申请人仍然认为其专利申请不应当被驳回,则可以启动专利复审程序。因此,专利复审是指由国家知识产权局专利局复审和无效审理部(原来的专利复审委员会,以下简称为复审和无效审理部)对申请人因不服国家知识产权局驳回其专利申请的决定而提出的复审请求,或者是在专利权授予以后,任何人提出的宣告专利无效的请求进行的审查,复审程序在性质上属于行政复议程序。复审和无效审理部由国务院专利行政部门指定的技术专家和法律专家组成,主任委员由国务院专利行政部门负责人兼任。

我国《专利法》第四十一条规定,专利申请人对国务院专利行政部门驳回申请的决定不服的,可以自收到通知之日起三个月内向国务院专利行政部门请求复审。国务院专利行政部门复审后,作出决定,并通知专利申请人。可见,专利复审请求的客体针对的是专利局作出的驳回决定,如果复审请求不是针对专利局作出的驳回决定的,则不予受理。被驳回申请的申请人具有向复审和无效审理部提出复审请求的资格,复审请求人不是被驳回申请的申请人的,其复审请求不予受理。从期限上看,专利申请人在收到专利局作出的驳回决定之日起三个月内,可以向复审和无效审理部提出复审请求,如果提出复审请求的期限不符合该期限规定的,复审请求不予受理。在程序上,复审请求人应当提交复审请求书,说明理由,必要时还应当附具有关证据。

复审请求审查决定(简称复审决定)可分为三种类型:第一,复审请求不成立,维持驳回决定;第二,复审请求成立,撤销驳回决定;第三,专利申请文件经复审请求人修改,克服了驳回决定所指出的缺陷,在修改文本的基础上撤销驳回决定。而第二种情形撤销驳回决定的原因则包括:驳回决定适用法律错误的;驳回理由缺少必要的证据支持的;审查违反法定程序的(如驳回决定以申请人放弃的申请文本或者不要求保护的技术方案为依据);在审查程序中没有给予申请人针对驳回决定所依据的事实、理由和证据陈述意见的机会;驳回决定没有评价申请人提交的与驳回理由有关的证据,以至可能影响公正审理的;以及驳回理由不成立的其他情形。

如果国务院专利行政部门的复审决定是维持驳回决定的,那么,专利申请人关于专利授权的请求或主张仍没有得到专利行政部门的支持,所以,专利申请人仍有可能对复审决定不服。此时,该专利申请人应当自收到复审决定通知之日起三个月内向人民法院起诉。如果复审决定撤销了原审查部门作出的决定的,复审和无效审理部应当将有关的案卷返回原审查部门,由原审查部门继续审批程序。原审查部门应当执行复审和无效审理部的决定,不得以同样的事实、理由和证据作出与该复审决定意见相反的决定。

## 第三节 发明和实用新型授权条件

**一、新颖性**

根据我国《专利法》第二十二条第一款的规定,授予专利权的发明和实用新型应当具备新颖性、创造性和实用性。因此,申请专利的发明和实用新型具备新颖性是授予其专利权的必要条件之一。新颖性是指该发明或者实用新型不属于现有技术,也没有任何单位或者个人就同样的发明或者实用新型在申请日以前向国务院专利行政部门提出过申请,并记载在申请日以后公布的专利申请文件或者公告的专利文件中。可见,发明和实用新型的新颖性是从现有技术和抵触申请两个方面进行判断,如果专利申请不属于现有技术,也没有抵触申请,则可以认为该发明或实用新型具有新颖性,或者说满足新颖性授权条件。反之,如果专利申请属于现有技术,或者存在抵触申请,则可以认为该发明或实用新型不具有新颖性,或者说不满足新颖性授权条件。

(1)是否属于现有技术的判断。现有技术是指申请日以前在国内外为公众所知的技术。现有技术包括在申请日(有优先权的,指优先权日)以前在国内外出版物上公开发表、在国内外公开使用或者以其他方式为公众所知的技术。可见,现有技术公开方式包括出版物公开、使用公开和以其他方式公开三种,均无地域限制。

出版物是指记载有技术或设计内容的独立存在的传播载体,并且应当表明或者有其他证据证明其公开发表或出版的时间。符合该含义的出版物可以是各种印刷的、打字的纸件,如专利文献、科技杂志、科技书籍、学术论文、专业文献、教科书、技术手册、正式公布的会议记录或者技术报告、报纸、产品样本、产品目录、广告宣传册等;也可以是用电、光、磁、照相等方法制成的视听资料,如缩微胶片、影片、照相底片、录像带、磁带、唱片、光盘等;还可以是存在于互联网或者其他在线数据库中的资料等,如以数据形式存储、以网络为传播途径的文字、图片、音视频等资料。纸质出版物和视听资料不受地理位置、语言或者获得方式的限制,也不受年代的限制。纸质出版物和视听资料是否能够获得与出版发行量多少、是否有人阅读过、申请人是否知道无关。印有"内部资料""内部发行"等字样的纸质出版物和视听资料,确系在特定范围内发行并要求保密的,不属于公开出版物。纸质出版物的印刷日和视听资料的出版日视为公开日,有其他证据证明其公开日的除外。存在于互联网或者其他在线数据库中的资料应当是通过合法途径能够获得的,资料的获得与是否需要口令或者付费、资料是否有人阅读过无关。存在于互联网或者其他在线数据库中的资料的公开日一般以发布日为准,有其他证据证明其公开日的除外。以网络方式出版的书籍、期刊、学位论文等出版物,其公开日为网页上记载的网络发布日。如果上述出版物同时具有内容相同的纸质出版物,也可以根据纸质出版物的印刷日确定公开日,通常以能够确定的最早的公开日为准。印刷日、出版日或者发布日只写明年月或者年份的,以所写月份的最后一日或者所写年份的 12 月 31 日为公开日。

使用公开是指由于使用行为而导致技术方案的公开或者导致技术方案处于公众可以得知的状态的公开方式。使用公开的方式包括能够使公众得知其技术内容的制造、使用、销售、进口、交换、馈赠、演示、展出等方式。只要通过上述方式使有关技术内容处于公众想得知就能够得知的状态,就构成使用公开,而不取决于是否有公众得知。但是,未给出任何有关技术内容的说明,以致所属技术领域的技术人员无法得知其结构和功能或材料成分的产品展示,不属于使用公开。如果使用公开的是一种产品,即便所使用的产品或者装置需要经过破坏才能够得知其结构和功能,也仍然属于使用公开。此外,使用公开还包括放置在展台上、橱窗内,公众可以阅读的信息资料及直观资料,如招贴画、图纸、照片、样本、样品等。使用公开是以公众能够得知该产品或者方法之日为公开日。

以其他方式公开,即为公众所知的其他方式,主要是指口头公开等方式公开技术方案,如口头交谈、报告、讨论会发言、广播、电视、电影等能够使公众得知技术内容的方式。口头交谈、报告、讨论会发言以其发生之日为公开日。公众可接收的广播、电视或电影的报道,以其播放日为公开日。

应当强调的是,无论以何种方式传播技术方案,要认定是否构成现有技术,需要有关技术方案能够为公众获得的状态是必须实际存在的,而不能仅仅是一种可能。例如,申请人在申请日之前将介绍发明创造的论文发给某期刊社,编辑人员在该论文出版发行之前对论文承担保密义务,因此即便其阅读了申请人的论文,知晓了其中的技术信息,也不认为该论文内容已经处于公众能够获得的状态。也有人认为,编辑人员也有可能违反保密义务而将论文内容泄露出去。但这只是一种可能,而不是实际存在的事实状态,不能以一种可能性作为认定构成现有技术的证据。同时,现有技术的公开状态强调的是公众想要知道就能知道的状态,而不是公众已经实际获得的状态。因此,不必关心事实上是否有人购买了期刊、有多少人购买了期刊、读者是否阅读了该篇文章以及是否理解这篇文章等问题,这些问题与认定是否构成现有技术无关。

此外,在讨论是否构成现有技术的条件时,"公众"的含义也是一个值得深入讨论的问题。一方面,处于保密状态的技术内容不属于现有技术,这表明,为公众所知不包括为负有保密义务的人所知。也就是说,就具体的技术内容而言,负有保密义务的人不属于"公众"。若负有保密义务的人违背其义务,通过某种方式使其所知的技术内容处于公众能够获得的状态,该技术内容就仍然构成了现有技术。有权就该技术内容申请并获得专利权人的单位或者个人可以依法追究泄露者的违约责任,但并不能改变该技术内容已经为公众所知的客观事实。另一方面,采用不同传播方式传播技术方案,其共同之处在于都是被传播的技术方案处于能够为公众所知的状态,其区别在于能够获得该技术方案的公众的数量和范围有所不同。通过书籍、期刊、专利公报、公开文献、电影、电视、广播、互联网等方式传播有关技术信息,能够获得该技术方案的公众是不特定的,范围也比较广泛,遍及全世界;通过展出、销售、出租、公开演示、公开使用等方式传播技术方案的范围比前述范围狭小一些。从判断新颖性的角度出发,认定是否构成现有技术不需要考虑能够获知有关技术方案的公众的范围和数量,不能一概认为,只有让全国甚至全世界范围内的公众都能够获知,才构成"为公众所知"。

判断一项发明创造是否具有新颖性,亦即是否构成现有技术,有如下判断标准:第一,新颖性的判断是进行一种对比,对比的一方是发明或实用新型专利申请或者专利的权利要求所要求保护的技术方案,对比的另一方是现有技术中各项单独的技术。专利申请或专利中的每一项权利要求都是判断新颖性的最小单元,也就是应当将每一项权利要求所要求保护的技术方案作为一个整体来看待,而不能将权利要求所记载的内容拆分开,仅判断其中的一部分内容,如前序部分的技术特征或者特征部分的技术特征是否具备新颖性,更谈不上判断单个的技术特征是否具备新颖性。第二,在进行对比时,应遵循"单独对比"原则,即将权利要求的内容与每一项现有技术的技术内容单独进行对比,而不能将两项或者多项现有技术的技术内容结合起来与权利要求进行对比。这是因为将不同的现有技术进行组合,有可能形成新的发明创造,从而获得专利权,当然,这种组合的结果能否获得授权取决于其是否具有创造性。第三,采用对比文件作为现有技术,判断一项权利要求所要求保护的技术方案是否具有新颖性,存在一般概念与具体概念(上位概念与下位概念)的关系问题。对比文件和权利要求均采用语言来描述技术内容,采用具有不同概括程度的措辞,会产生不同的保护效果。针对某一技术特征,如果对比文件采用下位概念予以限定,而权利要求采用上位概念予以限定,则应当认为权利要求记载的技术特征已经被对比文件所披露。例如,权利要求中说明该产品"用金属制成",而对比文件中说明该产品"用铜制成",则该发明或实用新型不具备新颖性,因为铜是金属的一种,具备任何金属都具有的共性,所以该产品由一种具体金属制成的特征已经被披露了。反之,如果对比文件采用上位概念予以限定,而权利要求中采用下位概念进行限定,则应当认为权利要求记载的技术方案没有被对比文件披露。

(2)是否存在抵触申请的判断。抵触申请是指在发明或者实用新型新颖性的判断中,由任何单位或者个人就同样的发明或者实用新型在申请日以前向专利局提出并且在申请日以后(含申请日)公布的专利申请文件或者公告的专利文件。存在抵触申请时,实际上涉及两项向国家知识产权局提交的同样的发明或者实用新型专利申请:一件是对其新颖性进行判断的发明或实用新型专利申请,即在后申请;另一件是用于对在后申请的新颖性进行判断的发明或实用新型专利申请,即在先申请。若在先申请的申请日(有优先权的,指优先权日)早于在后申请的申请日,公布日或公告日晚于在后申请的申请日,在后申请的权利要求所要求保护的发明或实用新型已经被在先申请的整个申请文件所披露,则在先申请构成了在后申请的抵触申请。存在抵触申请的主要原因是审查员在专利申请的审批程序中,根据有关保密规定,对于尚未公布、公告的专利申请文件和与专利申请有关的其他内容,以及其他不适宜公开的信息负有保密责任。因此,虽然享有申请专利权的人在对特定技术方案提交专利申请前通常会进行专利检索,但是因为专利尚未公布所以无法检索到相关专利申请案,而且也无法得知是否已经有人在他提交专利申请前就同样的发明或实用新型向专利局递交了专利申请。而他人递交的专利申请即构成了对该专利申请的抵触,从而使得该专利申请不具有新颖性。专利制度规定抵触申请原则,主要是为了贯彻"禁止重复授权原则",从而避免了可能因此产生的权利冲突。

确定是否存在抵触申请,不仅要查阅在先专利或专利申请的权利要求书,而且要查阅其说明书(包括附图),应当以其全文内容为准。抵触申请还包括满足以下条件的进入了中国国家阶段的国际专利申请,即申请日以前由任何单位或者个人提出、并在申请日之后(含申请日)由专利局作出公布或公告的且为同样的发明或者实用新型的国际专利申请。值得说明的是,抵触申请仅指在申请日以前提出的,不包含在申请日提出的同样的发明或者实用新型专利申请。

抵触申请当中存在"同样的发明或实用新型"。所谓"同样的发明"是指所属技术领域和目的相同,技术解决手段实质上相同,预期效果相同的发明。被审查的发明或者实用新型专利申请与现有技术或者申请日前由任何单位或者个人向专利局提出申请并在申请日后(含申请日)公布或公告的(以下简称申请在先公布或公告在后的)发明或者实用新型的相关内容相比,如果其技术领域、所解决的技术问题、技术方案和预期效果实质上相同,则认为两者为同样的发明或者实用新型。需要注意的是,在进行新颖性判断时,审查员首先应当判断被审查专利申请的技术方案与对比文件的技术方案是否实质上相同,如果专利申请与对比文件公开的内容相比,其权利要求所限定的技术方案与对比文件公开的技术方案实质上相同,所属技术领域的技术人员根据两者的技术方案可以确定两者能够适用于相同的技术领域,解决相同的技术问题,并具有相同的预期效果,则认为两者为同样的发明或者实用新型。如果要求保护的发明或者实用新型与对比文件所公开的技术内容完全相同,或者仅仅是简单的文字变换,则该发明或者实用新型不具备新颖性。另外,上述相同的内容应该理解为包括可以从对比文件中直接地、毫无疑义地确定的技术内容。值得注意的是,抵触申请只用来评价专利申请的新颖性,而不能用来评价其创造性。

(3)不丧失新颖性的宽限期。技术以单一某种方式公开,就构成了现有技术,不再具有新颖性,也就不再满足专利授权的条件。但在现实当中,发明创造的发明人、设计人或者其所在单位有可能出于某些正当理由或者实际需要而在申请日前将其发明创造公开。或者他人通过合法或者非法途径从发明创造的发明人、设计人或者其所在单位那里得知其发明创造,也有可能未经其同意而在申请日前将该发明创造公开。因此,如果一律认定这些公开行为导致发明创造丧失新颖性,对享有申请专利的权利人来说有失公平,不利于权利人合法权益的保护,也不利于专利制度作用的发挥。

因此,为了促进科学技术交流和保护申请人合法权益,各国专利法或有关国际专利组织均有规定,在提交专利申请前一个特定期间,在该期间内某些主体以一定方式公开发明创造,如违反申请人意愿的公开、申请人在特定场合或情形下的公开,将不视为该专利申请的申请日(有优先权的指优先权日)之前的公开,也就是不属于现有技术,不破坏其专利申请的新颖性。我国《专利法》将此相关规定称为不丧失新颖性的宽限期或不丧失新颖性的例外情形。

新颖性宽限期实际上是专利法赋予专利申请人的一种优惠期限,允许专利申请人将已经公开的发明创造在一定期限内再申请专利。如果申请人合理利用宽限期,不仅可以达到早期公开的目的,还可以挽救一些技术方案专利保护的可能性。申请人在准备提交专利申请时,需要仔细分析是否在申请日前公开过该发明创造涉及的技术方案,如果该发明创造技术方案已经公开,则分析其是否符合援引新颖性宽限期的要求,如果符合要求,那就应该在提出专利申请时履行相应的手续。申请人在提出专利申请文件时利用新颖性宽限期制度,一方面可以提前公开,达到早期公开的目的;另一方面可以确保其提出的专利申请的新颖性不因提前公开而被否定。在专利授权之后,第三人也不能以该专利权不具有新颖性而宣告其无效,从而可以保障授权专利的权利稳定性。我国《专利法》第二十四条规定,一项申请专利的发明创造在其申请日以前六个月内,有以下四种情形之一的,不丧失新颖性:

第一,在国家出现紧急状态或者非常情况时,为公共利益目的首次公开的。这是我国《专利法》第四次修改时新增加的重要内容之一,主要是考虑到在国家出现类似于新型冠状病毒感染等危及公共利益的非常情况时,为了在保障权利人专有权利的情况同时,促进相关技术的及时公开,从而对现有的不丧失新颖性的公开情形进行扩展。新型冠状病毒感染发生以来,相关部门和创新主体出于疫情防控需要,紧急公开了一些与抗击新型冠状病毒感染相关的发明创造,对抗击疫情发挥了积极作用。但是,按照现行专利法规定,发明创造符合新颖性、创造性和实用性等法定的"三性"条件才能被授予专利权。由于上述公开行为不属于现行专利法规定的不丧失新颖性的例外情形,导致相关发明创造在紧急公开后面临不能获得专利保护的风险。为更好地应对疫情防控等紧急状态和非常情况,促进相关发明创造在疾病治疗等方面的及时应用,回应创新主体放宽不丧失新颖性例外规定的需求,我国《专利法》在不丧失新颖性例外的适用情形中增加了"在国家出现紧急状态或者非常情况时,为公共利益目的首次公开"。这既满足了当前抗击疫情的实践需要,也为今后在其他紧急状态或者非常情况下的技术公开和使用留有空间。

第二,在中国政府主办或者承认的国际展览会上首次展出的。此处的"中国政府"通常是指国务院。然而,国务院自身一般不会主办国际展览会,现实中多由国务院有关部委或者地方人民政府主办。在适用本条的时候应当注意的是,只有经国务院批准举办的国际展览会才能被称为"中国主办"的国际展览会。"国际展览会"是指展出的展品除了举办国制造的产品之外,还应当有其他国家制造的产品。中国政府主办的国际展览会,包括国务院、国务院各部委主办或者国务院批准由其他机关或者地方政府举办的国际展览会。中国政府承认的国际展览会,包括一定级别的由外国举办的国际展览会。展览会上的展出只能是单纯的展出,不包括销售行为。

第三,在规定的学术会议或者技术会议上首次发表的。发明创造人取得研发成果后,一般都希望尽早予以发表,这不仅是发明创造人的习惯,而且常常是不得不这样做。有些发明创造人由于不知道《专利法》对于新颖性的规定,或者不清楚自己的成果是否可以得到专利保护,因而选择公开发表,这即便在实行专利制度历史较长的国家也是常见的现象。另外,及早发表有利于研究成果的传播和利用,对科技发展有推动促进作用,应当受到鼓励而不是限制。因此,应当对研究成果的发表规定必要的新颖性例外情形。这里所述的学术会议或者技术会议,是指国务院有关主管部门或者全国性学术团体组织召开的学术会议或者技术会议,以及国务院有关主管部门认可的由国际组织召开的学术会议或者技术会议。发表应当包括口头报告和书面论文二者在内。所述的"学术会议或者技术会议"应当是指公开举行的会议,也就是参加者不负有保密义务的会议。如果具有保密性质的学术会议或者技术会议,披露的内容没有达到"为公众所知"的程度,不构成现有技术,不影响相关专利申请的新颖性,因此,也没有必要考虑新颖性宽限期的问题。

第四,他人未经申请人同意而泄露其内容的。发明创造的公开有时是由于他人未经申请人同意予以泄露而造成的,为了在发生这种情况时给专利申请人提供合理的救济,即有了本款所规定的新颖性例外情形。该例外情形有以下两个方面的构成条件:一方面,未经申请人同意而泄露其内容的,包括他人未遵守明示或默示的保密协定而将发明创造内容公开,以及他人用威胁、欺诈或间谍活动等手段从发明人或申请人那里得知发明创造的内容而后造成的公开。他人公开的发明是直接或者间接地从申请人那里获知的。其方式可能是合法的,也有可能是非法的。合法的方式包括申请人从完成发明创造和实施发明创造等目的出发,寻求获得他人的支持、帮助、配合,让他人获知其发明创造,也包括发明人或设计人违背本单位的管理规章或保密要求,让他人获知其发明创造等。而非法的方式则包括他人通过欺骗、胁迫、偷盗、抢夺等方式或者通过间谍手段直接或者间接地从申请人那里获知发明创造。另一方面,他人公开发明创造的行为违背了申请人的意愿,即申请人在他人获知其发明创造时尚无意公开其发明创造。需要注意的是,要证明这一点,申请人应当事先采取了防止泄露的必要措施。例如,在他人以合法方式获得发明创造的情况下,申请人应当在让他人获知其发明创造时以书面或者口头方式明示其保密要求,或者使他人在获知其发明创造时能够根据当时的具体情形认识到有默示的保密义务的存在。

不丧失新颖性公开的本意应当理解为《欧洲专利公约》或《专利合作条约》所称的"无损害公开"或者"不视为现有技术的公开"。因为对发明或实用新型专利申请来说,申请人所作的上述公开既不能作为影响专利新颖性的现有技术,也不能作为影响创造性的现有技术。对外观设计专利申请来说,申请人的上述公开也不能作为判断该专利申请是否相同或相近似的现有技术。我国《专利法》明确规定,申请人要想援引新颖性宽限期制度,必须要履行一定的手续。例如,申请人必须在提出专利申请时作出声明,并在自申请日起两个月内提交有关发明创造已经展出或者发表,以及展出或者发表日期的证明文件。而对于未经申请人同意的公开,申请人若在申请日前已获知,应当在提出专利申请时在请求书中声明,申请人在获知在先公开后,应当尽快提交或者应国家知识产权局专利局要求,在指定期限内提交证明此在先公开属于他人违反本人意愿而公开的有关材料,但若申请人是在申请日以后得知的,应当在得知情况后2个月内提交证明材料。我国2023年修改的《专利审查指南》对发明创造再次公开后是否享受宽限期的问题进行了明确。《专利审查指南》指出,发生《专利法》第二十四条规定的任何一种情形之日起六个月内,申请人提出申请之前,发明创造再次被公开的,只要该公开不属于上述四种情形,则该申请将由于此再次公开而丧失新颖性。再次公开属于上述四种情形的,该申请不会因此而丧失新颖性,但是,宽限期自发明创造的第一次公开之日起计算。

二、创造性

(1)创造性授权条件的产生与基本理解。西方国家在建立专利制度的初期,都只规定了新颖性条件,而没有规定创造性条件。随着专利制度和实践的发展,各国逐渐意识到,仅仅满足新颖性条件即授予专利权,会导致与现有技术相比区别不大的发明创造被授予专利权,不利于鼓励和促进技术创新的专利制度立法宗旨的实现,因此有必要增加一个更高的授权条件。于是,美国率先于1952年在其专利法中增加了有关创造性的条款,在其影响下,其他国家也纷纷增加了类似的规定。

创造性是指与现有技术相比,该发明具有突出的实质性特点和显著的进步,该实用新型具有实质性特点和进步。具备创造性是授予发明和实用新型专利的必备条件。"突出的实质性特点"和"有实质性特点"是指对所属技术领域的技术人员来说,发明创造相对于现有技术是非显而易见的。也就是说,申请专利的发明或实用新型与申请日(或优先权日)以前的现有技术相比,在技术方案的构成上具有实质性的区别。如果所属技术领域的技术人员在现有技术的基础上仅仅通过合乎逻辑的分析、推理或者有限的试验就可以得到该发明创造,则该发明创造是显而易见的,也就不具备突出的实质特点。其中"突出"一词表明对发明专利和实用新型专利的实质性的要求在程度上有所不同。发明相对于现有技术是否非显而易见,要看现有技术整体对区别特征(该发明或实用新型相对于最接近的现有技术而言的不同特征)是否存在某种技术启示。当所述区别特征为公知常识,或为与最接近的现有技术相关的技术手段,或为另一份对比文件中披露的相关技术手段,且该技术手段在该对比文件中所起的作用与该区别特征在要求保护的发明中为解决该重新确定的技术问题所起的作用相同时,可以认为现有技术对该发明或实用新型的技术方案存在技术启示,即该发明或实用新型相对于现有技术来说是显而易见的,从而可以认为该发明或实用新型不具有创造性。

"有显著的进步"和"有进步"是指发明与现有技术相比能够产生有益的技术效果。其中,"显著"一词表明对发明专利和实用新型专利的进步的要求在程度上有所不同。这里的"效果"具有广泛的含义,不仅包括从技术角度来看的效果,也包括从社会意义上来看的效果。例如,克服了现有技术存在的缺陷或不足、对生态环境有益等。值得说明的是,"有显著的进步""有进步"并不意味着申请专利的发明或实用新型与现有技术相比在任何方面都必须有进步。在评价发明是否具有显著的进步时,主要应当考虑发明是否具有有益的技术效果。以下情况,通常应当认为发明具有有益的技术效果,具有显著的进步:第一,发明与现有技术相比具有更好的技术效果,如质量改善、产量提高、节约能源、防治环境污染等;第二,发明提供了一种技术构思不同的技术方案,其技术效果能够基本上达到现有技术的水平;第三,发明代表某种新技术发展趋势;第四,尽管发明在某些方面有负面效果,但在其他方面具有明显积极的技术效果。

为了使得创造性判断有一个尽可能统一的标准,同时,为避免受审查员主观因素的影响,有必要建立一个统一的"参照系",即所谓的"所属技术领域的技术人员"。所属技术领域的技术人员,又称本领域的技术人员,是指一种假设的"人",他应当满足以下四个方面的条件:第一,知晓申请日或者优先权日之前发明所属技术领域所有的普通技术知识;第二,能够获知该领域中所有的现有技术;第三,具有应用该日期之前常规实验手段的能力,但他不具有创造能力;第四,如果所要解决的技术问题能够促使本领域的技术人员在其他技术领域寻找技术手段,他也应具有从该其他技术领域中获知该申请日或优先权日之前的相关现有技术、普通技术知识和常规实验手段的能力。

对于发明创造来说,在一个方面取得进步,有时就不得不在另外一个方面作出牺牲,这是符合科学规律的。如果要求发明创造与现有技术相比在所有方面都有进步或者显著的进步,那反而并不符合科技创新的客观事实。在国际上,通常将发明专利申请相对于现有技术是否非显而易见作为判断其创造性的依据。许多国家在判断发明专利申请是否非显而易见时,既可以考虑技术方案本身是否存在足够大的区别,又可以考虑该技术方案是否产生意料不到的效果,这两者都是表明申请专利的发明非显而易见的重要因素。对某项具体的发明来说,两个方面中可能有某个方面更为突出,因而对确认创造性有较大的贡献。例如,一种新的化学材料,其化学结构与现有技术中的化学结构之间的区别可能是微乎其微的,单从技术方案本身来看,区别不够大,但如果该种材料对于某产品质量的提升有显著的效果,是人们所未曾预料到的,则仍然认为其符合创造性的标准,应当授予专利权。由此可见,国际上普遍采用的创造性判断标准,是将"实质性特点"和"进步"两个方面的要求综合进行考虑的,此"长"可以彼"消",没有规定两者分别要达到什么标准。我国《专利审查指南》也规定,尽管发明在某些方面有负面效果,但在其他方面具有明显积极的技术效果的情况,通常应当认为发明具有有益的技术效果,具有显著的进步。

(2)创造性判断的步骤。虽然新颖性和创造性均是发明和实用新型专利必须满足的授权条件,但两者有着本质的不同。新颖性关注的是申请专利的技术与现有技术是否相同,因此,在判断申请专利的技术是否具有新颖性时,只能以一份对比文件中的一项现有技术作为对比的基础。而创造性关注的则是,在申请专利的技术具有新颖性,即不同于任何一份对比文件中的任何一项现有技术的同时,该专利申请所涉及的技术与现有相关技术之间存在的差异。由此可见,创造性的判断原则与新颖性的判断原则是不同的,新颖性采用的是单独对比原则;而进行创造性判断时,可以将一份或多份现有技术中的不同技术内容组合在一起,对要求保护的发明创造进行评价。

如果一项技术虽然是新的,但却是该技术领域的普通技术人员都能够轻松想到的,那么提出这项技术方案就不需要付出太多创造性的劳动。对这样的技术加以保护,不但起不到激励创新的作用,反而会造成过多、过滥的技术垄断,从而妨碍技术的进步,不利于鼓励人们进行更高水平的创造。因此,一项技术若要获得专利权,除了要"新"之外,还必须凝集较多的创造性劳动,而不是为本领域的技术人员所轻而易举想到的。也就是说,只有那些本领域普通技术人员所不容易想到的发明创造才能获得专利权。如果将新颖性的要求简单概括为"新",则创造性要求可以概括为"难"。在专利审查实践当中,以不具备创造性为理由驳回一件专利申请或宣告一项专利权无效的情况远多于以不具备新颖性驳回一件专利申请或宣告一件专利权无效的情况。因此,在一定程度上可以认为,创造性是专利授权条件的"三性"当中最为重要的条件。

新颖性和创造性的判断有一个逻辑上的递进关系。两者都以现有技术作为基础,首先,应当确定一项发明或实用新型是否具有新颖性,也就是判断是否存在一项单独的现有技术披露了发明或实用新型专利申请或者专利的权利要求所要求保护的技术方案。只有具备新颖性的,才需要进一步判断其是否具有创造性。一项不具备新颖性的发明或实用新型,不可能具备创造性。而一件发明或者实用新型是否具有创造性,是否具有突出的实质性特点和显著的进步,是否相对于所属技术领域技术人员来说是显而易见的,都要从现有技术出发。

为了使创造性的判断标准更加客观,目前包括我国在内的许多国家都采用了如下的"三步骤"判断模式:第一步,确定最接近的现有技术,也就是现有技术中与要求保护的发明或者实用新型最密切相关的一项技术方案。它是判断发明是否具有突出的实质性特点、实用新型是否具有实质性特点的基础。一般来说,确定最接近的现有技术,应当从与要求保护的发明相同或相近的技术领域出发来确定,或者虽然与要求保护的发明技术领域不同,但是能够实现发明的功能,并且公开发明的技术特征最多,那么,该现有技术就可能是最接近的现有技术。第二步,确定要求保护的发明或者实用新型的区别特征,并由此确定该发明或者实用新型实际解决的技术问题,包括两方面内容:一方面,确定要求保护的发明或实用新型不同于上述最接近现有技术的技术特征,即"区别特征";另一方面,根据该特征所产生的效果,确定请求保护的发明或实用新型实际解决了何种技术问题。在实践操作中,发明人与审查员所认为的最接近的现有技术不同,相应地,他们对发明所要解决的技术问题的认定也就不同。在这种情况下,应当根据审查员所认定的最接近的现有技术重新确定发明实际解决的技术问题。重新确定的技术问题应当与区别特征在发明中所能达到的技术效果相匹配,不应当被确定为区别特征本身,也不应当包含对区别特征的指引或者暗示。第三步,在最接近的现有技术以及其他相关现有技术的基础上,判断请求保护的发明或者实用新型为解决所要解决的技术问题而采取的技术方案是否是所属领域的技术人员容易想到的,即判断这一项发明或实用新型对于所属领域的技术人员而言,是否是显而易见的。在判断过程中,需要确定的是现有技术整体上是否存在某种技术启示,即现有技术是否能给出将上述区别特征应用到最接近的现有技术以解决其存在的技术问题(即发明实际解决的技术问题)的启示,这种启示会使本领域的技术人员在面对所述技术问题时,有动机改进该最接近的现有技术并获得要求保护的发明。如果现有技术存在这种技术启示,则发明是显而易见的,不具有突出的实质性特点,因此,该发明也就不具有创造性。

由于以本领域普通技术人员为视角进行判断具有较强的主观性,因此在对一项发明创造进行创造性审查时,往往还要综合考虑一些其他因素。当存在以下情形时,审查员应当予以考虑,不应轻易作出发明不具备创造性的结论。第一,解决了长期渴望解决但未能解决的技术问题。如果发明解决了人们一直渴望解决但始终未能获得成功的技术难题,则这种发明具有突出的实质性特点和显著的进步,具备创造性。例如,自有农场以来,人们一直期望解决在农场牲畜(如奶牛)身上无痛而且不损坏牲畜表皮地打上永久性标记的技术问题,某发明人基于冷冻能使牲畜表皮着色这一发现而发明的一项冷冻"烙印"的方法成功地解决了这个技术问题,该发明具备创造性。第二,克服了技术偏见。技术偏见是指在某段时间内、某个技术领域中,技术人员对某个技术问题普遍存在的、偏离客观事实的认识,它引导人们不去考虑其他方面的可能性,阻碍人们对该技术领域的研究和开发。如果发明克服了这种技术偏见,采用了人们由于技术偏见而舍弃的技术手段,从而解决了技术问题,则这种发明具有突出的实质性特点和显著的进步,具备创造性。例如,对于电动机的换向器与电刷间界面,通常认为越光滑接触越好,电流损耗也越小。一项发明将换向器表面制出一定粗糙度的细纹,其结果电流损耗更小,优于光滑表面。该发明克服了技术偏见,具备创造性。第三,取得了预料不到的技术效果。发明取得了预料不到的技术效果是指发明同现有技术相比,其技术效果产生"质"的变化,具有新的性能;或者产生"量"的变化,超出人们预期的想象。这种"质"的或者"量"的变化,对所属技术领域的技术人员来说,事先无法预测或者推理出来。当发明产生了预料不到的技术效果时,一方面说明发明具有显著的进步,反映出发明的技术方案是非显而易见的,具有突出的实质性特点,该发明具备创造性。第四,获得了商业上的成功。当发明的产品在商业上获得成功时,如果这种成功是由于发明的技术特征直接导致的,则一方面反映了该发明具有有益效果,另一方面,也说明了该发明是非显而易见的,因而这类发明具有突出的实质性特点和显著的进步,具备创造性。但是,如果商业上的成功是由于其他原因所致,如由于销售技术的改进或者广告宣传造成的,则不能作为判断创造性的依据。

**案例解读**

专利的创造性判断

北京万生药业有限责任公司针对第一三共株式会社拥有的,名称为"用于治疗或预防高血压症的药物组合物的制备方法"的发明专利,以不具备创造性等为由向国家知识产权局专利复审委员会提出无效宣告请求。涉案专利权利要求以马库什方式撰写。经权利人修改后,复审委员会在修改的基础上决定维持涉案专利有效。万生公司不服,提起行政诉讼。一审判决维持有效后再上诉,二审认定涉案专利不具有创造性,责令专利复审委员会重新作出决定。专利复审委员会不服,向最高人民法院申请再审。

二审法院认为,马库什权利要求属于并列技术方案的特殊类型,涉案专利权利要求所涵盖的一个具体实施例的效果与现有技术的技术效果相当,因此,涉案专利权利要求1未取得预料不到的技术效果,不具备创造性。

最高人民法院认为,马库什权利要求应当被视为马库什要素的集合,而不是众多化合物的集合,应当理解为具有共同性能和作用的一类化合物,二审判决认为马库什权利要求属于并列技术方案不妥。马库什权利要求创造性判断应当遵循创造性判断的基本方法,即专利审查指南所规定的"三步法"。意料不到的技术效果是创造性判断的辅助因素,通常不宜跨过"三步法"直接适用具有意想不到的技术效果来判断专利申请是否具有创造性。最终,最高人民法院判决维持一审认定专利有效的结果。[①]

### 三、实用性

(1)实用性的内涵界定与理解。实用性是指发明或者实用新型申请的主题必须能够在产业上制造或者使用,并且能够产生积极效果,是申请专利的发明和实用新型必须具备的授权条件之一。授予专利权的发明或者实用新型,必须是能够解决技术问题,并且能够应用的发明或者实用新型。换句话说,如果申请的是一种产品(包括发明和实用新型),那么该产品必须在产业中能够制造,并且能够解决技术问题;如果申请的是一种方法(仅限发明),那么这种方法必须在产业中能够使用,并且能够解决技术问题。只有满足上述条件的产品或者方法专利申请才可能被授予专利权。所谓产业,包括工业、农业、林业、水产业、畜牧业、交通运输业以及文化体育、生活用品和医疗器械等行业。

"在产业上能够制造或者使用的技术方案"是指符合自然规律、具有技术特征的

---

① 参见最高人民法院判决书(2016)最高法行再41号。

任何可实施的技术方案。这些方案并不一定意味着使用机器设备,或者制造一种物品,还可以包括如驱雾的方法,或者将能量由一种形式转换成另一种形式的方法。"能够制造或者使用"是指发明或者实用新型的技术方案具有在产业中被制造或使用的可能性。满足实用性要求的技术方案不能违背自然规律并且应当具有再现性。因不能制造或者使用而不具备实用性是由技术方案本身固有的缺陷引起的,与说明书公开的程度无关。"能够产生积极效果"是指发明或者实用新型专利申请在提出申请之日,其产生的经济、技术和社会的效果是所属技术领域的技术人员可以预料到的,而且这些效果应当是积极的和有益的。

(2)实用性的审查。虽然法律上将新颖性、创造性和实用性统称为授予发明和实用新型专利权必须满足的"三性"条件。但审查实践当中,实用性判断与新颖性和创造性判断有较大的区别。新颖性和创造性判断都是将申请的专利与申请日前的现有技术进行比较,而实用性涉及的是对发明或实用新型本身性质的判断,而不是一种比较性质的判断。因为专利审查过程中,对比文件的检索是一项专业且非常耗费时间的工作,而且,与新颖性和创造性条件之间存在逻辑递进关系不同,实用性的判断与新颖性、创造性的判断是彼此独立的,不存在相互之间的关联,所以,从节约审查资源和缩短审查时间的角度出发,对发明或实用新型专利申请进行审查时,审查员通常会首先判断发明或实用新型专利申请是否具备实用性,因为如果发明或实用新型缺乏实用性,审查员就可以直接得出不能授予专利权的结论,没有必要再进行检索,也不需要再对专利申请的新颖性和创造性进行判断。

审查发明或者实用新型专利申请的实用性时,应当以申请人提交的说明书(包括附图)和权利要求书所公开的整体技术内容为依据,而不仅仅局限于权利要求所记载的内容,同时,实用性与所申请的发明或者实用新型是怎样创造出来的或者是否已经实施无关。而且,要求专利具备实用性并非要求该发明或者实用新型在申请时已经实际予以制造或者使用,而是只要根据申请人在说明书中所作的说明,所属技术领域的人员结合其具有的技术知识就能够判断出该技术方案能够予以制造或使用即可。另外,能产生积极的效果并不要求该专利毫无缺陷,事实上,任何技术方案都不可能是完美无缺的。只要存在的缺点或不足之处没有严重到使有关技术方案根本无法实施,或者根本无法实现其发明目的的程度,就不能因为存在这样或那样的缺点或不足就否认该技术具有实用性。专利审查实践当中,不具备实用性的常见情形有以下几种:

第一,无再现性的发明或实用新型专利申请。具有实用性的发明或者实用新型专利申请主题,应当具有再现性。反之,无再现性的发明或者实用新型专利申请主题不具备实用性。再现性是指所属技术领域的技术人员根据公开的技术内容,能够重复实施专利申请中为解决技术问题所采用的技术方案。这种重复实施不得依赖任何随机的因素,并且实施结果应该是相同的。但是,应当注意的是,申请发明或者实用新型专利的产品的成品率低与不具有再现性是有本质区别的。前者是能够重复实施,只是由于实施过程中未能确保某些技术条件(如环境洁净度、温度等)而导致成品率低;后者则是在确保发明或者实用新型专利申请所需全部技术条件下,所属技术领域的技术人员仍不可能重复实现该技术方案所要求达到的结果。

第二,违背自然规律的发明或实用新型专利申请。具有实用性的发明或者实用新型专利申请应当符合自然规律。违背自然规律的发明或者实用新型专利申请是不能实施的,因此,不具备实用性,如违背能量守恒定律的发明或者实用新型专利申请的主题。例如,永动机,必然是不具备实用性的。

第三,发明或实用新型专利申请利用了独一无二的自然条件的产品。具备实用性的发明或者实用新型专利申请不得是由自然条件限定的独一无二的产品。利用特定的自然条件建造的自始至终都是不可移动的唯一产品不具备实用性。应当注意的是,不能因为上述利用独一无二的自然条件的产品不具备实用性,而认为其构件本身也不具备实用性。

第四,发明或实用新型专利申请属于人体或者动物体的非治疗目的的外科手术方法。外科手术方法包括治疗目的和非治疗目的的手术方法。以治疗为目的的外科手术方法属于不授予专利权的客体;非治疗目的的外科手术方法,由于是以有生命的人或者动物为实施对象,无法在产业上使用,因此不具备实用性。例如,为美容而实施的外科手术方法,或者采用外科手术从活牛身体上摘取牛黄的方法,以及为辅助诊断而采用的外科手术方法,如实施冠状造影之前采用的外科手术方法等。

第五,发明或实用新型专利申请属于测量人体或者动物体在极限情况下的生理参数的方法。测量人体或动物体在极限情况下的生理参数需要将被测对象置于极限环境中,这会对人或动物的生命构成威胁。不同的人或动物个体可以耐受的极限条件是不同的,需要有经验的测试人员根据被测对象的情况来确定其耐受的极限条件,因此这类方法无法在产业上使用,不具备实用性。例如,通过逐渐降低人或动物的体温,以测量人或动物对寒冷耐受程度的测量方法;利用降低吸入气体中氧气分压的方法逐级增加冠状动脉的负荷,并通过动脉血压的动态变化观察冠状动脉的代偿反应,以测量冠状动脉代谢机能的非侵入性的检查方法。

第六,无积极效果的发明或实用新型专利申请。具备实用性的发明或者实用新型专利申请的技术方案应当能够产生预期的积极效果。明显无益、脱离社会需要的发明或者实用新型专利申请的技术方案不具备实用性。

**案例解读**

专利的实用性判断

顾某和彭某就一种"磁悬浮磁能动力机"申请发明专利。其说明书记载,该磁悬浮磁能动力机是替代应用汽、水、风、汽油、柴油及交流电机作动力源的节能环保型动力机,创新之处在于使用目前动力驱动设备中没有使用过的能源——"磁能"来驱动设备。其工作原理是,在扇形体磁块经过电磁铁线圈的瞬间,通以脉冲电能使它产生推斥力,推动转子旋转。当电路断开时,转子外圆磁块的磁极在旋转中总是在后端得到一个推力,使转子向前加速。所以,在转子接近电磁铁时的圆周距离上并不消耗电能,这样旋转一周后,电磁铁再度通电,使转子又一次得到电磁铁产生的力的推动,而开始下一个循环旋转。该发明利用磁能为动力,采用少量直流电能做启动和控制,维持旋转动力的能量主要来自磁能。

最高人民法院认为,具有实用性的发明或实用新型专利申请应当符合自然规律,要求能够在产业上制造或使用,即该申请的技术方案不能与自然规律相违背,所申请的主题必须具有产业中被制造或者被使用的可能性,且应当具有再现性。众所周知,飞轮的惯性需要外力提供,外力对飞轮做功后,一方面要克服负载阻力,另一方面要加速推动外转子旋转做功,而要维持该磁场为动磁场,也需要能量的输入。由此可知,要达到持续推动飞轮前进,并对外做功的效果,输出的能量必然要大于输入的能量。但本申请技术方案的实质是要在磁悬浮磁能动力机只有少量用于维持飞轮转动的直流电输入的情况下,通过动力机特定结构得到"磁能",满足在300度的空间中不消耗电能,实现连续运转的技术效果。在运转的设备还存在能量消耗的情况下,本申请所强调的给予少量的能量输入,从设备内部得到一个大于输入能量的输出能量,保证飞轮持续运动的技术方案违背了能量守恒定律。依靠所谓的"磁能"实现不间断地连续运转的技术方案是不能够在产业上制造或使用的。因此本申请不应被授予专利权。①

---

① 参见最高人民法院行政裁定书(2016)最高法行申789号。

## 第四节 外观设计授权条件

**一、新颖性**

(1) 外观设计新颖性的内涵界定与理解。外观设计的新颖性是指不属于现有设计,也不构成抵触申请的设计,具体法律规定为:授予专利权的外观设计,应当不属于现有设计,也没有任何单位或者个人就同样的外观设计在申请日以前向国务院专利行政部门提出过申请,并记载在申请日以后公告的专利文件中。现有设计是指申请日(有优先权的,指优先权日)以前在国内外为公众所知的设计,包括申请日以前在国内外出版物上公开发表过、公开使用过或者以其他方式为公众所知的设计。现有设计中,一般消费者所熟知的、只要提到产品名称就能想到的相应设计,称为惯常设计。例如,提到包装盒就能想到其有长方体、正方体形状的设计。不属于现有设计,是指在现有设计中,既没有与涉案专利相同的外观设计,也没有与涉案专利实质相同的外观设计。在涉案专利申请日以前任何单位或者个人向专利局提出并且在申请日以后(含申请日)公告的同样的外观设计专利申请,称为抵触申请。其中,同样的外观设计是指外观设计相同或者实质相同。判断对比设计是否构成涉案专利的抵触申请时,应当以对比设计所公告的专利文件全部内容为判断依据。与涉案专利要求保护的产品的外观设计进行比较时,判断对比设计中是否包含有与涉案专利相同或者实质相同的外观设计。例如,涉案专利请求保护色彩,对比设计所公告的为带有色彩的外观设计,即使对比设计未请求保护色彩,也可以将对比设计中包含有该色彩要素的外观设计与涉案专利进行比较。

(2) 外观设计相同。外观设计相同是指涉案专利与对比设计是相同种类产品的外观设计,并且涉案专利的全部外观设计要素与对比设计的相应设计要素相同。其中外观设计要素是指形状、图案以及色彩。如果涉案专利与对比设计仅属于常用材料的替换,或者仅存在产品功能、内部结构、技术性能或者尺寸的不同,而未导致产品外观设计的变化,二者仍属于相同的外观设计。在确定产品的种类时,可以参考产品的名称、国际外观设计分类以及产品销售时的货架分类位置,但是应当以产品的用途是否相同为准。相同种类产品是指用途完全相同的产品。对于局部外观设计,相同种类产品是指产品的用途和该局部的用途均相同的产品。例如,机械表和电子表尽管内部结构不同,但是它们的用途是相同的,所以属于相同种类的产品。

(3) 外观设计实质相同。外观设计实质相同的判断仅限于相同或者相近种类的产品外观设计。对于产品种类不相同也不相近的外观设计,不进行涉案专利与对比设计是否实质相同的比较和判断,即可认定涉案专利与对比设计不构成实质相同。例如,毛巾和地毯的外观设计。相近种类的产品是指用途相近的产品。例如,玩具和小摆设的用途是相近的,两者属于相近种类的产品。应当注意的是,当产品具有多种用途时,如果其中部分用途相同,而其他用途不同,则二者应属于相近种类的产品。如带 MP3 的手表与手表都具有计时的用途,表明二者属于相近种类的产品。对于局部外观设计,判断是否为相近种类产品,应综合考虑产品的用途和该局部的用途。

如果一般消费者经过对涉案专利与对比设计的整体观察可以看出,只有当二者的区别属于下列情形时,则涉案专利与对比设计实质相同:第一,其区别在于施以一般注意力不能察觉到的局部的细微差异,如百叶窗的外观设计仅有具体叶片数不同;第二,其区别在于使用时不容易看到或者看不到的部位,但有证据表明在不容易看到部位的特定设计对于一般消费者能够产生引人瞩目的视觉效果的情况除外;第三,其区别在于将某一设计要素整体置换为该类产品的惯常设计的相应设计要素,如将带有图案和色彩的饼干桶的形状由正方体置换为长方体;第四,其区别在于将对比设计作为设计单元按照该种类产品的常规排列方式作重复排列或者将其排列的数量作增减变化,如将影院座椅成排重复排列或者将其成排座椅的数量作增减;第五,其区别在于互为镜像对称;第六,其区别在于局部外观设计要求保护部分在产品整体中的位置或比例关系的常规变化。

外观设计新颖性的审查,一方面包含了判断涉案专利或专利申请是否与现有设计相同或实质相同,另一方面包含了判断涉案专利或专利申请是否存在抵触申请的相同或者实质相同。无论是在判断涉案专利或专利申请是否与现有设计相同的过程中,还是在判断涉案专利或专利申请是否与抵触申请相同的过程中,这种判断只能在相同种类的产品外观设计之间进行,即使产品外观设计完全一样,但由于其所应用的产品所属类别不同,则不可认定两者为相同的外观设计。但是在进行实质相同的判断时,则可在相同或者相近种类的产品外观设计之间进行。需要注意的是,与发明或实用新型新颖性判断主体为本领域的普通技术人员不同,外观设计新颖性的判断主体为外观设计产品的一般消费者。这是因为,发明和实用新型作为技术方案,对其审查应当基于技术人员的判断,而外观设计是对产品作出的富有美感的设计,并不是技术方案,其主要作用在于对消费者产生视觉上的吸引力,因此,应当基于涉案专利产品的一般消费者的知识水平和认知能力进行评价。消费者对于外观设计专利申请日之前相同种类或相近种类产品的外观设计及其常用设计手法具有常识性的了解,对外观设计产品的图案、色彩、形状上的区别有一定的分辨力,但不会注意到局部的微小变化。除此以外,在进行对比时,应当对预想外观设计与现有设计的区别进行整体观察,以综合判断这种区别是否对产品的整体视觉效果产生了影响,而不应从该外观设计的局部出发得出是否相同的结论。

**二、区别性**

外观设计的区别性是指授予专利权的外观设计与现有设计或者现有设计特征的组合相比,应当具有明显区别。这条规定是2008年我国《专利法》第三次修改新增加的内容之一。与本条第一款规定的新颖性相比,第二款规定的区别性显然对外观设计专利权提出了更高的授权标准。现有设计特征是指现有设计的部分设计要素或者其结合,如现有设计的形状、图案、色彩要素或者其结合,或者现有设计的某组成部分的设计,如整体外观设计产品中的零部件的设计。如果一般消费者经过对涉案专利与现有设计的整体观察可以看出,二者的差别对于产品外观设计的整体视觉效果不具有显著影响,则涉案专利与现有设计相比不具有明显区别。显著影响的判断仅限于相同或者相近种类的产品外观设计。应当注意的是,外观设计简要说明中设计要点所指设计并不必然对外观设计整体视觉效果具有显著影响,不必然导致涉案专利与现有设计相比具有明显区别。例如,对于汽车的外观设计,简要说明指出其设计要点在于汽车底面,但汽车底面的设计对汽车的整体视觉效果并不具有显著影响。

涉案专利与现有设计或者现有设计特征的组合相比不具有明显区别是指如下三种情形:第一,涉案专利与相同或者相近种类产品现有设计相比不具有明显区别,即一般消费者经过对涉案专利与现有设计的整体观察可以看出,二者的差别对于产品外观设计的整体视觉效果不具有显著影响;第二,涉案专利是由现有设计转用得到的,二者的设计特征相同或者仅有细微差别,且该具体的转用手法在相同或者相近种类产品的现有设计中存在启示;第三,涉案专利是由现有设计或者现有设计特征组合得到的,所述现有设计与涉案专利的相应设计部分相同或者仅有细微差别,且该具体的组合手法在相同或者相近种类产品的现有设计中存在启示。由此可见,外观设计区别性条件不仅意味着涉案外观设计应与相同或者相近种类产品的现有设计有明显区别,还意味着由现有设计"转用",或者由现有设计或其设计特征"组合"得到的外观设计,应与现有设计或其设计特征具有明显区别。

现有设计的"转用"是指将产品的外观设计应用于其他种类的产品。模仿自然物、自然景象以及将无产品载体的单纯形状、图案、色彩或者其结合应用到产品的外观设计中,也属于转用。以下几种类型的转用属于明显存在转用手法的启示的情形,由此得到的外观设计与现有设计相比不具有明显区别:第一,单纯采用基本几何形状或者对其仅作细微变化得到的外观设计;第二,单纯模仿自然物、自然景象的原有形态得到的外观设计;第三,单纯模仿著名建筑物、著名作品的全部或者部分形状、图案、色彩得到的外观设计;第四,由其他种类产品的外观设计转用得到的玩具、装饰品、食品类产品的外观设计。当然,上述情形中产生独特视觉效果的除外。

现有设计或者现有设计特征的"组合"包括拼合和替换,是指将两项或者两项以上设计或者设计特征拼合成一项外观设计,或者将一项外观设计中的设计特征用其他设计特征替换。以一项设计或者设计特征为单元重复排列而得到的外观设计属于组合设计。上述组合也包括采用自然物、自然景象以及无产品载体的单纯形状、图案、色彩或者其结合进行的拼合和替换。以下几种类型的组合属于明显存在组合手法的启示的情形,由此得到的外观设计属于与现有设计或者现有设计特征的组合相比没有明显区别的外观设计:第一,将相同或者相近种类产品的多项现有设计原样或者作细微变化后进行直接拼合得到的外观设计。例如,将多个零部件产品的设计直接拼合为一体形成的外观设计。第二,将产品外观设计的设计特征用另一项相同或者相近种类产品的设计特征原样或者作细微变化后替换得到的外观设计。第三,将产品现有的形状设计与现有的图案、色彩或者其结合通过直接拼合得到该产品的外观设计;或者将现有设计中的图案、色彩或者其结合替换成其他现有设计的图案、色彩或者其结合得到的外观设计。当然,上述情形中能够产生独特视觉效果的除外。

"独特视觉效果"是指涉案专利相对于现有设计产生了预料不到的视觉效果。在组合后的外观设计中,如果各项现有设计或者设计特征在视觉效果上并未产生呼应关系,而是各自独立存在、简单叠加,通常不会形成独特视觉效果。外观设计如果具有独特视觉效果,则与现有设计或者现有设计特征的组合相比具有明显区别。

### 三、不构成权利冲突

知识产权权利冲突是指两个或两个以上的不同主体对同一客体依据不同法律主张不同权利的时候所产生的两项或两项以上相互矛盾或抵触的权利并存的现象。知识产权权利冲突的构成要件包括:第一,有两项或两项以上的知识产权;第二,不同的知识产权均源于同一客体;第三,不同的知识产权属于不同的主体;第四,各项权利的产生都具有合法的依据。由于知识产权保护的客体的无形性,导致同样的客体可能同时受到不同类型知识产权保护,与此同时,不同的权利主体可能会对同样的客体主张不同类型的知识产权。例如,著作权中的美术作品、商标权中的商标标志和专利权中的外观设计等三种不同的知识产权客体,它们在构成要素上在相当程度上是重合的甚至相同的,如果不同的主体各自主张不同的权利时,就会产生权利冲突。因此,不构成权利冲突是外观设计授权必须满足的条件。通过这一规定防止申请人将他人已有的合法权利申请外观设计,从而杜绝外观设计与其他知识产权发生权利冲突的可能性。

如果一项外观设计专利权被认定与他人在申请日(有优先权的,指优先权日)之前已经取得的合法权利相冲突的,应当宣告该项外观设计专利权无效。其中,"他人"是指专利权人以外的民事主体,包括自然人、法人或者其他组织。"合法权利"是指依照中华人民共和国法律享有并且在涉案专利申请日仍然有效的权利或者权益。包括就作品、商标、地理标志、姓名、企业名称、肖像,以及有一定影响的商品名称、包装、装潢等享有的合法权利或者权益。"在申请日以前已经取得"(以下简称"在先取得")是指在先合法权利的取得日在涉案专利申请日之前。"相冲突"是指未经权利人许可,外观设计专利使用了在先合法权利的客体,从而导致专利权的实施将会损害在先权利人的相关合法权利或者权益。在无效宣告程序中请求人应就其主张进行举证,包括证明其是在先权利的权利人或者利害关系人以及在先权利有效。

在先商标权是指在涉案专利申请日之前,他人在中华人民共和国法域内依法受到保护的商标权。未经商标所有人许可,在涉案专利中使用了与在先商标相同或者相似的设计,专利的实施将会误导相关公众或者导致相关公众产生混淆,损害商标所有人的相关合法权利或者权益的,应当判定涉案专利权与在先商标权相冲突。在先著作权,是指在涉案专利申请日之前,他人通过独立创作完成作品或者通过继承、转让等方式合法享有的著作权。其中,作品是指受《中华人民共和国著作权法》及其实施条例保护的客体。在接触或者可能接触他人享有著作权的作品的情况下,未经著作权人许可,在涉案专利中使用了与该作品相同或者实质性相似的设计,从而导致涉案专利的实施将会损害在先著作权人的相关合法权利或者权益的,应当判定涉案专利权与在先著作权相冲突。

《专利审查指南》还明确了外观设计是否构成权利冲突的审查方式。第一,以不符合新《专利法》第二十三条第三款为理由请求宣告无效时,请求人应当是在先合法权利的利害关系人,并应当就其主张进行举证,证明其与在先权利有利害关系以及在先权利有效,这与以其他无效宣告理由提起请求时不同。第二,在判断方式上,并非使用外观设计专利申请的判断方法和判断标准,而是使用在先权利所属的知识产权类别的判断标准进行冲突的判断。例如,在考虑在后专利申请是否与在先商标权冲突时,是按照商标侵权的判断标准进行判断,即是否属于未经商标所有人许可,在涉案专利中使用了与在先商标相同或者相似的设计,专利的实施将会误导相关公众或者导致相关公众产生混淆,损害商标所有人的相关合法权利或者权益。相类似地,在与其他类别的在先权利相冲突时,还可以依据《中华人民共和国著作权法》《中华人民共和国反不正当竞争法》以及其他相关法律法规所规定的判断标准。当一项外观设计专利权被认定与他人在申请日(有优先权的,指优先权日)之前已经取得的合法权利相冲突的,该外观设计专利权会被宣告无效。

**案例解读**

### 外观设计专利与在先商标申请冲突

白象食品股份有限公司针对陈朝晖所拥有的外观设计专利,以其与在先的白象商标权冲突为由,向国家知识产权局专利复审委员会提出无效宣告请求。专利复审委员会以白象商标的核准注册日在涉案专利申请日之后,不属于合法的在先权利为由,决定维持涉案专利权有效。白象公司不服,提起行政诉讼。

一审法院以白象商标的核准注册日早于涉案专利的授权公告日,认定白象商标构成在先权利,撤销专利复审委员会的决定。专利复审委员会不服,提起上诉。二审法院以白象商标的申请日早于涉案专利的申请日,认定白象商标构成在先权利,维持原判。专利复审委员会向最高人民法院提出再审,认为在先权利应当是合法权利,商标申请并未形成在先权利。

最高人民法院认为,在商标申请日早于外观设计专利申请日的情况下,外观设计专利权不会与商标申请权构成权利冲突,商标申请权不能作为《专利法》第二十三条规定的在先取得的合法权利,但基于商标申请权本身的性质、作用和保护在先权利原则,只要商标申请日在专利申请日之前,且在提起专利无效宣告请求时商标已被核准注册并仍然有效,在先申请的注册商标专用权就可以对抗在后申请的外观设计专利权,用于判断外观设计专利权是否与之相冲突。最高人民法院认为二审法院判决专利复审委员会重新作出无效审查决定,结论正确,裁定驳回国家知识产权局专利复审委员会的再审申请。①

---

① 参见最高人民法院裁定书(2014)知行字第4号。

# 第五章 专利权的利用与专利实施的特别许可

专利权的主要目的之一是通过赋予专利权人一定期限的排他性权利,使得专利权人得到合理的收益,推动技术信息的公开和创新资源的流动,从而促进技术和创新的可持续性发展。因此,专利权人可以通过许可、转让、质押和出资等多种方式利用其得到授权的专利技术,从而最大限度地发挥其专利的价值。

## 第一节 专利权的利用

**一、专利许可**

(1) 专利许可的内涵界定与理解。专利许可也称专利实施许可,是指专利技术所有人或其授权人许可他人在一定期限、一定地域、以一定方式实施其所拥有的专利技术,并向被许可人收取使用费用的专利技术利用方式。在专利许可当中,专利权人为许可方,被允许实施的人为被许可方,许可方与被许可方之间应当签订专利实施许可合同。专利实施许可合同只授权被许可方实施专利技术,许可方仍拥有专利的所有权,并不发生专利所有权的转移。被许可方只获得了专利技术实施的权利,并未拥有专利所有权,即被许可方无权允许合同规定以外的任何单位或者个人实施该专利。可见,专利实施许可是以订立专利实施许可合同的方式许可被许可方在一定范围内使用其专利,并支付使用费的一种许可贸易。通过专利许可,专利权人可以获取一定的经济收益或其他特定利益,而被许可方则可以在合法授权范围内使用专利技术,推动技术创新和商业发展。

(2) 专利许可的法律规定。依据《专利法》第十一条规定,专利权被授予后,任何单位或者个人未经专利权人许可,都不得实施其专利。因此,他人想要在一定期限、一定地区以一定方式合法实施专利,必须取得专利权人的许可,原则上应当与专利权人订立实施许可合同,并向其支付专利使用费。因此,《专利法》第十二条具体规定了专利许可的执行,即任何单位或者个人实施他人专利的,应当与专利权人订立实施许可合同,向专利权人支付专利使用费。被许可人无权允许合同规定以外的任何单位或者个人实施该专利。

(3)专利许可的类型。根据不同的标准,专利许可有不同的分类。按照许可的时间范围划分,专利许可可以分为在整个专利权有效期范围内实施的许可和在专利权有效期间内特定某一时间段实施的许可;按照许可的地域范围划分,专利许可可以分为在我国境内实施的许可、在我国境外实施的许可和在某些特定区域实施的许可;按照许可涉及的专利权内容划分,专利许可可以分为制造许可、使用许可、许诺销售、销售许可和进口的许可以及上述专利权能的全部许可;按照排他性范围划分,专利许可可以分为普通许可、排他许可、独占许可、分许可和交叉许可。

普通实施许可是指专利权人许可他人在合同约定的时间和地域范围内实施专利技术,同时专利权人不仅保留自身实施该专利技术的权利,而且还可以继续许可给被许可人以外的第三人实施该专利技术。排他实施许可是指专利权人许可他人实施专利后,不得再许可任何第三人实施其专利,但专利权人本人仍保留实施该专利的权利。独占实施许可是指依据专利实施许可合同,被许可人享有独占实施专利技术的权利,排除了包括专利权人在内的任何人实施该专利技术的一种许可。比较来看,上述三种专利许可合同主要区别在于被许可人得到许可的权限或者许可人受到的约束不同,即在独占实施许可中,虽然专利权仍然归许可人所有,但专利实施权仅由被许可方单独享有;在排他实施许可中,专利权同样属于专利权人,但专利实施权为被许可人和许可人共同享有;在普通实施许可中,被许可方仅有在合同规定范围内实施该专利的权利,至于专利权人自己是否实施该专利,以及专利权人是否还许可第三方实施专利,被许可方均无权过问。可见,独占实施许可授权中,被许可人可以享有类似于"专利权人"的垄断权,而许可人受到的限制最大;排他实施许可的权利范围仅次于独占实施许可;普通实施许可当中被许可方享有的专利权利范围相对较小。因此,独占实施许可使用费相比其他许可类型的许可费用更高,而普通许可方式的使用费相对较低。

专利分许可是指在专利许可证贸易当中,专利权人允许被许可方在合同约定的期限和地域范围内再许可他人实施该项专利的一种许可证形式。因此,在专利分许可当中，被许可人可以将其获得许可的专利技术再许可给第三人。需要注意的是，专利许可证贸易中，被许可方能否颁发分许可证，应以原许可证为依据。如果允许被许可方向第三人颁发分许可证的，分许可证的有效期限不得超过原许可证的有效期限，超过期限的部分无效。同时，分许可证所及的地域范围也不得超过原许可证的有效地域范围，超过原许可证地域范围的行为则有可能构成专利侵权。另外，被许可方所授予的专利实施方式也不得超过原许可证所约定的实施方式。综上可见，分许可证只能从属于原许可证，其时间、地域和内容均不得超越原许可证。而且，根据我国《专利法》第六十一条的规定，取得实施强制许可的单位或者个人不享有独占的实施权，并且无权允许他人实施。因此，强制许可受益人无权向他人颁发专利许可的分许可证。

专利交叉许可即互惠许可、相互许可，是许可贸易的一种，是指两个或者两个以上专利权人在一定条件下相互向对方授予各自专利实施权的许可合同。专利交叉许可是一种基于谈判的、在产品或产品生产过程中，需要对方拥有的专利技术时，相互有条件或无条件容许对方使用本企业专利技术的协定。其中，交叉许可协定的内容并没有统一的标准，除了容许双方使用各自的、已被授权的专利技术外，还可以包括固定或可变动的许可费，同时还可以包括双方拥有的所有专利或部分专利以及未开发的专利等。1995年美国司法部与联邦贸易委员会联合发布的《知识产权特许协议中的反托拉斯指南》指出，交叉许可协议与联合授权协议通常是有利于竞争的，因为这些协议有助于清除相互阻斥地位、避免昂贵的侵权诉讼、推动互补性的技术的组合和减少交易成本，从而促进技术的传播，最终有利于竞争。当然，这样的协议在某些情况下也可能产生限制竞争的效果，尤其是当这样的协议被用作一种明显的实现固定价格、分配市场和顾客的机制时，就会对竞争产生严重的妨碍作用。

**案例解读**

**标准必要专利许可**

OPPO公司应夏普株式会社要求进行标准必要专利许可谈判，谈判过程中，夏普株式会社在域外针对OPPO公司提起专利侵权诉讼。OPPO公司认为，夏普株式会社单方面就谈判范围内的专利提起诉讼并要求禁令的行为违反了FRAND义务，遂提起诉讼。请求法院就夏普株式会社拥有的相关标准必要专利对OPPO公司进行许可的全球费率作出裁判，同时针对可能的"域外禁令"提出行为保全申请。一审法院调查后对夏普株式会社作出了禁诉令。夏普株式会社不服,上诉至最高人民法院。

夏普株式会社上诉称,对于标准必要专利许可纠纷,立案标准应该是"专利权人与专利实施人就许可条件经充分协商,仍无法达成一致"。截至目前,当事人就涉案标准必要专利许可事项,还处于前期谈判阶段,远未达到"充分协商"的程度。

最高人民法院认为,基于谈判磋商的事实可知,本案当事人均有就涉案标准必要专利达成全球范围内许可条件的意愿,且对此进行过许可磋商。当事人协商谈判的意愿范围构成本案具备确定涉案标准必要专利全球范围内许可条件的事实基础。根据最高人民法院的司法解释,标准必要专利的实施许可条件,经充分协商,仍无法达成一致的,可以请求人民法院确定。① 最高人民法院最终裁定驳回上诉,维持原裁定。②

**二、专利转让**

(1)专利转让的内涵界定与理解。专利转让是指专利权人作为转让方,将其发明创造专利的所有权或持有权移转给受让方,受让方支付约定价款所订立的合同。通过专利权转让合同取得专利权的当事人,成为新的合法专利权人,同样也可以与他人订立专利转让合同或专利实施许可合同。专利转让可分为专利申请权转让和专利所有权转让。专利申请权转让是指专利申请权人将其拥有的专利申请权转让给他人的一种法律行为。专利所有权转让是指专利权人将其拥有的专利权转让给他人的一种法律行为。在专利转让中,专利申请权人或专利权人为转让方,获得专利申请权或专利权的为受让方,转让方与受让方之间应当签订书面合同,并在国务院专利行政部门进行登记。通过转让合同取得专利申请权或专利权的合同当事人,即成为新的专利申请权人或专利权人,可以行使自身的专利申请权或专利权。

(2)专利权转让的法律规定与效力。专利权作为一种财产权利,可以依据当事人之间的意思自治进行转让,但是必须符合以下法律的规定:①专利权转让合同应当采取书面形式。《专利法》第十条规定,转让专利申请权或者专利权的,当事人应当订立书面合同。《民法典》第八百六十三条规定,技术转让合同包括专利权转让、专利申请权转让、技术秘密转让等合同。技术许可合同包括专利实施许可、技术秘密使用许可等合同。技术转让合同和技术许可合同应当采用书面形式。②专利权的转让必须经

---

① 最高人民法院《关于审理侵犯专利权纠纷案件应用法律若干问题的解释(二)》(2020年修正)第二十四条第三款。
② 参见最高人民法院裁定书(2020)最高法知民辖终517号。

过登记和公告。《专利法》第十条规定,转让专利权的,当事人应当向国务院专利行政部门登记,由国务院专利行政部门予以公告。专利权的转让自登记之日起生效。未在国务院专利行政部门登记的,专利权不发生转移。书面形式和登记及公告是专利申请权转让合同和专利权转让合同生效的法定条件,未签订书面形式或未经国务院专利行政部门登记和公告的转让合同不受法律保护。③中国单位或者个人向外国人、外国企业或者外国其他组织转让专利权的,应当依照有关法律、行政法规的规定办理手续。这里的法律、行政法规分别是指《中华人民共和国对外贸易法》和《中华人民共和国技术进出口管理条例》等。

专利转让权一经生效,受让人取得专利权人地位,转让人丧失专利权人地位,专利权转让合同不影响转让方在合同成立前与他人订立专利实施许可合同的效力。除合同另有约定的以外,原专利实施许可合同所约定的权利义务由专利权受让方承担。另外,订立专利权转让合同前,转让方已实施专利的,除合同另有约定以外,合同成立后,转让方应当停止实施。专利转让的具体条款在合同中进行明确约定,包括转让的方式(全部或部分转让)、时间期限、转让费用和方式等。专利转让应当符合相关法规和法律程序,并确保双方自愿达成协议。需要注意的是,专利转让后,专利权人将不再享有转让的专利技术的所有权和权益,而受让方则获得相应的专利权。因此,在进行专利转让前,专利权人应慎重考虑专利的价值、发展前景以及可能带来的经济利益和风险。

(3)专利许可与专利转让的联系与区别。专利许可和专利转让都是涉及专利技术的权益交易,但它们在性质和效果上存在区别。两者之间共同点在于:都涉及原始专利权人将专利技术相关的权益分享给他人;被许可方或受让方都可以获得使用专利技术的权利;专利权人都可以获得经济收益,而被许可方或受让方则可以在合法范围内使用专利技术获得商业利益。两者的区别在于:第一,权益关系方面不同。许可是指专利权人允许他人合法使用其专利技术,但专利权仍然属于专利权人。转让是指专利权人将其对专利的全部权益转让给他人,包括专利所有权。第二,专利权的归属不同。专利许可仅发生使用权的转移,专利所有权仍属于许可方,许可方仍有权转让其专利;专利转让则发生所有权的转移,受让人获得专利的所有权,有资格支配该专利。或者说,在许可中,专利权人仍然保持对专利的所有权,可以继续授权其他人使用;而在转让中,专利权人将专利的所有权完全或部分地转移给受让方,自己不再享有该专利的权益。第三,期限和范围不同。许可可以是独家或非独家的,可以设定特定的使用期限和使用范围;而转让通常是永久性的,一旦转让完成,专利权就彻底转移到受让方名下。第四,生效条件不同。专利许可需通过许可方和被许可方签订实施许可合同,被许可方支付专利使用费而生效;专利转让除应签订书面转让合同外,还需要在国务院专利行政部门登记后方能生效。总的来说,专利许可是指在一定条件下授权他人使用专利技术,专利仍然属于专利权人,而专利转让是指专利权属发生变更。或者说,专利许可是专利权人临时让渡专利技术实施的权利,而专利转让则会产生专利权主体的变更。

**三、专利质押**

(1)专利质押的内涵界定与理解。专利质押是指债务人或第三人将拥有的专利权担保其债务的履行,当债务人不履行债务的情况下,债权人有权把折价、拍卖或者变卖该专利权所得的价款优先受偿的物权担保行为。简单来看,专利质押是将专利权作为质押物,向质权人提供担保,以获得借款或融资支持的行为,质押的专利权可以是发明专利、实用新型专利或外观设计专利。在专利质押中,专利权人(质押人)与债权人(质权人)之间会签订质押合同,明确质押的专利和相关权益的范围。一旦质押合同生效,专利权人将专利所有权作为担保,由此获得一定的贷款或融资。通过专利质押,专利权人可以利用专利价值获取资金,满足企业经营和创新发展的资金需求。质押后,专利权人仍然保留对专利技术的使用权,但如果无法按照合同约定偿还贷款或履行相关义务,债权人有权执行质押权,并可能导致专利权转移给债权人。

(2)专利质押的特征。专利权质押或者专利权中的财产权质押属于权利质押,有以下几个特征:第一,专利权质押的标的物是权利,即专利权中的财产权作为标的。动产质押的标的物则是动产。其他权利质押的标的物是各种不同于专利权的权利。第二,在专利权出质期间,质权人不能许可他人使用或转让该出质的权利,质权人只享有占有和保全该权利的权利。第三,在专利权出质期间,维持专利权本身的一切费用应由出质人承担,如专利年费、专利规费等。但质权人若认为该出质的权利可能对自己有益,也可自己出费用,对这些费用,质权人有权请求出质人补偿。第四,专利质押登记生效。动产质押要把质物交付质权人生效。但是,专利质押除订立质押合同外,还必须办理出质登记,质权自登记之日起生效。

(3)专利质押的相关法律规定。《民法典》第四百四十四条规定,以注册商标专用权、专利权、著作权等知识产权中的财产权出质的,质权自办理出质登记时设立。知识产权中的财产权出质后,出质人不得转让或者许可他人使用,但是出质人与质权人协商同意的除外。出质人转让或者许可他人使用出质的知识产权中的财产权所得的价款,应当向质权人提前清偿债务或者提存。《专利法实施细则》规定,以专利权出质的,由出质人和质权人共同向国务院专利行政部门办理出质登记。国务院专利行政部门设置专利登记簿,登记专利权的质押、保全及其解除有关事项,国务院专利行政部门定期出版专利公报,公布或者公告专利权的质押、保全及其解除有关事项。专利登记簿记录专利权质押登记的以下事项,并在定期出版的专利公报上予以公告:出质人、质权人、主分类号、专利号、授权公告日、质押登记日、变更项目、注销日等。

为了促进专利权运用和资金融通,保障相关权利人合法权益,规范专利权质押登记,国家知识产权局专门制定了《专利权质押登记办法》,规定了由国家知识产权局负责专利权质押登记工作,以专利权出质的,出质人与质权人应当订立书面合同。质押合同可以是单独订立的合同,也可以是主合同中的担保条款。出质人和质权人应共同向国家知识产权局办理专利权质押登记,专利权质权自国家知识产权局登记时设立。在中国没有经常居所或者营业所的外国人、外国企业或者外国其他组织办理专利权质押登记手续的,应当委托依法设立的专利代理机构办理。中国单位或者个人办理专利权质押登记手续的,可以委托依法设立的专利代理机构办理。当事人可以通过互联网在线提交电子件、邮寄或窗口提交纸件等方式办理专利权质押登记相关手续。当事人提交的专利权质押合同应当包括以下与质押登记相关的内容:第一,当事人的姓名或名称、地址;第二,被担保债权的种类和数额;第三,债务人履行债务的期限;第四,专利权项数以及每项专利权的名称、专利号、申请日、授权公告日;第五,质押担保的范围。

(4) 专利质押典型模式。第一,北京模式。北京模式是"银行+企业专利权/商标专用权质押"的直接质押融资模式,是一种以银行创新为主导的市场化的知识产权质押贷款模式。在这种模式下,交通银行北京分行推出了以"展业通"为代表的中小企业专利权和商标专用权质押贷款品种,以及"文化创意产业版权担保贷款"产品。第二,浦东模式。浦东模式是"银行+政府基金担保+专利权反担保"的间接质押模式,也是一种以政府推动为主导的知识产权质押贷款模式。此模式中,浦东生产力促进中心提供企业贷款担保,企业以其拥有的知识产权作为反担保质押给浦东生产力促进中心,然后由银行向企业提供贷款,各相关主管部门充当了"担保主体+评估主体+贴息支持"等多重角色,政府成为参与的主导方。第三,武汉模式。武汉模式推出的"银行+科技担保公司+专利权反担保"混合模式,引入专业担保机构——武汉科技担保公司,一定程度上分解了银行的风险。第四,中山模式。中山模式的"中山市科技企业知识产权质押融资贷款风险补偿项目"由中央财政、市级财政专项资金共同出资,专项资金总规模为4000万元(中央财政出资1000万元、市级财政配套3000万元)设立知识产权质押融资贷款风险补偿资金,银行、政府、保险公司、知识产权服务公司等各方按照26∶54∶16∶4的比例进行风险分担,合力推进业务发展,贷款金额单笔最高不超过300万元;单户最高不超过1200万元。对在中山市行政区域内登记注册,符合中山市产业政策和发展方向的知识产权示范企业、知识产权优势企业、知识产权贯标企业、高新技术企业、高新技术后备企业以及孵化器内的在孵企业等机构提供授信支持。通过引入保险公司对知识产权的专利保险,来保障企业知识产权的合法权益,减少知识产权侵权维权的难度,并通过保险公司以贷款保证保险的形式,进一步分担贷款风险。针对知识产权的评估、交易流转、变现难等问题,引入专业的知识产权运营公司参与贷款项目,并由其承担适当的风险比例,加强知识产权运营公司对知识产权评估环节的把控,进一步降低风险。通过以上多项措施,来分担银行贷款的贷款风险及银行面对知识产权时专业度不够的问题。第五,江苏模式。江苏省推出了将保险公司的险资直接用于知识产权质押融资的"政融保"模式。2017年9月,苏州贝昂科技有限公司和中国人保财险苏州科技支公司签订知识产权质押融资协议,贝昂科技凭借其拥有的多项国家专利,将部分知识产权质押,以此获得苏州人保知识产权质押项目中最高额度的融资,实现了保险资金与实体经济的直接对接。第六,四川德阳模式。四川省推出了"银行贷款+保险保证+风险补偿+财政补贴"的便民融资模式。引入保险为科技型企业提供保证保险,降低信贷风险;建立"政银险估企"五方合作融资新机制。建立政府补贴,对企业按贷款额同期基准利率利息总额的40%进行贴息,按保险费和专利价值评估费发生额的50%给予贴费。建立激励机制,对银行和保险机构分别按企业贷款额的1%进行工作奖励。第七,中关村模式。中关村知识产权投融资服务联盟,尝试建立知识产权投融资快速通道和全流程服务体系。北京中关村中技知识产权服务集团与华软资本集团合作建立了国内首家"评—保—贷—投—易"五位一体的知识产权金融服务体系,通过"成长债"业务帮助科技型企业以"知识产权质押+股权质押"方式获得银行贷款,成为国内债股结合、投贷联动的经典模式。第八,北京IP模式。北京IP与北京市海淀区政府共同出资共建了首期规模4000万元的"中关村核心区知识产权质押融资风险处置资金池",为银行贷款提供全额的风险处置。

**扩展材料**

甘肃大象能源科技有限公司始创于2009年,该公司以锂电池正极材料的研发、生产、销售为主要营业范围。虽说市场对锂电池正极材料的需求巨大,但是该公司在运营过程中仍无可避免地面对一个难题——研发资金短缺。在甘肃省知识产权局的帮助下,大象科技的15件核心专利估值超过2000万元,与银行顺利签约,获得贷款1500万元。在甘肃省知识产权局的帮助下,甘肃省大象能源科技有限公司以13件发明专利作质押,获得了1500万元融资,从而可以继续锂电池正极材料的研发工作,这是真正的"及时雨"。专利质押融资为企业解决了资金短缺的发展难题,为企业创新发展增添了直接动力。

**四、专利作价出资入股**

(1)专利作价出资入股的内涵界定与理解。专利权作价出资入股是指将专利权作为一种资产,以其价值来进行出资,并获得对应的股份或股权。具体而言,拥有专利权的企业或个人可以选择将专利权进行估值后,作为出资方式之一,参与企业或项目的投资。通过将专利权作为出资方式,可以从中获取相应的股份或股权,并分享随项目增值而带来的经济回报。作为作价出资入股方,拥有专利权的企业或个人可以为项目提供相关技术支持,并在创新、研发等方面发挥积极作用,同时,出资入股后,作为股东,拥有专利权的企业或个人可以分享项目的收益和增值,并与其他股东共同承担风险和责任。可见,专利权作价出资入股,也就是专利权资本化、证券化的过程,是专利权人将自身所有的专利权进行评估作价后向企业出资,以换取企业股权进而成为企业股东的行为。北京金易奥科技发展有限公司就是一个典型的例子,该公司在北京市海淀区中关村注册成立,出资人拥有一项"供水系统节能优化技术"专利,评估值为6472万元,出资人以该专利出资,公司注册资金6500万元,专利出资占公司成立时注册资本的比例为99.57%。[①]

(2)专利作价出资入股的相关法律规定与实践。从实践来看,专利权人以专利权进行作价出资入股的方式主要有两种:一种是将专利权本身作为资本进行出资。我国现行《公司法》第四十八条规定,股东可以用货币出资,也可以用实物、知识产权、土地使用权等可以用货币估价并可以依法转让的非货币财产作价出资,但是,法律、行政法规规定不得作为出资的财产除外。对作为出资的非货币财产应当评估作价,核实财产,不得高估或者低估作价。法律、行政法规对评估作价有规定的,从其规定。另一种是将专利使用权作为资本进行出资。针对该行为的效力,我国国家层面的法律规范并没有作出规定,仅在相关规范性法律文件和司法实践中有所体现。例如,上海市工商行政管理局于2011年2月16日发布的《市工商局关于积极支持企业创新

---

① 张倚源.我国专利资本化现状探析.中国发明与专利,2012(08):30-31.

驱动、转型发展的若干意见》第十二条规定:"鼓励公司股权出资、债权转股权,盘活公司资产,促进公司财产性权利转化为资本。扩大知识产权出资范围,开展专利使用权、域名权等新类型知识产权出资试点工作。允许企业适当延长出资期限。允许公司增加注册资本时,货币出资比例以全部注册资本额为基准计算。"但是,也有地方又不承认以专利使用许可权出资的效力。例如,深圳市人民政府于1998年9月14日发布的《深圳经济特区技术成果入股管理办法》第四条规定,"技术出资方可以用下列技术成果财产权作价入股:(一)发明、实用新型、外观设计专利权;(二)计算机软件著作权;(三)非专利技术成果的使用权;(四)法律、法规认可的其他技术成果财产权。本办法所称的专利权、计算机软件著作权是指依照中国法律产生的有关权利,不包括依照外国法律产生的权利,也不包括有关权利的使用许可。"

为促进科技型中小微企业发展,鼓励专利权人创业创新,加快专利转移转化,提高企业创新能力,大力培育和壮大市场主体,河北省知识产权局于2015年制定了《关于推进专利权作价出资入股的试行办法》,其中明确规定:"专利权作价出资入股是指企业依法设立时以专利权作价作为注册资本,或现有企业以专利权作价增资扩股。作价出资入股的专利权为依法获得国家授权的有效专利,包括发明、实用新型和外观设计三种专利。其中发明专利权剩余有效期不少于三年,实用新型、外观设计专利权剩余有效期不少于四年。企业可以由专利权人出资入股,也可以购买专利权出资入股,出资入股比例不受限制。购买用于出资入股的发明专利权剩余有效期不少于四年,实用新型、外观设计专利权剩余有效期不少于五年。以专利权作价出资入股的,应当委托具有合法资质的评估机构评估作价。评估机构应当依法依规合理评估,不得高估或低估作价。以专利权作价出资入股的企业,应当依法办理专利权变更手续,并按时缴纳年费等相关费用,维持专利权有效。现有企业以自有专利权作价增资扩股的无须办理专利权变更手续。"

## 案例解读

### 专利权投资纠纷

在中国科学院山西煤炭化学研究所(山煤所)与陕西秦晋煤气化工程设备有限公司(秦晋公司)专利权投资纠纷一案中,山煤所申请再审时主张:从涉案专利的实际技术价值看,山煤所用于投资的是涉案专利技术的使用权,不可能是该技术的所有权。该案在法院主持下调解结案,双方当事人经协商自愿达成协议:涉案专利仍然归山煤所享有。秦晋公司今后对外许可技术时,涉及许可使用山煤所专利的,需要经过山煤所的授权。①

## 第二节 专利实施的特别许可

为了推动专利成果转移与转化,保障社会公众利益的需要,实现专利权人与社会公众之间的利益平衡,专利制度在赋予专利权人以排他性权利的同时,也对专利权人的权利行使进行合理的限制。专利实施的特别许可制度就是我国《专利法》对专利权进行限制的主要机制之一。专利实施的特别许可制度具体包括国有企事业单位发明专利的指定许可、专利的开放许可和专利强制许可。2020年新修改的《专利法》将原第六章的标题由原来的"专利实施的强制许可"修改为"专利实施的特别许可",在保留原有的强制许可制度基础上,又根据我国市场主体和创新主体的需求,并参考国外立法及国际条约,新增了开放许可制度的相关条款,进一步丰富了专利实施许可的类型与方式,以推动专利技术的应用和转化。

根据《专利法》第十一条的规定,对于已经获得授权的专利,他人需要获得专利权人的许可才可以实施,否则就会构成专利侵权。在正常情况下,专利权人可以自行选择是否授予他人实施其专利的使用权,或者说,作为一种权利,专利权人享有行使或不行使的自由,也就是许可或不许可的自由。但是,在某些情况下,为了满足公共利益或经济发展的需要,相关法律需要对专利权人行使其专利实施许可的权利进行限制,允许有关机构或个人在特定条件下获得专利实施的特别许可,这就是专利实施的特别许可。事实上,《专利法》第十一条第一款规定的"除本法另有规定的以外"中关于专利权效力的例外,就是指专利实施的特别许可所述的各种情形。也就是说,除了专利法规定的关于专利实施的特别许可各种情形以外,他人未经专利权人许可实施已经获得授权的专利,即构成侵权。当然,需要注意的是,在给予专利实施特别许可时,通常会涉及特定条件和限制,包括行使专利权的范围、使用期限、相关费用或赔偿等,以平衡专利权人和公众或第三方之间的权益关系。

---

① 参见最高人民法院民事调解书(2007)民三提字第1号。

**一、国有企事业单位发明专利的指定许可**

发明专利的指定许可,即发明专利的强制推广应用制度,也就是过去所称的"计划许可制度",是指国有企业事业单位的发明专利,对国家利益或者公共利益具有重大意义的,国务院有关主管部门和省、自治区、直辖市人民政府报经国务院批准,可以决定在批准的范围内推广应用,允许指定的单位实施,由实施单位按照国家规定向专利权人支付使用费。发明专利指定许可是我国《专利法》中一个特有的制度,具有鲜明的中国特色。

发明专利的指定许可制度构成要件包括:第一,主体范围仅限于我国国有企业事业单位的发明专利,不适用我国个人、集体所有制单位及其他性质的企业,以及外国人、外资企业、外国企业等所拥有的发明专利。第二,客体只限于发明类专利,不包括实用新型和外观设计专利,而且被推广应用的发明专利应对国家利益或者公共利益具有重大意义,即对经济建设、科技进步、国家安全、环境保护、病疫防治等具有重要意义,如有助于实现碳达峰、碳中和的发明专利技术。或者说,如果对国家利益或者公共利益不具有重大意义的发明专利,则不能采取指定许可的实施方式。第三,作出指定许可决定的机构是国务院有关主管部门和省、自治区、直辖市人民政府,并须报经国务院批准,其他任何国家机关都无权决定指定许可。第四,指定许可只限于在批准推广应用的范围内,由指定实施的单位实施。个人不能作为指定许可的被许可人,在实际推广与实施过程中不得超出批准的范围。这里所说的范围,包括时间范围、地域范围和行业或专业领域范围等。非指定实施单位,不得擅自实施该发明专利。第五,被指定的实施单位的专利实施权不是无偿取得的,实施单位应当按照国家规定向专利权人支付使用费。①

**二、专利开放许可**

(1)专利开放许可的内涵界定与特征。专利开放许可又称为专利当然许可,一般是指专利权人自愿向国务院专利行政部门提出开放许可申请并经批准后,由国务院专利行政部门进行公告。在专利开放许可期内,任何人均可在支付相应的许可使用费后,按照该开放许可的条件实施专利,专利权人不得以其他任何理由拒绝许可。专利的开放许可制度具有以下特征:第一,开放性。开放许可属于专利的普通实施许可方式的一种,其对象为不特定的单位或个人。只要被许可人满足公告条件并支付使用费后,便可获得开放许可。第二,自愿性。专利开放许可的前提是专利权人依其意

---

① "中华人民共和国专利法释义",载中国人大网,http://www.npc.gov.cn/npc/flsyywd/minshang/2001-08/01/content_140423.htm,2021年1月17日访问。

愿,主动向国务院专利行政部门提出申请,并作出开放许可声明。第三,可撤回性。允许专利权人以书面形式撤回开放许可声明,并由专利行政部门予以公告。开放许可声明被公告撤回的,不影响在先给予的开放许可的效力。

(2) 专利开放许可与专利强制许可的差异及其作用。开放许可与强制许可的区别。从字面意思看,开放许可强调"开放性",强制许可强调"强制性"。实施开放许可的前提是专利权人自愿向专利行政部门作出声明,且实施对象是不特定的任何单位或个人,这体现了专利权人的意思自治。强制许可是国家基于公共利益、国家利益、反不正当竞争等目的强制性将专利许可第三人实施,在一定程度上违背了专利权人的意思自治。

作为中国专利制度发展的一项创新举措,专利开放许可制度的建立提供了新的专利转化运用模式,对于畅通成果转化渠道、放大专利制度作用、助推经济高质量发展具有重要意义,主要表现在:第一,有利于促进专利许可信息的对接。专利开放许可信息的公开发布为许可人和被许可人搭建信息沟通的桥梁,有利于供需双方对接,尤其是高校、科研院所专利的传播和运用。第二,需求方以公平、合理、无歧视的许可费和便捷的方式获得专利许可,有利于提升专利许可的谈判效率。专利技术供给方和需求方可以通过简便的方式来达成许可,免去复杂的谈判环节,降低许可的成本,提高被许可人实施专利的意愿,有利于企业特别是中小企业充分挖掘和实施专利。第三,建立专利交易许可相关信息披露和传播机制,既为专利权人和公众搭建专利转化或推广应用平台,也可以有效降低专利交易中与专利状态相关的法律风险。[①] 专利开放许可制度建立许可信息披露和纠纷调解机制,被许可人能够事先全面了解许可的条件等相关情况。当然,选择专利开放许可模式需要权衡商业利益、市场竞争和知识产权保护等因素。具体的专利开放许可策略应根据企业的战略目标和具体情况进行决策。

(3) 专利开放许可的法律规定。我国《专利法》第五十条规定,专利权人自愿以书面方式向国务院专利行政部门声明愿意许可任何单位或者个人实施其专利,并明确许可使用费支付方式、标准的,由国务院专利行政部门予以公告,实行开放许可。就实用新型、外观设计专利提出开放许可声明的,应当提供专利权评价报告。专利权人撤回开放许可声明的,应当以书面方式提出,并由国务院专利行政部门予以公告。开放许可声明被公告撤回的,不影响在先给予的开放许可的效力。

---

① "关于《中华人民共和国专利法修改草案(征求意见稿)》的说明",载国家知识产权局官网,https://www.cnipa.gov.cn/art/2015/4/1/art_317_134082.html,2021 年 1 月 18 日访问。

(4)可实施开放许可的具体条件。第一,有市场化前景;第二,应用广泛;第三,实用性较强;第四,适用于多地实施且不在独占实施许可或者排他实施许可有效期限内的专利技术;第五,许可期限原则上不低于一年,且全体专利权人同意许可任何单位或个人实施;第六,实用新型、外观设计专利提出开放许可声明的,应当提供专利权评价报告或检索分析报告。不得申请专利开放许可的情形包括:专利权处于独占或排他许可有效期限内的;因专利权归属纠纷或者人民法院裁定对专利权采取保全措施而中止的;专利权处于年费滞纳期的;专利权被质押,未经质押权人许可的;其他不符合专利开放许可法定条件的。

(5)专利开放许可的执行与救济。任何单位或者个人有意愿实施开放许可的专利的,以书面方式通知专利权人,并依照公告的许可使用费支付方式、标准支付许可使用费后,即获得专利实施许可。开放许可实施期间,对专利权人缴纳专利年费相应给予减免。实行开放许可的专利权人可以与被许可人就许可使用费进行协商后给予普通许可,但不得就该专利给予独占或者排他许可。当事人就实施开放许可发生纠纷的,由当事人协商解决;不愿协商或者协商不成的,可以请求国务院专利行政部门进行调解,也可以向人民法院起诉。

**延伸阅读**

专利开放许可制度的建立提供了新的专利转化运用模式,对于畅通成果转化渠道、放大专利制度作用、助推经济高质量发展具有重要意义。为确保专利开放许可制度平稳落地运行,2022年5月,国家知识产权局印发专利开放许可试点工作方案,多措并举全面推进专利开放许可试点工作。

截至2023年底,全国22个试点省份3200多个专利权人共计5.9万余件专利参与专利开放许可试点,达成许可超过1.7万项。专利开放许可试点工作开展以来,取得良好成效,并呈现以下特点:一是各类主体积极参与。近600家高校院所、900多家企业作为专利权人参与试点,其中包括110家国家知识产权试点示范高校和多家中央企业。二是制度优势初步显现。试点中,1100多件专利实现一件专利对多家企业的许可,占达成许可专利总数的4成,"一对多"特征明显,有效提升了许可效率。三是试点成效受到广泛认可。相关调查显示,48.3%的专利权人知晓专利开放许可制度,49.6%的专利权人愿意采用开放许可方式,其中高校专利权人这一比例达到近9成。

专利开放许可制度实施过程中,一个重要的环节是明确许可费支付标准,以在交易双方之间达成对许可费或许可费率的共识。为引导专利权人科学、公允、合理估算专利开放许可使用费，国家知识产权局组织编写了《专利开放许可使用费估算指引（试行）》（以下简称《指引》）。《指引》提供了具体的费用估算操作引导，如根据场景选择不同的估算方法，选择计算基数，设置调整系数，确定支付方式。在试点工作中，也有地方探索免费许可或先使用后付费的模式，有效促进了专利运用转化进程。例如，南京邮电大学与被许可企业就29件专利签订开放许可合同，每件专利可以免费试用一年，若专利转化顺利，两家单位将签订付费专利许可使用合同。福建省漳州市首批免费开放许可专利在许可期限内不向企业收取任何许可费用，单次许可期限2年起步，在专利有效期内不限定最长时间，确保企业有充足时间投入产品试验和后续研发。这种创新模式进一步降低了许可成本和风险，解决了专利权人定价困难和专利转化受限的问题，对专利运用转化起到了至关重要的作用。①

**三、专利强制许可**

（一）专利强制许可制度概述

专利强制许可制度，又称非自愿许可制度，是指国家专利行政机关或者司法机关，依据法定条件和程序，不经发明专利权人、实用新型专利权人的同意，向特定对象颁发实施其专利的许可，同时由被许可人向专利权人支付许可费的制度。强制许可的目的是促进获得专利的发明创造得以实施，防止专利权人滥用专利权，维护国家利益和社会公共利益，实现专利权人利益与社会公共利益的平衡。取得实施强制许可的单位或者个人应当付给专利权人合理的使用费，其数额由双方商定，双方不能达成协议的，由国家知识产权行政管理机构裁决。

只有发明或实用新型才能给予强制许可，外观设计不能给予强制许可。强制许可的目的是防止专利权人滥用专利权阻碍专利技术的推广应用，而因为外观设计仅仅涉及产品外观，使人产生美感享受，不涉及技术功能，现实中总会有足够的选择替代方案，不存在必须使用某种特定的外观设计才能产生美感，因此没有必要给予外观设计强制许可。即便是对于发明和实用新型，也只有其中极少数对国家和公众的利益产生重大影响。例如，对流行疾病的预防或治疗具有突出效果，在节能、环保方面能够产生显著作用，或者在防止意外事故、保障施工人员生命安全等方面有特殊功效的发明，才有可能产生给予强制许可的需求。到目前为止，我国的专利许可实战中，

---

① "我国专利开放许可使用费引导成效显著"，载国家知识产权局官网，https://www.cnipa.gov.cn/art/2024/3/19/art_3357_191072.html，2024年6月10日访问。

没有执行过任何形成的强制许可。

我国专利强制许可制度具有以下特征:第一,非自愿性,即强制许可是违背专利权人意愿的一种许可。第二,非转移性,即实施强制许可的只能自己实施,无权允许他人实施。第三,强制许可的对象仅限于发明和实用新型,外观设计不适用强制许可。第四,提出强制许可申请的主体应当是具备实施条件的单位或个人。第五,国务院专利行政部门作出的给予实施强制许可的决定,应当及时通知专利权人,并予以登记和公告。给予实施强制许可的决定,应当根据强制许可的理由规定实施的范围和时间。强制许可的理由消除并不再发生时,国务院专利行政部门应当根据专利权人的请求,经审查后作出终止实施强制许可的决定。第六,取得实施强制许可的单位或者个人不享有独占的实施权,并且无权允许他人实施。第七,取得实施强制许可的单位或者个人应当付给专利权人合理的使用费,或者依照中华人民共和国参加的有关国际条约的规定处理使用费问题。使用费的数额由双方协商,双方不能达成协议的,由国务院专利行政部门裁决。第八,专利权人对国务院专利行政部门关于实施强制许可的决定不服的、专利权人和取得实施强制许可的单位或者个人对国务院专利行政部门关于实施强制许可的使用费的裁决不服的,可以自收到通知之日起 3 个月内向人民法院起诉。①

(二)防止专利权滥用的专利强制许可

我国《专利法》第五十三条规定,有下列情形之一的,国务院专利行政部门根据具备实施条件的单位或者个人的申请,可以给予实施发明专利或者实用新型专利的强制许可:(一)专利权人自专利权被授予之日起满三年,且自提出专利申请之日起满四年,无正当理由未实施或者未充分实施其专利的;(二)专利权人行使专利权的行为被依法认定为垄断行为,为消除或者减少该行为对竞争产生的不利影响的。这两种情形就是可以实施专利强制许可的滥用专利权的行为。

(1)因专利权人不实施或者未充分实施而给予强制许可。专利权人未实施其专利是专利权人既没有自己在我国实施其专利,也没有许可他人在我国实施其专利。专利权人未充分实施是专利权人及其被许可人实施其专利的方式或者规模不能满足国内对专利产品或者专利方法的需求,也就是数量较少或者销售价格过高,或者对专利方法使用的范围和规模较小,不能满足国内对专利产品或专利方法的需求。

申请实施此项强制许可的主体既可以是单位,也可以是个人,只要其具备实施发明或实用新型专利的条件。具备实施发明或实用新型专利的条件通常认为是具备制

---

① 参见《专利法》第六十条、第六十一条、第六十二条、第六十三条。

造专利产品、使用专利方法的条件或者进口专利产品的条件,而不是指单纯的销售或者使用专利产品或者依照专利方法直接获得产品的条件。也就是说,强制许可的申请人应当是具有制造资格的生产型企业或具有进口资格的外贸企业,而不能仅仅是普通的销售公司。因为在专利权人未实施或者未充分实施其专利的情况下,只有生产型企业或者具有进口资格的企业,才能够使专利产品在我国出现,进而达到专利产品在我国销售、使用,实现给予强制许可满足市场需求的目的。如果仅仅是普通销售公司或经销公司,由于其没有生产能力也没有进口资格,即使其获得强制许可也无法向市场提供有关产品,只能购买专利权人投放市场的产品再次投放市场,这不能增加市场的供应,所以,也无须赋予单纯的销售者或使用者以强制许可的权利。

当然,为了保障专利权人的正当权益,法律上对该强制许可实施的时间进行了约束,要求"自专利权被授予之日起满三年,且自提出专利申请之日起满四年"。这个时间的规定,一方面考虑到绝大多数的实用新型专利从申请到授权之间的时间间隔通常都不到一年,因此仅仅满足自授权之日起满三年的条件还不能够给予强制许可,必须同时满足自申请之日起满四年的要求。另一方面考虑到在授予专利权之后,无论是专利权人自己,还是其被许可人,制造专利产品并将其投放到市场,都需要进行购置厂房、设备、原材料、招聘员工等各项准备工作,而这些准备工作的开展需要一定的时间。此外,有些产品,如药品,有可能需要事先进行有关实验研究取得法定资料,并提交相关政府主管部门进行审批后才能投产,从而需要更长的时间。此外,专利权人通常还需要根据市场前景、风险等情况考虑如何实施其专利的方式。综合以上原因,有必要给予专利权人一段时间开展实施其专利的准备工作。因此,只有在法律规定的期限以外,才可以认为专利权人不实施或不充分实施,从而给予强制许可。

(2)因构成垄断行为而给予的强制许可。2008年8月1日,我国《中华人民共和国反垄断法》(以下简称《反垄断法》)开始实施并于2022年进行了修正。《反垄断法》第六十八条规定,经营者依照有关知识产权的法律、行政法规规定行使知识产权的行为,不适用本法;但是,经营者滥用知识产权,排除、限制竞争的行为,适用本法。《专利法》第五十三条所述的"专利权人行使专利权的行为被依法认定为垄断行为"中的"依法"指的就是依照《反垄断法》的规定。根据《反垄断法》的规定,负责对垄断行为进行调查、认定和处罚的行政机关是"反垄断执法机构"。2018年9月,国务院机构改革,将原先分别由商务部、国家发展改革委、国家工商行政管理总局承担的反垄断执法工作统一归集,国家市场监督管理总局反垄断局成为专门负责反垄断执法的机构,同时承办国务院反垄断委员会日常工作。2021年11月,在国家市场监督管理总局,国家反垄断局正式挂牌成立,体现了国家对反垄断体制机制的进一步完善,将充实反垄断监管力量,切实规范市场竞争行为,促进建设强大国内市场,为各类市场主体投资兴业、规范健康发展营造公平、透明、可预期的良好竞争环境。此外最高人民法院的知识产权审判庭也负有对反垄断纠纷案件进行审判的职能。只要国家反垄断局和最高人民法院作出认定行使专利权的行为构成垄断行为的生效决定或判决,都可以得出"行使专利权的行为被认定为垄断行为"的结论,国家知识产权局可以依申请给予强制许可。

《反垄断法》规定的垄断行为包括:经营者达成垄断协议;经营者滥用市场支配地位;具有或者可能具有排除、限制竞争效果的经营者集中。因此,可能被认定为构成触犯《反垄断法》的垄断行为的滥用专利权行为包括:第一,在具有相互竞争关系的经营者之间达成有关专利的垄断性协议。例如,通过协议固定专利许可的使用费、专利产品的价格、专利产品的生产数量;通过协议约定划分各自专利产品的销售市场;各自拥有专利权的若干经营者联合拒绝将其专利许可给特定交易相对人,联合拒绝将专利产品销售给特定的交易相对人等。第二,在专利许可合同订中立不合理的限制性条款。例如,专利权人利用其具有的市场支配地位,违背被认可人的意愿,禁止被认可人对被许可的专利技术进行改进或者创新,或者强迫被认可人将对被认可的专利技术进行改进后获得的专利权以独占方式回授给专利权人;专利权人禁止被许可人对合同涉及的专利权的有效性提出质疑等。对此,国务院反垄断执法机关通常需要适用"具体分析"原则判断是否构成垄断行为。第三,以搭售方式订立专利实施许可合同,即专利权人就其享有的一项专利权与他人订立专利实施许可合同时,违背被许可人的意愿,强迫被许可人同时接受其不需要的其他专利权的许可,或者在合同中约定被许可人只能从专利权人或其指定的第三人处购买某种产品。第四,没有正当理由拒绝许可他人实施其专利。应当指出,通常情况下,专利权人并不负有必须与竞争对手或交易相对人进行交易的义务,因此专利权人拒绝许可他人实施其专利是行使专利权的一种可选方式。但是,如果具有市场支配地位的专利权人在给予某些人许可的情况下,不平等地、歧视性地拒绝许可另外的他人,或者拒绝许可的专利技术是其他经营者参与相关市场竞争的必需的技术,拒绝给予许可将导致有关经营者不能在相关市场中进行有效竞争,可能对相关市场中的竞争和创新产生不利影响,国务院反垄断部门需要进行审查。第五,专利联营管理机构不合理地歧视特定的参加方,限制参加方使用联营专利或者为当事人之间提供交换竞争的敏感信息提供便利等,也有可能被认为具有排除、限制竞争的性质;在标准制定过程中,如果不向标准制定组织披露标准所涉及的专利,而是在标准制定之后主张其专利权的行为,也有可能被认为具有排除、限制竞争的性质。

(三)国家出现紧急状态或者非常情况时,或者为了公共利益的强制许可

《专利法》第五十四条规定,在国家出现紧急状态或者非常情况时,或者为了公共利益的目的,国务院专利行政部门可以给予实施发明专利或者实用新型专利的强制许可。紧急状态或非常情况主要是指出现战争、暴乱等危及国家安全的紧急情况,以及出现自然灾害或疾病流行等其他影响社会稳定的特别严重的情况。例如,在汶川特大地震灾害这种情况下,如果有关救灾物品(如生命探测装置、挖掘装置、药品、疫苗、帐篷等)享有专利权,可依照本条给予强制许可。公共利益是指在一定地域范围内涉及不特定多数人的利益。对于受专利保护的技术而言,如果该技术的实施不仅使直接实施者受益,而且也会使不特定多数人受益,则可为公共利益的需要而对该专利授予强制许可。例如,针对绿色技术、低碳技术以及其他治理环境污染或提高能源利用效率的技术等。简而言之,当国家出现战争、外敌入侵、暴乱等危及国家安全的紧急情况,出现严重自然灾害、疾病流行等社会突发事件,或者是为了公共利益的目的,由国务院有关主管部门提出,国务院专利行政部门可以对发明或者实用新型给予强制许可。

根据本条规定,我国给予强制许可的决定权由国务院专利行政部门也就是国家知识产权局行使。而根据《专利实施强制许可办法》(知识产权局令第六十四号)第六条的规定,在国家出现紧急状态或者非常情况时,或者为了公共利益的目的,国务院有关主管部门可以根据《专利法》第四十九条的规定,建议国家知识产权局给予其指定的具备实施条件的单位强制许可。这是因为,对战争、自然灾害等紧急状态或非常情况的认定和处理应当主要由国务院其他部门负责,甚至应当由国务院负责,而不是由国家知识产权局负责,国家知识产权局无权也无法认定是否出现了紧急状态或者非常情况。因此,国家知识产权局不能主动启动强制许可程序。

可见,该项强制许可的被认可人是国务院有关主管部门。但因为国务院有关部门是行政机关,不具有从事生产经营活动的资格和能力,因此,以本条为依据给予强制许可的情况下,强制许可的被许可人可以是国务院有关部门(通过委托有关企业进行专利实施行为)或其指定企业。而需要强调或注意的是,受托企业或者被指定企业依照给予强制许可的决定制造、进口的产品不能直接向市场销售,而是应当全部销售给启动强制许可程序的国务院有关主管部门,由该部门在全国范围内根据实际需要进行调配。

### (四)涉及公共健康问题的专利强制许可

在一些非洲国家,疟疾、肺结核、艾滋病等疾病频发,每年有大量民众死于这些疾病。治疗上述疾病的相关有效药品大多数都是发达国家的制药公司在绝大多数国家享有专利权的药品,而这些发展中国家一般都不具有制造专利药品的能力,只能进口专利权人或者被许可人在各国投放市场的专利药品。然而,专利权人或者其被许可人在各国投放市场的专利药品通常十分昂贵,发展中国家民众难以承受。因此,TRIPs各成员国构建的专利制度就成为广大发展中国家解决公共健康问题的法律保障。同时,为了实现激励创新和保护公共利益两方面的平衡,防止专利制度成为解决公共健康问题的障碍,又要防止不合理地降低专利制度限制专利药品普及的不利影响,从而规定了出口专利药品的强制许可,帮助那些不具有制药能力或者能力不足的国家或者地区解决公共健康问题,给予在我国制造专利药品并将其出口到这些国家或地区的制造许可。

《专利法》第五十五条规定,为了公共健康目的,对取得专利权的药品,国务院专利行政部门可以给予制造并将其出口到符合中华人民共和国参加的有关国际条约规定的国家或者地区的强制许可。这是2008年我国《专利法》第三次修改新增加的条款,其目的在于落实《关于修改TRIPs协议的议定书》,在必要的时候帮助那些不具有制造专利药品能力或者能力不足的国家解决其遇到的公共健康问题。取得专利权的药品是指解决公共健康问题所需的医药领域中的任何专利产品或者依照专利方法直接获得的产品,包括取得专利权的制造该产品所需的活性成分以及使用该产品所需的诊断用品。[①]《专利实施强制许可办法》(知识产权局令第六十四号)第七条规定,为了公共健康目的,具备实施条件的单位可以根据专利法的规定,请求给予制造取得专利权的药品并将其出口到下列国家或者地区的强制许可:最不发达国家或者地区和依照有关国际条约通知世界贸易组织表明希望作为进口方的该组织的发达成员或者发展中成员。

我国对给予药品强制许可的程序作了原则性规定:国务院专利行部门依照《专利法》第五十五条的规定作出给予强制许可的决定,应当同时符合中国缔结或参加的有关国际条约关于为了解决公共健康问题而给予强制许可的规定,但中国作出保留的除外。[②] 关于本条所述的"中国缔结或参加的有关国际条约",主要包括两份国际法律文书:《关于实施TRIPs协议与公共健康宣言第6段的决议》(以下简称《总理事会

---

① 参见《专利法实施细则》第八十九条第二款。
② 参见《专利法实施细则》第九十条第四款。

决议》)和《关于修改 TRIPs 协议的议定书》。上述国际条约对药品进口方作了严格限制:"符合条件的进口成员方"指任何最不发达成员国家方,以及任何向 TRIPs 理事会发出通知,表明其希望使用此制度作为进口方意愿的成员方。① 在 WTO 成员中,如果属于最不发达成员国家方,则自动取得作为进口方的资格;如果属于发展中国家或发达国家,则必须首先将使用此制度的愿望告知 TRIPs 理事会(不要求获得批准),方可作为进口方。

**延伸阅读**

2018 年夏季,电影《我不是药神》让药品专利和公众健康问题再一次进入大众的视野。电影中徐峥扮演的药贩子从印度购买仿制的平价特效药——抗癌药格列宁,他虽然帮助了买不起进口专利药品的白血病患者,但是却以销售假药罪被批捕入狱,引起了无数人的反思。电影中某专利药企代表的冷酷无情和众多患者的悲伤无奈形成了鲜明对比,专利药品的超高定价和患者的低支付能力之间形成了一对尖锐的矛盾。该电影并非完全虚构,而是取材于现实生活中真实发生的案例。在那起真实的案例中,患有慢粒性白血病的陆勇同样帮助病友从印度购买仿制的抗癌药格列卫。不过值得欣慰的是,他最后并没有被检察机关起诉,在专利权与人权(健康权)冲突的天平上,我国检察机关选择了倾向于人权和健康权的保护。②

新型冠状病毒感染暴发以来,众多专利药物开始进入专家和临床医生的视野,瑞德西韦便是其中之一,虽然瑞德西韦只是一种仍在试验中的药物,但由于其在新冠肺炎重症患者早期治疗中的良好表现,因而受到了医药研究机构和企业的高度重视,甚至引发了国内专利"抢注"大战。瑞德西韦由美国吉利德公司研制而成,并且早在研发过程中就进行了完善的专利布局,尽管目前吉利德公司承诺无偿向我国提供,但为了保障患者未来有药可用,我国仍应为启动药品专利强制许可制度做好了必要的准备。③

(五)从属专利的强制许可

从属专利是指在后发明或者实用新型是对在先发明或者实用新型的改进,在后

---

① 参见《关于实施 TRIPs 与公共健康宣言第 6 段的决议》第一条(b)款。
② 张慧霞.国际法视野下专利权与人权的冲突与平衡——电影《我不是药神》引发的思考.法律适用(司法案例),2019(04):85-95.
③ 张武军,张博涵.新冠肺炎疫情下药品专利强制许可研究——以瑞德西韦为例.科技进步与对策,2020,37(20):83-88.

专利的某项专利要求记载了在先权利的某项权利要求中记载的全部技术特征,但又增加了另外的技术特征的专利。由于另外技术特征的存在,在后专利的该项专利要求保护的技术方案与在先专利的该项权利要求保护的技术方案相比不仅具备新颖性,也完全可能具备创造性,因此符合专利授权条件。《专利法》第五十六条规定:"一项取得专利权的发明或者实用新型此前已经取得专利权的发明或者实用新型具有显著经济意义的重大技术进步,其实施又有赖于前一发明或者实用新型的实施的,国务院专利行政部门根据后一专利权人的申请,可以给予实施前一发明或者实用新型的强制许可。"

北京市高级人民法院《专利侵权判定若干问题的意见》第一百二十一条规定:"从属专利,又称改进专利。指一项专利技术的技术方案包括了前一有效专利,即基本专利的必要技术特征,它的实施必然会落入前一专利的保护范围或者覆盖前一专利的技术特征,它的实施也必然有赖于前一专利技术的实施。"北京市高级人民法院公布的《专利侵权判定指南(2017)》规定:"在后获得专利权的发明或实用新型是对在先发明或实用新型专利的改进,在后专利的某项权利要求记载了在先专利某项权利要求中记载的全部技术特征,又增加了另外的技术特征的,在后专利属于从属专利。下列情形属于从属专利:在包含了在先产品专利权利要求的全部技术特征的基础上,增加了新的技术特征;在原有产品专利权利要求的基础上,发现了原来未曾发现的新的用途;在原有方法专利权利要求的基础上,增加了新的技术特征。"

从属专利必然包含基础专利独立权利要求的全部技术特征,正是如此,从属专利的实施有赖于基础专利的实施。从属专利除了全面覆盖基础专利的技术特征以外,还"增加了新的技术内容",具有新的技术特征,这种新的技术内容或者说技术特征,使从属专利相较于基础专利在技术上更加进步。此外,从属专利新的技术内容,也可以是对基础专利独立权利要求一般(上位)概念技术特征的具体(下位)化,如果这种具体化的技术特征没有被基础专利说明书披露,并且具有技术进步,从属专利就至少在某些方面较基础专利更具有创新性。与一件专利或专利申请的从属权利要求相对于独立权利要求具有"附加的技术特征"一样,这种附加的技术特征可以是对一般概念特征具体化的特征,也可以是增加的特征。

除了上述"全面覆盖"外,从属专利相对基础专利具有创造性,这正是其"技术更先进",具有"重大技术进步"的原因所在。从属专利与基础专利相比具有创造性,是从属专利成立的基本要求。就专利创造性而言,这只是从属专利所满足的必要条件,作为专利在其创造性评定中要比对的是一份或者多份对比文件的不同技术内容的组合。相对基础专利,从属专利增加了新的技术内容,它"比在先的专利技术更先进""对在先专利的一种改进""具有显著经济意义的重大技术进步"。由此可以说明,从属专利相对基础专利具有创造性。

从属专利的强制许可条件包括:第一,存在两个专利,在先专利的实施有赖于在后专利的实施;第二,在先专利和在后专利都是发明或实用新型;第三,在后专利相对于在先专利来说,具有显著经济意义的重大技术进步,即在技术上有较突出的贡献并且能够产生巨大的经济意义。在存在从属专利的情况下,往往会发生两专利权人都希望获得对方专利实施权的局面。一方面,在后专利的专利权人虽然取得专利权,但因为该技术处于在先专利的保护范围之内,因此在取得在先专利权人同意前不能实施该专利;另一方面,由于在后专利在技术上比在先专利先进,在先专利权人也希望实施更为先进的技术,考虑到在先专利权人的利益,在依照上述规定给予实施强制许可的情形下,国家知识产权局根据在先专利权人的申请,也可以给予实施在后专利的强制许可。通常情况下,通过"交叉许可"往往能够解决基础专利和从属专利之间存在的实施矛盾。

但在实践当中,在先专利权人可能出于竞争等原因而不愿意由在后专利权人实施其专利,或者在先专利的专利权人并不迫切需要实施经过改进的专利技术,而有可能不愿意许可从属专利的专利权人实施其专利,从而阻碍了在后从属专利保护的改进技术的实施,从而阻碍技术的推广应用,不利于促进科学技术进步。因此,有必要在符合规定条件的情况下给予强制许可,授予在后专利的专利权人实施其经过改进的专利技术。此时,在后专利的专利权人可申请实施强制许可。

(六)涉及半导体技术的专利强制许可

根据TRIPs协议第三十一条(c)的规定,未经权利人许可而实施该专利的范围和期限应当受到实施目的的限制,在涉及半导体技术的情形下,只能限于为公共的非商业性使用,或者用于经司法或行政程序确定为反竞争行为而给予的补救。因此,我国《专利法》五十七条规定,强制许可涉及的发明创造为半导体技术的,其实施限于公共利益的目的和本法第五十三条第二项规定的情形。根据本条规定,强制许可涉及的发明创造是半导体技术的,强制许可实施仅限于公共的非商业性使用,或者经司法程序或者行政程序确定为反竞争行为而给予救济的使用。具体来说,如果某一项专利涉及的发明创造为半导体技术,对此专利给予强制许可的理由只能是以公共利益为目的,或者是专利权人行使专利权的行为被依法认定为垄断行为,为消除或者减少该行为对竞争产生的不利影响。换句话说,对涉及半导体技术的专利,不能依据《专利法》第四十八条第一项,即以专利权人未在规定期限内实施或者充分实施其专利为理由给予强制许可。

所谓半导体技术,就是以半导体为材料,制作成组件及集成电路的技术,它被广泛运用于集成电路(IC)、手机等各种电子产品和信息产品中。由于半导体行业的飞速发展,TRIPs协议第31条(c)款对半导体的强制许可作了特殊规定:"这种使用的范围和期限应受许可使用的目的的限制,并且在半导体技术的情形,仅能限于公共的非商业性使用,或者用于经司法或行政程序确定为反竞争行为给予的补救。"[1]国务院于2001年4月2日发布的《集成电路布图设计保护条例》(以下简称《保护条例》)涉及对半导体技术领域的保护,集成电路是指半导体集成电路,即以半导体材料为基片,将至少有一个是有源元件的元件和部分或者全部互联线路集成在基片之中或者基片之上,以执行某种电子功能的中间产品或者最终产品;集成电路布图设计是指集成电路布图设计,是指集成电路中至少有一个是有源元件的元件和部分或者全部互联线路的三维配置,或者为制造集成电路而准备的上述三维配置。[2]《保护条例》第二十五条规定:"在国家出现紧急状态或者非常情况时,或者为了公共利益的目的,或者经人民法院、不正当竞争行为监督检查部门依法认定布图设计权利人有不正当竞争行为而需要给予补救时,国务院知识产权行政部门可以给予使用其布图设计的非自愿许可。"该条规定可以视为对《专利法》第五十七条的进一步解释,与其相比,该条增加了"紧急状态或非常情况"的适用情形,为给予半导体技术的强制许可留下了制度空间。

---

[1] TRIPs协议第三十一条为有关强制许可的规定,其中(c)款为"The scope and duration of such use shall be limited to the purpose for which it was authorized, and in the case of semi-conductor technology shall only be for public non-commercial use or to remedy a practice determined after judicial or administrative process to be anti-competitive"。

[2] 参见《集成电路布图设计保护条例》第二条。

# 第六章　专利权的期限、终止和无效

时间性是专利权的重要特征,各个国家都规定了专利申请获得授权后得到保护的时间期限。专利权在法律规定的时间期限内具有排他性,专利保护期限届满,得到专利保护的发明创造将进入公有领域,成为人类共同的财富。专利权的终止就是专利权法律效力的消灭,通常可以分为专利权保护期限届满的终止和法律规定的特定情形的终止。另外,专利申请被批准授权后,如果社会公众认为该专利不应当得到授权,或者在专利诉讼当中,被告认为原告的专利不应当得到授权时,可以启动专利无效宣告程序。

## 第一节　专利权的期限

(1)专利权的期限及起算。专利权的期限,是指专利权受到法律保护的期限。TRIPs协议第七条也规定了本协议的制定目标:知识产权的保护和执法应当有助于促进技术创新以及技术转让和传播,有助于使技术知识的创作者和使用者相互受益并且是以增进社会和经济福利的方式,以及有助于权利和义务的平衡。[①]

专利制度的立法目的,一方面是为了鼓励创新,保护专利权人的利益,另一方面也是为了促进科学技术进步和经济社会发展。因此,基于平衡专利权人和社会公众

---

① 参见TRIPs协议第七条:The protection and enforcement of intellectual property rights should contribute to the promotion of technological innovation and to the transfer and dissemination of technology, to the mutual advantage of producers and users of technological knowledge and in a manner conducive to social and economic welfare, and to a balance of rights and obligations.

之间双方利益的考虑,有必要对专利权规定一定的保护期限。

我国《专利法》第四十二条第一款规定了各类专利权的保护期限:发明专利权的期限为二十年,实用新型专利权的期限为十年,外观设计专利权的期限为十五年,均自申请日起计算。为发明专利权规定较长的保护期,主要是考虑到发明专利的研发成本较高,在技术上具有较强的创造性。① 另外,随着我国近年来的设计创新在提高自主创新能力、促进产业结构优化、转变经济发展方式方面发挥的作用越来越凸显,当前,我国外观设计申请量大幅提升,已居世界首位,因此,加强外观设计保护的呼声日益强烈。但相比许多国家(包括发展中国家),我国现行专利法对外观设计专利权十年的保护期限显得偏短。② 而且,依据《工业品外观设计国际注册海牙协定》(以下简称《海牙协定》)规定,缔约方提供不低于十五年的保护期。综合以上因素考虑,为了创造加入《海牙协定》的有利条件,使得我国企业在境外能够更加简便、快速、经济地获得外观设计保护,我国在2020年对《专利法》进行第四次修改的时候,将外观设计专利权的期限从原来的十年延长至十五年。

需要注意的是,专利权的期限是自申请日起计算,但这并不等于自申请日起专利权就能够获得法律的保护。发明专利申请经实质审查没有发现驳回理由的,由国务院专利行政部门作出授予发明专利权的决定,发给发明专利证书,同时予以登记和公告。发明专利权自公告之日起生效。实用新型和外观设计专利申请经初步审查没有发现驳回理由的,由国务院专利行政部门作出授予实用新型专利权或者外观设计专利权的决定,发给相应的专利证书,同时予以登记和公告。实用新型专利权和外观设计专利权自公告之日起生效。可见,虽然专利权保护期限是从专利申请日开始计算,但是专利申请人要等到专利审查结束得到授权后,才可以转变为专利权人,然后才可以行使或主张其专利权。但是,从专利申请到授权,无论是发明专利,还是实用新型或外观设计专利,专利审查均需要花费一定的时间。因此,专利权人真正能够享有的行使其专利权的时间是从专利申请日开始计算的保护时间减去其专利审查所花费的时间。因为专利保护的时间从确定专利申请日起就已经确定,所以,从本质上看,专利权人真正享有的专利权保护的时间取决于专利审查的时间的长短。专利审查时间越长,专利权保护的时间越短;相反,专利审查时间越短,专利权保护的时间就越长。

---

① 王迁.知识产权法教程(第六版).北京:中国人民大学出版社,2019:352.
② "关于《中华人民共和国专利法修改草案(征求意见稿)》的说明",载国家知识产权局官网,https://www.cnipa.gov.cn/art/2015/4/1/art_317_134082.html,2021年1月18日访问。

(2)专利权期限补偿。为了解决专利权实际享受的保护期因为一些特别的原因而不合理缩短这一问题,我国在2020年修改《专利法》时新增了发明专利审查延迟和新药上市审评审批的专利权期限补偿制度。

关于发明专利审查延迟的期限补偿制度。专利权的期限是从专利申请日起算的,包括国家知识产权局审查、授权的时间。如果审查、授权耗费太多时间,专利权实际享受的保护期就缩短了。为解决这一问题,美国在1994年修改的《美国专利法》当中引入专利权期限调整(Patent Term Adjustment,PTA)制度,其中,第154条(b)款规定:"在专利申请、审查、授权等相关程序中,一旦出现某些非由于申请人原因造成的延迟,美国专利和商标局必须将拖延的天数补偿至专利期限中。"[1]2020年1月中美双方签署的《中华人民共和国政府和美利坚合众国政府经济贸易协议》(以下简称《中美经贸协议》)对专利有效期的延长作了规定:"中国在专利权人的请求下,应延长专利的有效期,以补偿在专利授权过程中并非由申请人引起的不合理延迟。就本条规定而言,不合理延迟应至少包含,自在中国提交申请之日起四年内或要求审查申请后三年内未被授予专利权,以较晚日期为准。"[2]为了落实《中美经贸协议》的要求,我国在2020年《专利法》第四次修改当中,新增了第四十二条第二款关于发明专利审查迟延的专利权期限补偿制度:"自发明专利申请日起满四年,且自实质审查请求之日起满三年后授予发明专利权的,国务院专利行政部门应专利权人的请求,就发明专利在授权过程中的不合理延迟给予专利权期限补偿,但由申请人引起的不合理延迟除外。"可见,发明专利审查延迟期限补偿制度包括以下四个构成要件:第一,授权延迟补偿仅针对发明专利,实用新型和外观专利无法适用。第二,所谓不合理延迟是指专利审查部门的审查延误导致的延迟,包括初审、实审、复审过程中的延迟。而申请人,包括申请人委托的代理机构的原因导致的延迟则不在期限补偿的范围之内。第三,能够请求授权延迟补偿的是授权后的专利,并且要求授权日满足从申请日起算满4年、从请求实审之日起算满3年。第四,该期限补偿是依权利人请求而启动。值得说明的是,据统计,目前我国的发明专利审查周期不到22个月,通常是6到18个月,截至2022年底,我国发明专利平均审查周期由2012年的22.6个月压减至目前的16.5个月。由此可见,我国专利审查能力总体上能够较好满足此项要求,因专利审查迟延而需要给予专利权期限补偿的情形将不会太多。

---

[1] 国家知识产权局条法司.外国专利法选译.北京:知识产权出版社,2015:1610.
[2] 参见《中华人民共和国政府和美利坚合众国政府经济贸易协议》第1.12条,http://www.gov.cn/xinwen/2020-01/16/5469650/files/0637e57d99ea4f968454206af8782dd7.pdf,2021年1月25日访问。

发明专利审查延迟的期限补偿计算方法。发明专利审查延迟的期限补偿计算公式为:"授权公告日-自申请日起满四年-合理延迟的天数申请人引起的不合理延迟天数",或"授权公告日-自实质审查请求之日起满三年-合理延迟的天数-申请人引起的不合理延迟天数"。如果上述两项的计算结果有任一项为小于或等于零,则无法进行专利权期限补偿;如上述两项计算结果均大于零,则按照上述计算得出的实际数值较小的天数(即两个公式计算出的日期取较小值)作为能够给予专利权期限补偿的时间。其中,授权公告日是指专利证书上标明的授权公告日,也就是在 CNIPA 官网上进行专利授权公告的日期;申请日是指对于巴黎公约或首次国家申请,是指在中国的实际申请日(即专利法二十八条所称申请日);对于分案申请,该申请日是指分案申请提交日;对于 PCT 进国家阶段申请,该申请日是指国际申请进入中国国家阶段日。实质审查请求之日是指如果提出实质性审查之日早于公布日,则该实质审查请求之日是指公布日。需要注意的是,此处的公布日是指实际公布日,并非公布通知书的发文日;如果提出实质性审查之日晚于公布日,则该实质审查请求之日是指实际的提出实质性审查的日期。需要说明的是,该日期是指实质性审查请求提交及实质审查请求费缴费都完成之日,如果实质审查请求提交及实质审查请求费缴费非同一天完成,则以在后完成的日子作为提实审日。"合理延迟的天数"中的"合理延迟"包括依照专利法实施细则第六十六条规定①的修改专利申请文件的复审程序。需要注意的是,如果复审程序未修改申请文件,则在计算专利期限补偿时(PTA)时无需减去复审程序经历的时间;依照专利法实施细则第一百零三条规定的中止程序②;依照专利法实施细则第一百零四条规定的保全措施③;其他合理情形如行政诉讼程序等。根据2023 版专利审查指南第五部分第九章第 2 节第 2.2.2 条规定,"申请人引起的不合理延迟天数"中的"申请人引起的不合理延迟"包括未在指定期限内答复专利局发出的通知引起的延迟,延迟的天数为期限届满日起至实际提交答复之日止;申请延迟审查

---

① 《**专利法实施细则**》(2023)第六十六条:请求人在提出复审请求或者在对国务院专利行政部门的复审通知书作出答复时,可以修改专利申请文件;但是,修改应当仅限于消除驳回决定或者复审通知书指出的缺陷。

② 《**专利法实施细则**》(2023)第一百零三条:当事人因专利申请权或者专利权的归属发生纠纷,已请求管理专利工作的部门调解或者向人民法院起诉的,可以请求国务院专利行政部门中止有关程序。

③ 《**专利法实施细则**》(2023)第一百零四条:人民法院在审理民事案件中裁定对专利申请权或者专利权采取保全措施的,国务院专利行政部门应当在收到写明申请号或者专利号的裁定书和协助执行通知书之日中止被保全的专利申请权或者专利权的有关程序。保全期限届满,人民法院没有裁定继续采取保全措施的,国务院专利行政部门自行恢复有关程序。

的,延迟的天数为实际延迟审查的天数;援引加入①引起的延迟,延迟的天数为根据专利法实施细则第四十五条引起的延迟天数②;请求恢复权利引起的延迟,延迟的天数为从原期限届满日起至同意恢复的恢复权利请求审批通知书发文日止,能证明该延迟是由专利局造成的除外;自优先权日起三十个月内办理进入中国国家阶段手续的国际申请,申请人未要求提前处理引起的延迟,延迟的天数为进入中国国家阶段之日起至自优先权日起满三十个月之日止。

此外,同一申请人同日对同样的发明创造既申请实用新型专利又申请发明专利,依照《专利法实施细则》第四十七条第四款的规定③取得发明专利权的,该发明专利权的期限不适用《专利法》第四十二条第二款关于发明专利审查延迟期限补充的规定。

关于新药上市审评审批的专利权期限补偿制度(Patent Term Extension, PTE)(表6-1)。药品作为特殊商品,涉及公众的身体健康和生命安全,其上市需要经过药品监督管理部门严格的审批,而且审批时间往往很长。医药领域是对专利保护最为依赖的领域,新药的研发成本高,周期长、风险大。但是,一种药品,获得专利授权后,在获得上市审批前,很长一段时间内无法实施其专利,客观上缩短了药品专利权的保护期。由此,造成药品在进入上市销售阶段时回报期缩短,难以收回前期研发投入和预期利润,使得新药企业研发动力不足。药品专利权期限补偿,就是对新药(原研药)因为上市审批周期过长导致专利权期限"损失"而给予相应补偿的制度。美国是最早设立这项制度的国家,随后日本、欧盟等发达国家和地区相继引入了该制度。

---

① 援引加入是指申请人提交的 PCT 国际专利申请存在遗漏或错误内容时在国际阶段采取的一种救济手段。当受理局收到国际申请并发现该申请遗漏了某个项目或部分内容时,会发出通知书告知申请人在规定的期限内提交遗漏的项目或部分内容。这个时候申请人可以通过"援引加入"方式在规定期限内将遗漏的项目或者部分内容添加到国际申请中,保留原来的国际申请日,否则受理局会以申请人提交遗漏的项目或部分内容的收到日作为国际申请新的申请日。

② 《专利法实施细则》(2023)第四十五条规定:"发明或者实用新型专利申请缺少或者错误提交权利要求书、说明书或者权利要求书、说明书的部分内容,但申请人在递交日要求了优先权的,可以自递交日起两个月内或者在国务院专利行政部门指定的期限内以援引在先申请文件的方式补交。补交的文件符合有关规定的,以首次提交文件的递交日为申请日。"

③ 《专利法实施细则》(2023)第四十七条第四款规定:"发明专利申请经审查没有发现驳回理由,国务院专利行政部门应当通知申请人在规定期限内声明放弃实用新型专利权。申请人声明放弃的,国务院专利行政部门应当作出授予发明专利权的决定,并在公告授予发明专利权时一并公告申请人放弃实用新型专利权声明。申请人不同意放弃的,国务院专利行政部门应当驳回该发明专利申请;申请人期满未答复的,视为撤回该发明专利申请。"

表 6-1 美国、日本、欧盟药品专利权期限补偿制度的比较

| | 美国 | 日本 | 欧盟 |
|---|---|---|---|
| 适用对象 | 人或动物用药物、医疗器械、食品添加剂、染料,不包括农药和毒品 | 人用、动物用药,农药以及医疗器械 | 人用药物、动物用药物和农药 |
| 适用条件 | ①提出延长期申请前,专利尚未过期;②专利中涉及的药品必须是首次获批上市;③物质、使用方法和制备方法专利均可延长,前提是该专利的专利期限未获得过延长;④必须在FDA批准该药品上市后六十天内提交专利期延长申请;⑤专利药品在上市前经过FDA的审评期且对于该药品的同一个审评期没有其他专利被延长过;⑥对于药品的同一个审评期只能有一个专利被延长 | ①申请人为专利权人或共有权人;②药品的上市审批时间超过两年;③在获得上市批准的三个月内提出专利期延长申请;④在相关专利基本专利期满六个月前提出专利期延长申请 | ①申请人为专利权人或者所有权的继承人;②药品专利尚未过期;③已获得成员国审批部门的上市许可;④前述上市许可为药品的首次上市许可;⑤相关专利在成员国未获得过SPC证书 |
| 延长期限的计算方式 | PTE=临床研究时间的1/2+注册审批时间,即临床试验耗费的时间仅能补偿一半;且自产品获得行政许可之日起计算,产品的剩余专利寿命+补偿期限寿命总共不能超过十四年 | 以相关专利申请日或临床研究开始日中较晚的日期为起始日,计算该起始日与药品获得上市批准之日的时间间隔,自基本专利期满之日起最长可延期五年 | 延长期限是相关专利申请之日与该药品获得首次上市批准之日的时间间隔,再减去五年,且药品通过批准后剩余的基本专利期加上SPC的有效期不得超过十五年 |

2008年我国《专利法》第三次修改过程中,在不视为侵权专利权的情形当中增加Bolar例外规则,为我国仿制药的发展提供了契机,仿制药迅速占领医药市场。我国进行《专利法》第四次修改过程中,有关主管部门提出,近年来,随着我国医药产业的发展,制药企业对创新药品的研发投入和创新能力逐步提高,需要相应的制度设计来保障其从事新药研发的积极性。同时,过去国外有些新药因为我国没有药品专利权期限补偿制度,担心到我国上市后很快会因专利到期而失去保护,从而不到中国上市。[①] 为了解决目前我国药品市场仿制药居多而新药创新不足的现状,提高社会公众获得药品的可及性,建立新药专利权期限补偿制度是十分有必要的。2017年10月,

---

① 陈扬跃,马正平.专利法第四次修改的主要内容与价值取向.知识产权,2020(12):6-19.

中共中央办公厅、国务院办公厅印发《关于深化审评审批制度改革鼓励药品医疗器械创新的意见》，提出要"开展药品专利期限补偿制度试点。选择部分新药开展试点，对因临床试验和审评审批延误上市的时间，给予适当专利期限补偿"。《中美经贸协议》同样对药品上市审评审批迟延的专利权期限补偿提出了规定："对于在中国获批上市的新药产品及其制造和使用方法的专利，应专利权人的请求，中国应对新药产品专利、其获批使用方法或制造方法的专利有效期或专利权有效期提供调整，以补偿由该产品首次在中国商用的上市审批程序给专利权人造成的专利有效期的不合理缩减。任何此种调整都应在同等的限制和例外条件下，授予原专利中适用于获批产品及使用方法的对产品、其使用方法或制造方法的专利主张的全部专有权。中国可限制这种调整至最多不超过五年，且自在中国上市批准日起专利总有效期不超过十四年。"为此，2020年新修正的《专利法》第四十二条第三款规定："为补偿新药上市审评审批占用的时间，对在中国获得上市许可的新药相关发明专利，国务院专利行政部门应专利权人的请求给予专利权期限补偿。补偿期限不超过五年，新药批准上市后总有效专利权期限不超过十四年。"

2023年修改的《专利法实施细则》在《专利法》的基础上对专利权期限补偿作了进一步地完善。《专利法实施细则》第七十七条至第七十九条、第八十四条分别对发明专利权期限补偿的提出时机、计算方式、合理延迟以及由申请人引起的不合理延迟等进行了规定，第八十条则明确了《专利法》第四十二条第三款所称新药相关发明专利是指符合规定的新药产品专利、制备方法专利、医药用途专利。根据《专利法实施细则》和《专利审查指南》的相关规定，药品专利权期限补偿请求应当由专利权人提出。专利权人与药品上市许可持有人不一致的，应当征得药品上市许可持有人书面同意。专利权人请求药品专利权期限补偿的，应当自药品在中国获得上市许可之日起三个月内向专利局提出请求，并且缴纳相应费用。对于获得附条件上市许可的药品，应当自在中国获得正式上市许可之日起三个月内向专利局提出请求，但补偿期限的计算以获得附条件上市许可之日为准。

请求药品专利权期限补偿应当满足以下条件：第一，请求补偿的专利授权公告日应当早于药品上市许可申请获得批准之日；第二，提出补偿请求时，该专利权处于有效状态；第三，该专利尚未获得过药品专利权期限补偿；第四，请求补偿专利的权利要求包括了获得上市许可的新药相关技术方案；第五，一个药品同时存在多项专利的，专利权人只能请求对其中一项专利给予药品专利权期限补偿；第六，一项专利同时涉及多个药品的，只能对一个药品就该专利提出药品专利权期限补偿请求。

## 第二节 专利权的终止

专利权的终止,是指专利权效力的消灭。它可以分为正常终止和非正常终止。正常终止是指专利权的保护期限届满,专利权消灭;非正常终止包含两个方面,一是专利权人未履行法定义务而导致专利权的提前终止,二是专利权人在专利权保护期限届满前以书面声明放弃其专利权。本节主要介绍专利权的非正常终止。《专利法》第四十四条规定:"有下列情形之一的,专利权在期限届满前终止。(一)没有按照规定缴纳年费的;(二)专利权人以书面声明放弃其专利权的。专利权在期限届满前终止的,由国务院专利行政部门登记和公告。"

(1)专利权保护期限届满而终止。发明专利权的期限为二十年,实用新型专利权的期限为十年,外观设计专利权的期限为十五年,均自申请日起计算。专利权的保护期限届满时,专利权终止。例如,一件实用新型专利的申请日是1999年9月6日,该专利的期限为1999年9月6日至2009年9月5日,专利权期满终止日为2009年9月6日(遇节假日不顺延)。专利权期满时应当及时在专利登记簿和专利公报上分别予以登记和公告,并进行失效处理。

(2)专利权人未履行法定义务,包括没有按照规定缴纳年费而导致专利权的提前终止。缴纳年费是《专利法》规定的专利权人为维持其专利权而应承担的义务,《专利法》第四十三条规定:"专利权人应当自被授予专利权的当年开始缴纳年费。"根据权利和义务相一致原则,如果专利权人不履行其法定义务,那么他将不再享有专利相关权利。授予专利权当年的年费应当在办理登记手续的同时缴纳,以后的年费应当在上一年度期满前缴纳。缴费期限届满日是申请日在该年的相应日期。专利年度从申请日起计算,与优先权日、授权日无关,与自然年度也没有必然联系。例如,一件专利申请的申请日是2019年6月1日,该专利申请的第一年度是2019年6月1日至2020年5月31日,第二年度是2020年6月1日至2021年5月31日,以此类推。各年度年费按照收费表中规定的数额缴纳。例如,一件专利申请的申请日是1997年6月3日,如果该专利申请于2001年8月1日被授予专利权(授予专利权公告之日),申请人在办理登记手续时已缴纳了第五年度年费,那么该专利权人最迟应当在2002

年6月3日按照第六年度年费标准缴纳第六年度年费。专利权人未按时缴纳年费（不包括授予专利权当年的年费）或者缴纳的数额不足的，可以在年费期满之日起六个月内补缴，补缴时间超过规定期限但不足一个月时，不缴纳滞纳金。补缴时间超过规定时间一个月的，《专利法实施细则》也规定了应缴滞纳金数额的计算方法。凡在六个月的滞纳期内补缴年费或者滞纳金不足需要再次补缴的，应当依照再次补缴年费或者滞纳金时所在滞纳金时段内的滞纳金标准，补足应当缴纳的全部年费和滞纳金。凡因年费和或滞纳金缴纳逾期或者不足而造成专利权终止的，在恢复程序中，除补缴年费之外，还应当缴纳或者补足全额年费25%的滞纳金。专利年费滞纳期满仍未缴纳或者缴足专利年费或者滞纳金的，自滞纳期满之日起两个月后审查员应当发出专利权终止通知书。专利权人未启动恢复程序或者恢复权利请求未被批准的，专利局应当在终止通知书发出四个月后进行失效处理，并在专利公报上公告。专利权自应当缴纳年费期满之日起终止。

（3）在专利权保护期限届满前以书面声明放弃其专利权而导致专利权终止。通常认为，除了涉及人身权利以外，民事权利通常是可以放弃的。《民法典》第一百三十条规定："民事主体按照自己的意愿依法行使民事权利，不受干涉。"这表明民事主体对权利的行使有自己的自主权，包括有选择放弃的自主权。专利权作为一项民事权利，专利权人有权自由处分其权利，其中就包括在期限届满前主动放弃其专利权。一旦专利权人在专利保护期限届满前以书面声明的方式放弃其专利权的，该专利权终止，由国务院专利行政部门登记和公告。《专利审查指南》第五部分规定："授予专利权后，专利权人随时可以主动要求放弃专利权，专利权人放弃专利权的，应当提交放弃专利权声明，并附具全体专利权人签字或者盖章同意放弃专利权的证明材料，或者仅提交由全体专利权人签字或者盖章的放弃专利权声明。委托专利代理机构的，放弃专利权的手续应当由专利代理机构办理，并附具全体申请人签字或者盖章的同意放弃专利权声明。主动放弃专利权的声明不得附有任何条件。放弃专利权只能放弃一件专利的全部，放弃部分专利权的声明视为未提出。"

放弃专利权声明经审查，不符合规定的，审查员应当发出视为未提出通知书；符合规定的，审查员应当发出手续合格通知书，并将有关事项分别在专利登记簿和专利公报上登记和公告。放弃专利权声明的生效日为手续合格通知书的发文日，放弃的专利权自该日起终止。专利权人无正当理由不得要求撤销放弃专利权的声明。除非在专利权非真正拥有人恶意要求放弃专利权后，专利权真正拥有人（应当提供生效的法律文书来证明）可要求撤销放弃专利权声明。

申请人声明放弃实用新型专利权的,专利局在公告授予发明专利权时对放弃实用新型专利权的声明予以登记和公告。在无效宣告程序中声明放弃实用新型专利权的,专利局及时登记和公告该声明。放弃实用新型专利权声明的生效日为发明专利权的授权公告日,放弃的实用新型专利权自该日起终止。

## 第三节 专利权的无效

### 一、专利权无效的内涵界定与理解

专利权的无效是指自国务院专利行政部门公告授予专利权之日起,任何单位或者个人认为该专利权的授予不符合《专利法》有关规定的,都可以请求国务院专利行政部门宣告该专利权无效。专利权是由国务院专利行政部门依法审查、批准并授予的权利。尽管《专利法》规定了对专利申请依法进行审查和授权的条件,但由于各种主观和客观的原因,并不能绝对保证专利审查员做出的关于专利授权的决定都是准确无误的,特别是对于实用新型和外观设计专利,专利法律制度仅规定了对其进行初步审查而不进行实质审查,所以,得到授权的专利申请当中不可避免地存在不符合法定授权条件的情形,也就是说,存在不应当授权的却最终也得到了专利授权。而且,因为专利授权审查的结论取决于专利审查员对专利申请涉及的技术方案的理解以及现有技术或者对比文件的检索能力,具有较强的主观性,所以,即便是对于在专利授权前已经过实质性审查的发明专利,其专利授权的决定也有可能发生偏差甚至错误,从而对于不应当授权的发明专利也给予了授权。专利的不当授权一方面违背了专利法律制度的立法宗旨,另一方面,因为专利权的排他性,使得不当授权的专利直接构成了对公共利益的损害,甚至使得原本可以自由使用相关技术方案的社会公众面临专利侵权的风险。因此,专利无效宣告制度的目的即在于及时纠正专利授权中可能发生的失误,终止本来不应当获得授权的专利,提高专利授权的质量,保护其他发明创造人尤其是社会公众的利益,同时,有利于充分发挥社会力量对专利授权行为进行监督,以保证专利授权的质量。

(1)请求宣告专利权无效的主体可以是任何单位和个人。无效宣告程序是专利公告授权后依当事人请求而启动的、通常为双方当事人参加的程序。《专利审查指南》规定:"请求人属于下列情形之一的,其无效宣告请求不予受理:第一,请求人不具备民事诉讼主体资格的。第二,以授予专利权的外观设计与他人在申请日以前已经取得的合法权利相冲突为理由请求宣告外观设计专利权无效,但请求人不能证明是在先权利人或者利害关系人的。其中,利害关系人是指有权根据相关法律规定就侵犯在先权利的纠纷向人民法院起诉或者请求相关行政管理部门处理的人。第三,专利权人针对其专利权提出无效宣告请求且请求宣告专利权全部无效、所提交的证据不是公开出版物或者请求人不是共有专利权的所有专利权人的。第四,多个请求人共同提出一件无效宣告请求的,但属于所有专利权人针对其共有的专利权提出的除外。"

(2)无效宣告请求客体。无效宣告请求的客体应当是已经公告授权的专利,包括已经终止或者放弃(自申请日起放弃的除外)的专利。无效宣告请求不是针对已经公告授权的专利的,不予受理。国务院专利行政部门作出宣告专利权全部或者部分无效的审查决定后,当事人未在收到该审查决定之日起三个月内向人民法院起诉或者人民法院生效判决维持该审查决定的,针对已被该决定宣告无效的专利权提出的无效宣告请求不予受理。

(3)对专利权无效宣告进行审查和宣告的机构是国务院专利行政部门。2020年最新修改的《专利法》已删除了有关"专利复审委员会"的用法,将承担复审和无效宣告职能的主体统一称为"国务院专利行政部门",这进一步强化了专利复审的行政行为性质,弱化了其居中裁判的"准司法"行为性质。①

**二、请求宣告专利权无效的理由**

请求宣告专利权无效或者部分无效的,应当向国务院专利行政部门提交专利权无效宣告请求书和必要的证据一式两份。无效宣告请求书应当结合提交的所有证据,具体说明无效宣告请求的理由,并指明每项理由所依据的证据。无效宣告的理由具体包括:被授予的专利权不符合《专利法》第二条关于发明、实用新型、外观设计等专利保护客体的范围;被授予的专利权属于《专利法》第五条规定的情形,即违反法律、社会公德或者妨害公共利益的发明创造,或者违反法律、行政法规的规定获取或者利用遗传资源,并依赖该遗传资源完成的发明创造;被授予的专利权违反了《专利法》第九条规定的禁止重复授权原则和先申请原则;被授予的发明或者实用新型专利权违反了《专利法》第十九条第一款规定的保密审查程序,即任何单位或者个人将在

---

① 李晓鸣.我国专利无效宣告制度的不足及其完善.法律科学(西北政法大学学报),2021,39(01):149-159.

中国完成的发明或者实用新型向外国申请专利时，未事先报经国务院专利行政部门进行保密审查；不符合《专利法》第二十二条第一款和第二十三条规定的授予专利权的条件，即发明和实用新型不具有新颖性、创造性和实用性，外观设计不具有新颖性和区别性或者与他人在申请日以前已经取得的合法权利相冲突。被授予的专利权属于《专利法》第二十五条规定的不授予专利权的情形，不具有可专利性，即发明创造属于科学发现、智力活动的规则和方法、疾病的诊断和治疗方法、动物和植物品种、原子核变换方法以及用原子核变换方法获得的物质、对平面印刷品的图案、色彩或者二者的结合作出的主要起标识作用的设计等情形；发明或者实用新型专利的专利申请文件不符合《专利法》第二十六条第三款和第四款的规定，即说明书没有对发明或者实用新型作出清楚、完整的说明，或者权利要求书没有以说明书为依据，清楚、简要地限定要求专利保护的范围；外观设计的专利申请文件不符合《专利法》第二十七条第二款的规定，即有关图片或者照片应当清楚地显示要求专利保护的产品的外观设计；对专利申请文件的修改不符合《专利法》第三十三条的规定，即对发明和实用新型专利申请文件的修改超出原说明书和权利要求书记载的范围，或者对外观设计专利申请文件的修改超出原图片或者照片表示的范围；权利要求书不符合《专利法实施细则》第二十三条第二款的规定，即独立权利要求没有从整体上反映发明或者实用新型的技术方案，记载解决技术问题的必要技术特征。违反《专利法实施细则》第四十九条第一款的规定，提出的分案申请，可以保留原申请日，享有优先权的，可以保留优先权日，但是不得超出原申请记载的范围。

**案例解读**

涉案专利与在先权利冲突

斯特普尔斯公司针对罗世凯所持有的涉案外观设计专利，以与其在先合法权利相冲突为由向国家知识产权专利复审委员会提出无效宣告请求，专利复审委员会根据斯特普尔斯公司在无效宣告行政程序阶段提交的证据，依法认定斯特普尔斯公司在提出无效请求时拥有在先合法有效的著作权，涉案外观设计专利因与在先著作权相冲突而无效。罗世凯不服该决定，提起诉讼。一审判决罗世凯所持有的涉案外观设计专利权有效后，斯特普尔斯公司提起上诉。二审法院以斯特普尔斯公司关于专利无效宣告程序的请求人主体资格不合格为由维持原判。

针对本案的争议焦点，最高人民法院认为：二审判决以涉案著作权已经转让为由否定斯特普尔斯公司提出无效宣告请求的请求人资格,适用法律错误,应予纠正。裁判要点:第一,专利无效理由可以区分为绝对无效理由和相对无效理由两种类型,有关外观设计专利权与他人在先合法权利冲突的无效理由属于相对无效理由,当《专利法》第四十五条关于请求人主体范围的规定适用于权利冲突的无效理由时,基于相对无效理由的本质属性、立法目的以及法律秩序效果等因素,无效宣告请求人的主体资格应受到限制,原则上只有在先合法权利的权利人及其利害关系人才能主张。第二,为保证诉讼程序的稳定和避免诉讼不确定状态的发生,当事人的主体资格不因有关诉讼标的的法律关系随后发生变化而丧失。专利无效宣告行政程序属于准司法程序,当事人恒定原则对于该程序亦有参照借鉴意义。①

### 三、专利权无效宣告请求的审查程序相关规定

(1)专利权无效宣告的基本程序。第一,任何单位和个人请求宣告专利无效,必须依法向国务院专利行政部门提出请求宣告专利权无效的请求书及有关文件,说明理由。第二,国务院专利行政部门经审查,作出宣告无效或维持该专利权的决定。第三,对国务院专利行政部门宣告专利权无效或者维持专利权的决定不服的,可以自收到通知之日起3个月内向人民法院起诉。人民法院应当通知无效宣告请求程序的对方当事人作为第三人参加诉讼。

(2)无效宣告请求的审查范围与受理。在无效宣告程序中,国务院专利行政部门通常仅针对当事人提出的无效宣告请求的范围、理由和提交的证据进行审查,不承担全面审查专利有效性的义务。国务院专利行政部门在收到无效宣告请求之后,应当首先确定是否受理该请求。国务院专利行政部门对下列情况提出的无效宣告请求不予受理:第一,不符合《专利法》第十八条第一款的规定,即在中国没有经常居所或者营业所的外国人、外国企业或者外国其他组织在中国申请专利和办理其他专利事务的,没有委托依法设立的专利代理机构办理;第二,请求人未具体说明无效宣告理由的,或者提交有证据但未结合提交的所有证据具体说明无效宣告理由的,或者未指明每项理由所依据的证据的;第三,无效宣告理由不属于法律法规规定的可以提起无效宣告理由的;第四,在国务院专利行政部门就无效宣告请求作出决定之后,又以同样的理由和证据请求无效宣告的;第五,以授予专利权的外观设计与他人在申请日以前已经取得的合法权利相冲突为理由请求宣告外观设计专利权无效,但是未提交证明权利冲突的证据的。

---

① 参见最高人民法院裁定书(2017)最高法行申 8622 号。

（3）无效宣告程序中对专利申请文件的修改。《专利法实施细则》第七十三条规定："无效宣告请求的审查过程中，发明或者实用新型专利的专利权人可以修改其权利要求书，但是不得扩大原专利的保护范围。国务院专利行政部门在修改后的权利要求基础上作出维持专利权有效或者宣告专利权部分无效的决定的，应当公告修改后的权利要求。发明或者实用新型专利的专利权人不得修改专利说明书和附图，外观设计专利的专利权人不得修改图片、照片和简要说明。"《专利审查指南》规定："发明或者实用新型专利文件的修改仅限于权利要求书，且应当针对无效宣告理由或者合议组指出的缺陷进行修改，其原则是：第一，不得改变原权利要求的主题名称；第二，与授权的权利要求相比，不得扩大原专利的保护范围；第三，不得超出原说明书和权利要求书记载的范围；第四，一般不得增加未包含在授权的权利要求书中的技术特征，外观设计专利的专利权人不得修改其专利文件。"

（4）无效宣告程序的终止。以下情形，专利权无效宣告程序终止：第一，请求人在国务院专利行政部门对无效宣告请求作出审查决定之前，撤回其无效宣告请求的，无效宣告程序终止，但国务院专利行政部门认为根据已进行的审查工作能够作出宣告专利权无效或者部分无效的决定的除外。第二，请求人未在指定的期限内答复口头审理通知书，并且不参加口头审理，其无效宣告请求被视为撤回的，无效宣告程序终止，但国务院专利行政部门认为根据已进行的审查工作能够作出宣告专利权无效或者部分无效的决定的除外。第三，已受理的无效宣告请求因不符合受理条件而被驳回请求的，无效宣告程序终止。第四，在国务院专利行政部门对无效宣告请求作出审查决定之后，当事人未在收到该审查决定之日起三个月内向人民法院起诉，或者人民法院生效判决维持该审查决定的，无效宣告程序终止。第五，在国务院专利行政部门作出宣告专利权全部无效的审查决定后，当事人未在收到该审查决定之日起三个月内向人民法院起诉，或者人民法院生效判决维持该审查决定的，针对该专利权的所有其他无效宣告程序终止。

**案例解读**

无效宣告程序中的修改

SWEP 国际公司针对阿尔法拉瓦尔公司所拥有的名称为"钎焊不锈钢制品的方法和由此方法获得的不锈钢钎焊制品"的发明专利权所提出无效宣告请求。国家知识产权局经审查认为该专利修改后的权利要求扩大了原专利保护范围，宣告本专利全部无效。阿尔法拉瓦尔公司不服该决定,向原审法院提起诉讼。

原审法院经审理认为:(一)修改后的权利要求1扩大了原专利的保护范围,违反了《专利法实施细则》第六十八条①的规定;(二)本专利权利要求1的技术方案没有以说明书为依据,不符合专利法第二十六条第四款的规定。判决驳回阿尔法拉瓦尔公司的诉讼请求。

二审法院认为:首先,专利无效宣告程序中,修改方式作为手段,应当着眼于实现对权利要求书的修改满足不得超出原说明书和权利要求书记载的范围以及不得扩大原专利的保护范围两大法律标准的立法目的,兼顾行政审查行为的效率与公平保护专利权人的贡献,而不宜对具体修改方式作出过于严格的限制,否则将使得对修改方式的限制纯粹成为对专利权人权利要求撰写不当的惩罚。阿尔法拉瓦尔公司在无效宣告程序中对权利要求的修改方式应被接受,且修改范围未超出原专利的保护范围。其次,当权利要求的修改系将从属权利要求的全部或部分附加技术特征补入其所引用的独立权利要求时,判断修改后的独立权利要求是否扩大了原专利的保护范围,应以作为修改对象的原专利的独立权利要求的保护范围为基准。②

**四、专利权无效宣告的效力与救济**

(1)专利权无效宣告的决定。无效宣告请求审查决定的类型可以分为下列三种:第一,宣告专利权全部无效;第二,宣告专利权部分无效;第三,维持专利权有效。可见,宣告专利权无效包括宣告专利权全部无效和部分无效两种情形。在无效宣告程序中,如果请求人针对一件发明或者实用新型专利的部分权利要求的无效宣告理由成立,针对其余权利要求(包括以合并方式修改后的权利要求)的无效宣告理由不成立,则无效宣告请求审查决定应当宣告上述无效宣告理由成立的部分权利要求无效,并且维持其余的权利要求有效。对于包含有若干个具有独立使用价值的产品的外观设计专利,如果请求人针对其中一部分产品的外观设计专利的无效宣告理由成立,针对其余产品的外观设计专利的无效宣告理由不成立,则无效宣告请求审查决定应当宣告无效宣告理由成立的该部分产品外观设计专利无效,并且维持其余产品的外观设计专利有效。例如,对于包含有同一产品两项以上的相似外观设计的一件外观设计专利,如果请求人针对其中部分项外观设计的无效宣告理由成立,针对其余外观设计的无效宣告理由不成立,则无效宣告请求审查决定应当宣告无效宣告理由成立的

---

① 现行《专利法实施细则》第七十二条。
② 参见最高人民法院判决书(2019)最高法知行终19号。

该部分项外观设计无效,并且维持其余外观设计有效。上述审查决定均属于宣告专利权部分无效的审查决定。

(2)专利权被宣告无效的法律效力。《专利法》四十七条第一款规定:"宣告无效的专利权视为自始即不存在。"一项专利被宣告部分无效后,被宣告无效的部分应视为自始即不存在。但是被维持的部分(包括修改后的权利要求)也同时应视为自始即存在。所谓"视为自始即不存在",即指法律上认定该专利权从授权开始就没有法律约束力,而不是自被宣告无效后才失去法律效力,即对专利权无效的宣告是有溯及力的。无效宣告的决定,对专利权本身具有溯及既往的效力和普遍的普遍约束力。但是,为了维护专利技术交易市场秩序的稳定,在下列法定情形中,专利无效宣告不具有溯及力:第一,在宣告专利权无效前人民法院作出并已执行的专利侵权的判决、调解书;第二,已经履行或者强制执行的专利侵权纠纷处理决定;第三,专利权人签订并已履行的专利实施许可合同和专利权转让合同,不具有追溯力。但是,因专利权人的恶意给他人造成的损失,应由专利权人赔偿;如果专利权人或者专利权转让人不向被许可实施专利权人或者专利权受让人返还专利使用费或者专利权转让费明显违反公平原则时,专利权人或者专利权转让人应当向被许可实施人或专利权受让人全部或者部分返还上述使用费或转让费。此外,宣告专利权无效,即产生一事不再理的效力。如果国务院专利行政部门作出了维持专利权的决定,任何单位和个人均不能基于同一事实和理由,请求宣告专利权无效。当然,如果请求人或他人有了新的理由,其仍可请求宣告专利权无效。

(3)专利权被宣告无效的司法救济。国务院专利行政部门对宣告专利权无效的请求应当及时审查和作出决定,并通知请求人和专利权人。对于涉及侵权案件的无效宣告请求,在无效宣告请求审理开始之前曾通知有关人民法院或者地方知识产权管理部门的,国务院专利行政部门作出决定后,应当将审查决定和无效宣告审查结案通知书送达有关人民法院或者地方知识产权管理部门。宣告专利权无效的决定,由国务院专利行政部门登记和公告。对国务院专利行政部门宣告专利权无效或者维持专利权的决定不服的,可以自收到通知之日起三个月内向人民法院起诉。人民法院应当通知无效宣告请求程序的对方当事人作为第三人参加诉讼。国务院专利行政部门作出宣告专利权无效(包括全部无效和部分无效)的审查决定后,当事人未在收到该审查决定之日起三个月内向人民法院起诉或者人民法院生效判决维持该审查决定的,由专利局予以登记和公告。值得说明的是,在无效宣告程序当中,不管国务院专利行政部门最终作出专利权无效或部分无效的决定还是维持专利权有效的决定,均可能会有主体不服,也就是说,如果作出专利权无效或部分无效的决定,原来的专利权人会不服,而如果作出专利权有效的决定,则无效宣告请求人则有可能不服。而在不服的一方提起的后续行政诉讼中,对方当事人将会收到法院的通知并以第三人的身份参加诉讼。

**案例解读**

专利无效宣告的效力

朗坤公司诉称汇朗公司违反合同约定将涉案专利转让至第三方蔡丽民,由于汇朗公司的违约行为致使受让方蔡丽民在处理无效程序中消极不作为导致涉案专利无效,朗坤公司起诉请求汇朗公司根据协议约定承担违约责任。原审法院认为,鉴于涉案专利已经被宣告无效,对于涉案协议中已经履行完毕的不再追溯,未履行的可不再履行。且涉案协议中的违约条款虽然约定了100万元的违约金,但涉案专利被宣告无效是由于其本身专利性存在问题,而并非汇朗公司的违约行为所致,判决驳回北京朗坤生物科技有限公司的诉讼请求。

二审法院认为:专利权被宣告无效的,之前已经签订的专利权许可或转让合同并不因此而无效,上述合同因专利权无效而不能履行的,当事人可以据此主张变更或解除合同;专利权被宣告无效后合同尚未履行的部分是否一概不再履行,应根据未履行部分涉及的利益是否系因行使专利权所直接获得的利益进行判断。专利权许可费、转让费、侵权损害赔偿等均属于专利权价值的对价,专利权被宣告无效后,权利人无权要求继续履行。如果未履行部分系因当事人违约行为而应承担的违约金,由于违约金通常并非直接对应于专利权的价值,而是对应当事人的违约行为,专利权宣告无效对此并不具有溯及力,专利权人有权要求违约方继续履行未支付的违约金。①

---

① 参见最高人民法院判决书(2019)最高法知民终394号。

# 第七章 专利权的保护

专利权的保护就是依照专利法有关规定,在发生专利侵权的时候,追究侵权人的法律责任,恢复与保护专利权人被破坏或侵害的合法权益。本章将主要介绍专利权保护范围、专利侵权的主要形式、认定专利侵权的主要原则、专利侵权的救济途径和专利侵权的抗辩事由。

## 第一节 专利权保护范围

**一、专利权保护范围的概念阐释与作用**

发明或实用新型专利的专利权保护范围是指当某种产品或方法被认定为属于已经授权的专利产品或专利方法时,它就属于纳入了已经授权的专利权的保护范围。如果他人未经许可对该产品或方法实施受专利权人专有权利控制的行为,包括制造、使用、许诺销售、销售和进口该产品,以及制造、许诺销售、销售和进口由该方法直接获得的产品,就有可能对该专利构成侵权。我国《专利法》第二十六条第四款规定:"权利要求书应当以说明书为依据,清楚、简要地限定要求保护的范围。"《专利法》第六十四条规定:"发明或者实用新型专利权的保护范围以其权利要求的内容为准,说明书及附图可以用于解释权利要求的内容。"《专利审查指南》也规定:"专利权的保护范围以权利要求为准,权利要求应当清楚、简要地限定要求专利保护的范围,在判断权利要求是否清楚时,更加关注权利要求中术语的含义是否会导致保护范围边界不清或不确定。"最高人民法院在其公布的指导案例 55 号的裁判要点进一步强调了权利要求中使用含义不清的术语的影响:"专利权的保护范围应当清楚,如果实用新型专利权的权利要求书的表述存在明显瑕疵,结合涉案专利说明书、附图、本领域的公知常识及相关现有技术等,不能确定权利要求中技术术语的具体含义而导致专利权的保护范围明显不清,则因无法将其与被诉侵权技术方案进行有实质意义的侵权对比,从而不能认定被诉侵权技术方案构成侵权。"

外观设计专利权的保护范围以表示在图片或者照片中的该产品的外观设计为准,简要说明可以用于解释图片或者照片所表示的该产品的外观设计。外观设计专利权的保护范围是由产品类别和产品上采用的外观设计共同确定的。在与外观设计专利产品相同或者相近种类产品上,采用与授权外观设计相同或者近似的外观设计,就落入了外观设计专利权的保护范围。[①] 具体而言,在相同或相近产品上,外观设计专利权的保护范围以表示在图片或者照片中的该产品的外观设计为准,简要说明可以用于解释图片或者照片所表示的该产品的外观设计。他人未经许可对采用了相同或近似外观设计的相同或相近种类产品实施受专利权人控制的行为,包括制造、许诺销售、销售或进口,就可能构成侵权行为。

确定专利权保护范围的作用主要表现为两个方面:一是确定专利权人享有的排他性权利的范围;二是判断被控侵权人的实施行为是否构成对专利权的侵权。此外,通过确定专利权的保护范围,还有利于为社会公众自由利用现有技术或者现有设计提供保障,同时,让社会公众能够确定地知道哪些实施行为是受到专利保护的技术方案或者设计方案,从而在积极推动公有技术的利用与实施的同时,提高社会公众自觉规范其生产经营行为,营造尊重他人知识产权的良好社会氛围。

**二、确定专利权保护范围的依据**

(一)确定发明与实用新型保护范围的依据

(1)权利要求与发明、实用新型专利保护范围的确定。《专利法》第六十四条第一款规定:"发明或者实用新型专利权的保护范围以其权利要求的内容为准。"根据《专利法实施细则》第二十二条的规定,权利要求书应当记载发明或者实用新型的技术特征。一项权利要求中记载的所有技术特征共同限定了要求专利保护的范围。权利要求中记载的每一个技术特征,都会对该权利要求的保护范围产生一定的限定作用。

按照性质划分,权利要求有两种基本类型,即物的权利要求和活动的权利要求,或者简单地称为产品权利要求和方法权利要求。第一种基本类型的权利要求包括人类技术生产的物(产品、设备);第二种基本类型的权利要求包括有时间过程要素的活

---

① 参见最高人民法院《关于审理侵犯专利权纠纷案件应用法律若干问题的解释》第八条。

动(方法、用途)。属于物的权利要求有物品、物质、材料、工具、装置、设备等权利要求;属于活动的权利要求有制造方法、使用方法、通讯方法、处理方法以及将产品用于特定用途的方法等权利要求。在类型上区分权利要求的目的是确定权利要求的保护范围。通常情况下,在确定权利要求的保护范围时,权利要求中的所有特征均应当予以考虑,而每一个特征的实际限定作用应当最终体现在该权利要求所要求保护的主题上。例如,当产品权利要求中的一个或多个技术特征无法用结构特征并且也不能用参数特征予以清楚地表征时,允许借助于方法特征表征。但是,方法特征表征的产品权利要求的保护主题仍然是产品,其实际的限定作用取决于对所要求保护的产品本身带来何种影响。

**延伸阅读**

产品权利要求和方法权利要求在形式上有着明显的差异。以一发明名称为"一种充气牛奶及其制备方法"的发明专利为例,其权利要求1为"1.一种充气牛奶的制备方法,其包括用碱性溶液对牛奶进行碱化将PH酸碱度调节至8-11的步骤,还包括对经过碱化、杀菌的牛奶进行碳酸化的步骤,碳酸化后的牛奶的PH酸碱度为5.2-5.8",权利要求2到权利要求8都是引用权利要求1并作出进一步限定的从属权利要求。而权利要求9则为"9.一种充气牛奶,其是由权利要求1-8任一项所述的方法制备得到的"。可以看出,该发明专利权利要求1的主题名称表述为"一种充气牛奶的制备方法",是典型的方法权利要求。而权利要求9的主题名称则是"一种充气牛奶",属于产品权利要求。

对于主题名称中含有用途限定的产品权利要求,其中的用途限定在确定该产品权利要求的保护范围时应当予以考虑,但其实际的限定作用取决于对所要求保护的产品本身带来何种影响。例如,主题名称为"用于钢水浇铸的模具"的权利要求,其中"用于钢水浇铸"的用途对主题"模具"具有限定作用;对于"一种用于冰块成型的塑料模盒",因其熔点远低于"用于钢水浇铸的模具"的熔点,不可能用于钢水浇铸,故不在上述权利要求的保护范围内。然而,如果"用于……"的限定对所要求保护的产品或设备本身没有带来影响,只是对产品或设备的用途或使用方式的描述,则其对产品或设备例如是否具有新颖性、创造性的判断不起作用。例如,"用于……的化合物X",如果其中"用于……"对化合物X本身没有带来任何影响,则在判断该化合物X是否具有新颖性、创造性时,其中的用途限定不起作用。

在授予专利权之后,他人实施的技术方案如果再现了一项权利要求中记载的全部技术特征,就属于该权利要求的文字所确定的保护范围。如果他人实施的技术方案除了包含权利要求中记载的全部技术特征之外,还包括一个或者多个权利要求中不曾记载的其他技术特征,那么仍然会构成专利侵权;反之,如果他人实施的技术方案没有包括一项权利要求中记载的技术特征,就不会被认为属于该项权利要求的专利保护范围,这就是"全面覆盖原则"[①]。例如,发明或实用新型权利要求记载的技术特征为 A+B+C,而被控侵权产品的技术特征为 A+B+C+D,则被控侵权人未经专利权人的许可而实施被控侵权产品的行为则可能构成对专利权的侵权。如果被控侵权产品的技术特征为 A+B 或 A+C,则不会构成对专利权的侵权。此外,如果他人在一项专利技术的基础上作进一步的改进,就会形成另一项发明创造。如果经过改进的发明创造具备新颖性、创造性和实用性,就可以申请获得另一项专利权。因为经过改进的发明创造与原专利权所要求保护的技术方案相比已经有了很大不同。但是如果经过改进的发明创造仍然包含了原权利要求中记载的全部技术特征,就落入了该专利权的保护范围。

(2)权利要求的解释方法。权利要求书中的技术特征大多数是通过语言文字加以表述的,不同的解释方法就会导致不同的专利保护范围。在各国专利法中曾经出现以下三种解释权利要求书的方法:

第一种是"周边限定原则",即专利权的保护范围完全由权利要求的文字内容来确定。当侵权行为严格地从文字意义上再现了权利要求中所记载的每一个技术特征时,就属于该权利要求的保护范围,换句话说,就是根据权利要求书的文字对专利权保护的范围进行解释,权利要求书所记载的技术发明的范围就是专利权保护的最大范围。以此原则确定的专利权保护范围最小,采用该原则的代表性国家就是美国。

第二种是"中心限定原则",该方法不仅仅将权利要求书通过字面含义划定的保护范围作为专利保护范围的"中心区域",同时根据发明的目的、性质和说明书的说明,将"中心区域"之外的一定范围也纳入专利保护范围。也就是说,该原则以权利要求书所记载的发明为中心,全面考虑技术发明的目的、性质和说明书及附图,将中心周围一定范围内的技术也纳入专利权的保护范围。以此原则确定的专利权保护范围最大,而采用该原则的代表性国家是德国。

上述两种原则确定专利权保护范围的模式具有较明显的优劣互补性:"周边限定法"有利于确保专利权保护范围的法律确定性,但是却不利于为专利权人提供灵活有

---

① 参见最高人民法院《关于审理侵犯专利权纠纷案件应用法律若干问题的解释》第七条。

效的法律保护;而"中心限定法"能够确保给专利权人提供灵活有效的法律保护,但是却不利于公众确切地预判专利权的保护范围。第三种方法是以上两种原则的折中,所以又称为折中原则,它以权利要求书的内容为准,结合说明书和附图划定专利权的保护范围。与此同时,当本领域的普通技术人员在阅读了权利要求书并参考说明书及附图之后,仍然不能确定的技术,就不属于专利权的保护范围。依据该原则,专利权的保护范围由权利要求书所决定,说明书和附图可用以解释权利要求书中模糊不清之处。该原则确定的专利权保护范围比较适中,所以包括欧洲和我国在内的世界上大多数国家和地区均采用该原则对专利权利要求进行解释。折中原则起源于欧洲,1973年10月5日,欧洲14个国家在慕尼黑外交会议上签署了《欧洲专利公约》。该公约第69条第(1)款规定"欧洲专利的保护范围由权利要求决定,说明书和附图可以用于解释权利要求的内容"①。该项规定后来成为各国专利制度的立法范本。

我国《专利法》第六十四条第一款规定:"发明或者实用新型专利权的保护范围以其权利要求的内容为准,说明书及附图可以用于解释权利要求的内容。"我国最高人民法院2009年颁布的《关于审理侵犯专利权纠纷案件应用法律若干问题的解释》也规定:"人民法院应当根据权利要求的记载,结合本领域普通技术人员阅读说明书及附图后对权利要求的理解,确定权利要求的内容。"②在具体解释权利要求的含义时,法院还可以应用"内部证据"和"外部证据"。"内部证据"是指专利文献本身,包括说明书及附图以及专利审查档案;"外部证据"是指专利文献之外的资料,包括通用辞典、专业辞典和技术文献等。人民法院对于权利要求,可以运用说明书及附图、权利要求书中的相关权利要求、专利审查档案进行解释。说明书对权利要求用语有特别界定的,从其特别界定。通过上述方法仍不能明确权利要求含义的,可以结合工具书、教科书等公知文献以及本领域普通技术人员的通常理解进行解释。最高人民法院2020年修正的《关于审理侵犯专利权纠纷案件应用法律若干问题的解释(二)》规定:"权利要求书、说明书及附图中的语法、文字、标点、图形、符号等存有歧义,本领域普通技术人员通过阅读权利要求书、说明书及附图可以得出唯一理解的,人民法院应当根据该唯一理解予以认定。"应当注意的是,在有内部证据和外部证据时,应当优先适用内部证据。在根据上述方法对权利要求进行解释时,并非只要法院能够从中解释出某一种含义,就算确定了保护范围。相反,解释的标准必须能够使权利要求的含

---

① The extent of the protection conferred by a European patent or a European patent application shall be determnined by the terms of the claims. Nevertheless, the description and drawings shall be used to interpret the claims.

② 参见最高人民法院《关于审理侵犯专利权纠纷案件应用法律若干问题的解释》第二条。

义清楚、明确,使专利权的保护范围对本领域的技术人员而言具有确定性。如果解释的标准过于宽松,就会导致专利申请人在撰写申请文件时,有意将相关术语写得较为宽泛和模糊,意图在侥幸通过专利审查之后获得更大的保护范围,这反而不利于对专利权进行有效的保护。

**案例解读**

实用新型专利权保护范围的认定

原告柏万清系名称为"防电磁污染服"实用新型专利的专利权人。2010年7月19日,柏万清以成都难寻物品营销服务中心销售、上海添香实业有限公司生产的添香牌防辐射服上装侵犯涉案专利权为由提起民事诉讼,请求判令成都难寻物品营销服务中心立即停止销售被控侵权产品,上海添香实业有限公司停止生产、销售被控侵权产品,并赔偿经济损失100万元。一、二审法院认为涉案专利权利要求书的撰写存在明显瑕疵,无法准确确定专利权的保护范围,不能认定被诉侵权技术方案构成侵权,经审理驳回其诉讼请求。柏万清不服,向最高人民法院申请再审。

最高人民法院认为,根据《专利法》第二十六条第四款之规定,涉案专利权利要求1的技术特征的具体范围难以确定,柏万清主张的涉案专利权的保护范围过于宽泛,缺乏事实和法律依据。专利权的保护范围应当清楚,如果实用新型专利权的权利要求书的表述存在明显瑕疵,结合涉案专利说明书、附图、本领域的公知常识及相关现有技术等,不能确定权利要求中技术术语的具体含义而导致专利权的保护范围明显不清,则因无法将其与被诉侵权技术方案进行有实质意义的侵权对比,从而不能认定被诉侵权技术方案构成侵权。①

(二) 确定外观设计专利权保护范围的依据

我国《专利法》第六十四条第二款规定:"外观设计专利权的保护范围以表示在图片或者照片中的该产品的外观设计为准,简要说明可以用于解释图片或者照片所表示的该产品的外观设计。"《专利法实施细则》规定:"申请人请求保护色彩的,应当提交彩色图片或者照片。申请人应当就每件外观设计产品所需要保护的内容提交有关图片或者照片。申请局部外观设计专利的,应当提交整体产品的视图,并用虚线与实线相结合或者其他方式表明所需要保护部分的内容。"可见,图片或照片对于外观

---

① 参见《最高人民法院公报》2016年第5期。

设计专利权人是非常重要的法律文件,其不仅是外观设计专利申请人必须提交的专利申请文件,而且还决定了外观设计是否得到授权,决定了外观设计的专利保护范围,同时也是外观设计专利侵权判断的重要依据。

确定外观设计的保护范围需要注意以下两个方面:第一,限于相同或者相近种类的产品。对于外观设计而言,专利的保护范围限于相同或相近种类的产品,这是因为外观设计专利权针对的是特定工业产品,根据专利申请的"单一性原则",对同一种类产品做的两种完全不同的设计或者两种完全不同种类的产品作出了相同的外观设计,均必须提交两件外观设计专利申请。相应地,外观设计专利权人也只能禁止他人在与外观设计专利产品相同或者相近种类的产品上,采用与授权外观设计相同或者近似的外观设计。例如,腾讯公司设计了企鹅形状的加湿器,并就该加湿器获得了外观设计专利权,而他人未经许可制造、销售企鹅形状的垃圾桶,即使这两种产品的形状相同,他人也不构成对腾讯公司外观设计专利权的侵权。第二,采用相同或者近似的外观设计,只有在与外观设计专利产品相同或者相近种类产品上采用与授权外观设计相同或者近似的外观设计,才会落入外观设计专利权的保护范围。"相同"是指被诉侵权设计与授权外观设计在整体视觉效果上无差异;"近似"是指在整体视觉效果上无实质性差异。

值得说明的是,在确定外观设计保护范围的时候,设计的整体视觉效果起着决定性作用。产品外观是作为一个整体吸引消费者眼球的,产品在外观设计方面的微细差异通常不会引起消费者的注意。完全可能存在产品在局部设计上相似,但整体视觉效果差异很大,或者产品的局部设计有一定差异,但整体视觉效果相近的情况。前者不构成"近似",后者则构成"近似"。此外,需要强调的是,功能性设计和无法进行外部观察的特征不应被纳入外观设计保护的范围。如果一种外观设计区别于现有设计的形状是由产品的功能限定的,则不能认为该外观设计与现有设计相比具有明显区别、符合授权条件。这是因为外观设计不同于发明和实用新型,发明或实用新型保护的客体是技术方案,而外观设计保护的客体是具有美感的工业品外观设计。由于外观设计专利针对的是"产品外观",那些不能通过观察产品的外部而发现的特征,如产品材料、内部结构等,就不应被纳入外观设计保护的范围。

**案例解读**

外观设计专利权保护范围的认定

高仪公司为名称为"手持淋浴喷头"外观设计专利的权利人,该外观设计专利现合法有效。2012年11月,高仪公司以健龙公司生产、销售和许诺销售的丽雅系列等卫浴产品侵害其涉案外观设计专利权为由提起诉讼,请求法院判令健龙公司立即停止被诉侵权行为,销毁库存的侵权产品及专用于生产侵权产品的模具,并赔偿高仪公司经济损失20万元。

经审理,一审法院驳回高仪公司诉讼请求。高仪公司上诉后,二审法院撤销原判决。健龙公司不服,提起再审申请,最高人民法院作出民事判决:①撤销二审判决;②维持一审判决。

法院生效裁判认为,本案的争议焦点在于被诉侵权产品外观设计是否落入涉案外观设计专利权的保护范围。①授权外观设计的设计特征体现了其不同于现有设计的创新内容,也体现了设计人对现有设计的创造性贡献。如果被诉侵权设计未包含授权外观设计区别于现有设计的全部设计特征,一般可以推定被诉侵权设计与授权外观设计不近似。②对设计特征的认定,应当由专利权人对其所主张的设计特征进行举证。人民法院在听取各方当事人质证意见基础上,对证据进行充分审查,依法确定授权外观设计的设计特征。③对功能性设计特征的认定,取决于外观设计产品的一般消费者看来该设计是否仅仅由特定功能所决定,而不需要考虑该设计是否具有美感。功能性设计特征对于外观设计的整体视觉效果不具有显著影响。功能性与装饰性兼具的设计特征对整体视觉效果的影响需要考虑其装饰性的强弱,装饰性越强,对整体视觉效果的影响越大,反之则越小。①

## 第二节 专利侵权判定的基本原则

**一、发明和实用新型专利侵权判定的基本原则**

(1)全面覆盖原则。全面覆盖原则是专利侵权判定中的一个最基本原则,所谓全面覆盖原则,又称为全部技术特征覆盖原则,是指被控侵权产品包含了专利权利要求中记载的全部技术特征,或者说,侵权技术方案的技术特征与专利必要技术特征完全相同。而所谓完全相同,是指侵权技术方案的技术特征与专利的技术特征相比,专利

---

① 参见最高人民法院判决书(2015)民提字第23号。

权利要求书要求保护的全部必要技术特征均被侵权技术方案的技术特征所覆盖,在侵权物中可以找到每一个专利的必要技术特征。因此,依据该原则,如果被控技术方案专利侵权成立,那么该技术方案应该具备发明或实用新型专利权利要求中所包含的每一项技术特征,缺一不可。在判定专利侵权的时候,最先适用的是全面覆盖原则。

如果专利权利要求书记载的每一项技术特征都在被控侵权的产品或方法中有对应的技术特征,而且这些对应的技术特征从字面上看就落入了权利要求书记载的相应技术特征的范围,则未经许可实施被控侵权产品或使用被控侵权方法的行为就构成相同侵权。"相同侵权"判断的主要方式是权利要求书记载的全部技术特征,它并不是指被控侵权的产品或方法与专利权人在说明书中举出的实施例或专利权人实际实施的技术方案相同,也不是指其技术特征与权利要求书记载的技术特征在数量上相同,而是指权利要求书记载的全部技术特征都一一对应地出现在了被控侵权的产品或方法之中。至于被控侵权的产品或方法是否还包含权利要求书未记载的其他技术特征,则在所不问。被控专利侵权的技术方案被视为全面覆盖了专利权利要求的情形通常包括:第一,字面侵权,即从字面上的分析比较就可以判定被控技术方案的技术特征与专利权的必要技术特征相同。例如,一项授权专利的权利要求为:H型强场磁化杯体,其特征在于,杯体的两侧各镶嵌一块永久磁铁。如果被控侵权的杯体两侧各镶嵌了一块永久磁铁,那么可以看到,被控物的结构与权利要求所描述的结构一样。第二,专利权利要求中涉及的技术方案使用的是上位概念,而被控侵权技术方案公开的结构属于上位概念中的具体概念或者下位概念。例如,一项授权专利的权利要求为:一种新型机器人行走机构,其特征在于,电机接传动机构,传动机构的输出轴上装有驱动轮。被控物的结构为,电机经齿轮传动,输出轴上装有驱动轮。被控侵权的技术方案采用齿轮传动,而齿轮传动的结构属于传动机构的具体概念,因此,被控技术方案构成了对专利的侵权。第三,被控侵权技术方案的技术特征多于专利的必要技术特征,也就是说被控侵权技术方案的技术特征与专利的权利要求相比,不仅包含了专利权利要求的全部特征,而且还增加了特征。此种情形仍属侵权,因为适用全面覆盖原则就是只要被控侵权技术方案包含了专利权利要求的全部技术特征就构成专利侵权,而不问被控侵权的技术方案的技术特征是否比专利权利要求的技术特征多。例如,一项授权专利的权利要求为:一种电褥子,其特征在于,具有绝缘性能好的电阻丝。被控侵权技术方案的技术特征不仅具有绝缘性能好的电阻丝,而且还具备一个电阻丝短路保护装置。此时,尽管被控侵权技术方案的技术特征多于专利权利要求的技术特征,而且事实上可能确实具有一定的创造性,但是,由于被控侵权的技术方案覆盖了权利要求的全部特征,所以该技术方案仍落入专利权的保护范围。此时,不考虑被控侵权物的技术效果与专利技术是否相同。被控侵权物对在先专利技术而言是改进的技术方案,并且获得了授权,则属于从属专利或依存专利。未经在先专利权人许可,实施从属专利也覆盖了在先专利权的保护范围。这是因为专利保护的是智力成果,之后的发明创造如果是在专利产品的基础上进行了改进,尽管其性能可能要优于专利产品,但是由于使用了他人的专利,利用了他人的智力成果,就必须获得他人的许可,否则就构成对专利的侵权。

(2)等同侵权原则。等同原则是指将被控侵权的技术方案与权利要求记载的全部技术特征进行对比,虽然不完全具备专利权利要求所记载的全部技术特征,但是被控技术方案不具备的专利权利要求技术特征在被控技术方案上能够找到该权利要求技术特征的等同替换物。例如,等同替换、部件移位、分解或合并等,在此种情形下,被控技术方案将被判定侵权。也就是说,在等同侵权原则下,如果一种技术方案的技术特征与权利要求中记载的技术特征相比,在本领域的普通技术人员看来,能够以实质上相同的方式,实现实质上相同的功能,并产生实质上相同的效果,则该技术特征就是权利要求书中技术特征的"等同特征"。

美国联邦最高法院在1853年的Winans案中首次提出该原则。与相同侵权不同,在等同侵权原则当中,被控侵权的技术方案与专利权利要求所保护的技术方案相比,在一个或多个技术特征方面有所不同,但如果对应的技术特征以基本相同的手段,实现基本相同的功能,达到基本相同的效果,本领域普通技术人员无须创造性劳动即能联想到的特征,则被控侵权技术方案仍落入专利权保护范围。世上完全相同的事物总是很少的,而相似的事物却很多。在司法实践当中,由于专利侵权手段的复杂性和隐秘性越来越高,通过全面覆盖原则认定被控侵权的案例越来越少。正如同在专利审查过程中采用创造性来驳回专利申请的概率远大于采用新颖性来驳回专利申请的概率一样,在专利侵权判断中,能够认定构成等同侵权的情形也明显多于构成相同侵权的情况。因此,当适用全面覆盖原则判定被控侵权技术方案不构成侵犯专利权的情况下,应当继续适用等同侵权原则进行侵权判定。事实上,在专利侵权判定中,更多的司法案例适用的是等同侵权原则。

我国《专利法》第六十四条规定的"发明或者实用新型专利权的保护范围以其权利要求的内容为准,说明书及附图可以用于解释权利要求的内容"是指专利权的保护范围应当以权利要求记载的全部技术特征所确定的范围为准,也包括与该技术特征相等同的特征所确定的范围。而"等同特征"是指与所记载的技术特征以基本相同的手段,实现基本相同的功能,达到基本相同的效果,并且本领域普通技术人员在被诉侵权行为发生时无须经过创造性劳动就能够联想到的特征。《关于审理侵犯专利权纠纷案件应用法律若干问题的解释》第七条第二款规定:"人民法院判定被诉侵权技术方案是否落入专利权的保护范围,应当审查权利人主张的权利要求所记载的全部技术特征。被诉侵权技术方案包含与权利要求记载的全部技术特征相同或者等同的技术特征的,人民法院应当认定其落入专利权的保护范围;被诉侵权技术方案的技术特征与权利要求记载的全部技术特征相比,缺少权利要求记载的一个以上的技术特征,或者有一个以上技术特征不相同也不等同的,人民法院应当认定其没有落入专利权的保护范围。"《关于审理侵犯专利权纠纷案件应用法律若干问题的解释(二)》第八条第二款也规定:"与说明书及附图记载的功能或者效果不可缺少的技术特征相比,被诉侵权技术方案的相应技术特征是以基本相同的手段,实现相同的功能,达到相同的效果,且本领域普通技术人员在被诉侵权行为发生时无须经过创造性劳动就能够联想到的,人民法院应当认定该相应技术特征与功能性特征相同或者等同。"可见,我国专利侵权判定司法实践当中,专利权的保护范围不仅包括权利要求记载的全部技术特征所确定的范围,还包括与该技术特征相等同的特征所确定的范围。也就是说,若被控侵权技术方案包含与权利要求记载的全部技术特征相同或等同的技术特征,则其落入专利权保护范围。

值得注意的是,"等同原则"在专利侵权判定中的应用是基于专利权人自身不能或不易察觉的原因,从而导致在技术创新活动中无法阻止他人实施其发明创造的行为时,从实现公平原则的角度出发,为专利权人提供补偿的一种辅助性手段。作为对"全面覆盖原则"的一种例外与突破,"等同原则"虽然有助于防止对技术特征文字描述缺陷的恶意利用,加强对专利权人合法权益的保护,但与此同时,"等同原则"的适用在一定程度上也增加了专利权保护范围的不确定性,从而使得社会公众无法完全根据权利要求确定专利的保护范围。另外,专利侵权判定本身具有较强主观性,所以在专利侵权司法实践中,"等同原则"不是优先适用的判定原则,而是在适用"全面覆盖原则"时,运用相同侵权难以判定被控侵权技术方案是否侵犯他人专利权的补充手段。或者说,为了避免"等同原则"的滥用,在将专利技术与被控侵权的技术方案进行对比时,应当坚持"全面覆盖原则",即被控侵权的技术方案必须完全包含与权利要求书中记载的所有技术特征相同或等同的技术特征。如果被控侵权的技术方案与专利保护的技术方案在整体上是相似的,但专利权利要求书中记载的一项技术特征没有以相同或等同的形式在被控侵权的技术方案中出现,则不能认定等同侵权。例如,专利保护的技术方案是一种根据颜色和重量分拣水果的机器,权利要求书中记载的一项技术特征是其有"一种位置指示装置",用于追踪水果经过分拣机时所在的位置。被控侵权技术方案是一种能实现相同效果的分拣设备,但它并没有任何追踪水果位置的装置。由于权利要求书中记载的一项技术特征没有以任何形式在被控侵权技术方案中出现,即使被控侵权产品与专利产品在整体上相似,也不能认定等同侵权。

**案例解读**

等同侵权的认定

(2019)最高法知民终366号上诉人厦门实正电子科技有限公司与被上诉人乐金电子(天津)电器有限公司、原审被告烟台万昌电器有限公司、浙江天猫网络有限公司侵害实用新型专利权纠纷案当中,法院给出的裁判要旨认为,发明或者实用新型专利权的保护范围以其权利要求的内容为准,说明书及附图可以用于解释权利要求的内容。在进行权利要求解释时,应以权利要求的文义为基础,结合说明书及附图对权利要求中的技术术语进行合理的解释。其中,当用说明书及附图解释权利要求时,说明书中描述的发明目的对权利要求的解释有重要作用。等同原则系针对专利权人在撰写权利要求时不能预见到侵权者以后可能采取的所有侵权方式这一情况,对权利要求的文字所表达的保护范围作出适度扩展,将仅仅针对专利技术方案作出非实质性变动的情况认定为构成侵权,以保护专利权人的合法权益。如果权利要求记载的技术特征与被诉侵权产品对应的技术特征系以基本相同的手段,实现基本相同的功能,达到基本相同的效果,并且本领域普通技术人员在被诉侵权行为发生时无须经过创造性劳动就能够联想到,则构成等同特征。[①]

(3)禁止反悔原则。禁止反悔原则是指专利法上的审批过程禁反言,具体是指专利权人如果在专利审批过程中,包括专利申请的审查过程或者专利授权后的无效、异议、再审等程序当中,专利申请人为了满足法定授权的条件要求而对专利权利要求的保护范围进行了限缩或者进行了限制性的修改或解释,则专利权人在专利授权之后的主张专利权或者专利诉讼当中,不得将其通过该限缩而放弃的内容或技术方案再纳入到专利权的保护范围。换而言之,在专利申请的审批过程中,申请人针对其专利

---

① 参见最高人民法院判决书(2019)最高法知民终366号。

申请作出的修改和针对审查通知作出的意见陈述有可能会对其专利保护范围产生一定的限制性作用,依此禁止专利权人将其在审批过程中通过修改或者意见陈述所表述的不属于其专利权保护范围之内的内容重新纳入其专利保护范围之中。

能够导致禁止反悔原则适用的主要情形有以下两种:第一,权利要求书的修改。适用禁止反悔原则最常见的情形是专利申请人或专利权人在专利授权或确权程序中对权利要求进行的修改。几乎每一件发明专利申请的实质性审查过程,审查员都会要求申请人对其权利要求书进行修改。对于因修改而导致权利要求保护范围缩小的情形,无论修改是为了克服新颖性或创造性的缺陷,还是为了克服权利要求得不到说明书支持,权利要求不清楚等缺陷;无论修改是专利申请人自行提交的主动修改,还是为了克服专利审查员指出的缺陷而作出的被动修改,只要对权利要求的范围作出限缩,并且被审查员所采纳,均可导致禁止反悔原则的适用。第二,意见陈述。在专利授权程序过程中,针对审查员提出的反对意见,专利申请人经常通过陈述意见进行答辩。专利申请人提交答辩意见时,通常需要对专利申请文件进行修改。在专利确权程序当中,为了维持专利权有效,针对无效宣告请求人的无效理由,专利权人往往也需要对权利要求书中的技术术语、技术特征或技术方案进行解释。如果在上述专利授权或者确权程序中关于权利要求的解释对其保护范围产生了限缩性影响,则可能导致禁止反悔原则的适用。例如,申请人提交的原始独立权利要求包含 A、B、C、D 四个技术特征,审查员引用一篇公开了 A、B、C′、D′ 四个技术特征的对比文件,指出该独立权利要求不具备创造性。对此,申请人提交意见陈述书进行争辩,指出 C 和 C′、D 和 D′ 之间是实质性的区别,该区别使两个技术方案从构成到效果都明显不同。在专利权人的答辩意见具有说服力的情况下,专利审查员可能会同意授予专利权。此时,当申请案卷中有了上述审查意见或意见陈述记录之后,通过专利权的答辩意见将包括 A、B、C′、D′ 四个技术特征的现有技术"拒之于千里之外",随后在专利侵权诉讼当中,就不能出尔反尔,又将这些技术方案纳入自己的专利保护范围之中。

最高人民法院在 2020 年发布的《关于审理侵犯专利权纠纷案件应用法律若干问题的解释(二)》第六条规定:"人民法院可以运用与涉案专利存在分案申请关系的其他专利及其专利审查档案、生效的专利授权确权裁判文书解释涉案专利的权利要求。专利审查档案,包括专利审查、复审、无效程序中专利申请人或者专利权人提交的书面材料,国务院专利行政部门及其专利复审委员会制作的审查意见通知书、会晤记录、口头审理记录、生效的专利复审请求审查决定书和专利权无效宣告请求审查决定书等。"最高人民法院在 2009 年发布的《关于审理侵犯专利权纠纷案件应用法律若干问题的解释》第六条规定："专利申请人、专利权人在专利授权或者无效宣告程序中，通过对权利要求、说明书的修改或者意见陈述而放弃的技术方案，权利人在侵犯专利权纠纷案件中又将其纳入专利权保护范围的，人民法院不予支持。"可见，在专利审批或无效程序中，专利权人为确保其专利申请能够满足新颖性和创造性的授权条件，通过书面声明或者修改专利文件的方式，对专利权利要求的保护范围进行了限制或者承诺部分地放弃专利保护，并因此获得了专利权，而在专利侵权诉讼中，法院在适用等同原则确定专利权的保护范围时，将禁止专利权人将已被限制、排除或者已经放弃的内容重新纳入专利权保护范围。因此，禁止反悔原则是为了防止专利权人采用出尔反尔的策略，也就是避免专利权人在专利审批过程中为了获得专利权而对其保护范围进行了某种限制，或者强调权利要求中某个技术特征对于确定其新颖性、创造性如何重要，但是，在侵权诉讼过程中又试图取消所做的限制，或者强调该技术特征可有可无，以扩大其专利的保护范围，从而"两头获利"。

**案例解读**

发明专利侵权判定

2013年7月25日，礼来公司向一审法院诉称，礼来公司拥有涉案91103346.7号方法发明专利权，涉案专利方法制备的药物奥氮平为新产品。华生公司使用落入涉案专利权保护范围的制备方法生产药物奥氮平并面向市场销售，侵害了礼来公司的涉案方法发明专利权。华生公司认为其补充报批的奥氮平备案生产工艺已经获得国家药监局批准，具有可行性。同时，在礼来公司未提供任何证据证明华生公司的生产工艺的情况下，应以该备案工艺作为认定侵权与否的比对工艺，主张其未侵害涉案专利权。一审法院以华生公司备案资料中记载的生产原料药奥氮平的关键反应步骤缺乏真实性为由判定华生公司侵权。

最高人民法院认为，本案的侵权判定关键在于两个技术方案反应路线的比对，华生公司的奥氮平制备工艺与涉案专利方法是不同的，相应的技术特征也不属于基本相同的技术手段，达到的技术效果存在较大差异，未构成等同特征。因此，华生公司奥氮平制备工艺未纳入涉案专利权保护范围，礼来公司的侵权指控不成立。此外，华生公司以其补充备案工艺的反应路线生产奥氮平，现有在案证据能够形成完整证据链。药品制备方法专利侵权纠纷中，在无其他相反证据情形下，应当推定被诉侵权药品在药监部门的备案工艺为其实际制备工艺；有证据证明被诉侵权药品备案工艺不真实的,应当充分审查被诉侵权药品的技术来源、生产规程、批生产记录、备案文件等证据,依法确定被诉侵权药品的实际制备工艺。①

**二、外观设计专利侵权判定的基本原则**

进行外观设计专利侵权判定时,并不适用发明或者实用新型侵权判定中采用的等同原则和禁止反悔原则。这是由外观设计与发明专利和实用新型保护的客体内容不同决定的。发明专利、实用新型专利的保护对象为技术方案,外观设计专利的保护对象是产品的外观。对于发明专利和实用新型专利,每一项权利要求均构成相对独立的技术方案,而技术方案又是由技术特征构成的。在实际实施过程中,具备这些技术特征时,就可以实现发明或实用新型专利预定的技术效果,因此,未经专利权人许可而实施了受专利保护的技术方案,将被认定为构成对专利权的侵权。因此,在进行侵权判定时,涉嫌侵权的技术方案是否包括权利要求限定的全部技术特征,是判断侵权是否成立的基本原则。外观设计专利保护的产品外观是独立的一件产品的外观,该外观通常由形状、图案或色彩等多个要素构成,而这些要素通常具有综合性,很多时候无法将相应的要素单独分开,所以,与发明或实用新型相比,外观设计专利的保护对象不同,所以在进行侵权判定的时候,采用的方法和原则也就不同。在对外观设计进行专利侵权判断过程中,主要采用"整体观察、综合判断"原则,该原则是指判断被控侵权产品的外观设计与获得专利的外观设计是否相同或相近似,不能仅从外观设计的局部出发,或者把外观设计的各部分割裂开来,而应当从其整体出发,对其所有要素进行整体观察,在整体观察的基础上,对两种产品的外观设计的主要构成和创新点进行综合判断。这一原则在司法实践中通常表现为以下三个步骤:

第一步,确定外观设计专利权的保护范围。根据我国《专利法》第六十四条第二款之规定:"外观设计专利权的保护范围以表示在图片或者照片中的该产品的外观设计为准,简要说明可以用于解释图片或者照片所表示的该产品的外观设计。"因此,外观设计专利的保护范围,以表示在外观设计专利权人在申请外观设计专利时向专利局提交的图片或者照片中的该外观设计专利产品为准,包括主视图、俯视图、侧视图等。其中主视图最为重要,因为它最能体现该项外观设计的美感。在确定外观设计专利权的保护范围时,还要注意从这些视图中找出能够体现该项外观设计美感的各项要素。

第二步,确定外观设计专利产品与侵权产品是否属于相同或者类似产品。对于

---

① 参见最高人民法院判决书(2015)民三终字第1号。

原被告产品的种类是否相同或类似,人民法院应当根据外观设计产品的用途,认定产品种类是否相同或者相近。确定产品的用途,可以参考外观设计的简要说明、国际外观设计分类表、产品的功能以及产品销售、实际使用的情况等因素。通常是以产品的功能、用途作为标准,如果外观设计专利产品与被控侵权产品在功能、用途上是相同的,就可以确定二者是相同或者类似产品,并继续进行后面的比较。如果二者在功能、用途上不相同,可以认定二者既不是相同商品,也不是类似商品,从而认定专利侵权不成立,侵权比对结束。

第三步,将外观设计专利与被控侵权产品的外观进行对比。人民法院认定外观设计是否相同或者近似时,应当根据授权外观设计、被诉侵权设计的设计特征,以外观设计的整体视觉效果进行综合判断;对于主要由技术功能决定的设计特征以及对整体视觉效果不产生影响的产品的材料、内部结构等特征,应当不予考虑。被诉侵权设计与授权外观设计在整体视觉效果上无差异的,人民法院应当认定两者相同;在整体视觉效果上无实质性差异的,应当认定两者近似。也就是说,如果被诉侵权设计与授权外观设计的全部构成要素相同或者相近似,应当认为二者是相同的外观设计;如果两者的全部构成要素不相同或者不相近似,应当认为二者是不相同的外观设计;而如果构成要素中的主要部分相同或相近似、次要部分不同,应当认为二者是相近似的设计。下列情形,通常被认为对外观设计的整体视觉效果更具有影响:其一,产品正常使用时容易被直接观察到的部位相对于其他部位;其二,授权外观设计区别于现有设计的设计特征相对于授权外观设计的其他设计特征;其三,当产品上某些设计被证明是该类产品公认的惯常设计(如易拉罐产品的圆柱形设计)时,则其余设计的变化通常对整体视觉效果更具有显著的影响。值得说明的是,在综合考虑各种因素的情况下,若区别点仅在于局部的细微变化,则可以认为其对整体视觉效果不具有显著的影响。同时,具有专利权的外观设计与被控侵权产品的大小、材料、内部构造及性能等因素对外观设计整体的视觉效果也不具有显著的影响。

综上可见,在与外观设计专利产品相同或者相近种类产品上,采用与授权外观设计相同或者近似的外观设计的,被诉侵权设计将被人民法院认定为落入外观设计专利权的保护范围,构成对外观设计专利权的侵权。所以,在进行外观设计专利侵权判定的时候,需要综述考虑产品类别相同或相类似和产品设计相同或相近似两个方面,二者缺一不可。

"整体观察、综合判断"原则的判断标准是一般消费者的知识水平和认知能力。外观设计产品通过不同于同类产品且富有美感的外观吸引消费者的注意,获得市场利益的回报,因此,关于侵权诉讼中外观设计近似性的判断,应当基于一般消费者的知识水平和认知能力进行判断。最高人民法院公布的《关于审理侵犯专利权纠纷案件应用法律若干问题的解释》规定:"人民法院应当以外观设计专利产品的一般消费者的知识水平和认知能力,判断外观设计是否相同或者近似。"人民法院在认定一般消费者对于外观设计所具有的知识水平和认知能力时,一般应当考虑被诉侵权行为发生时授权外观设计所属相同或者相近种类产品的设计空间。设计空间较大的,人民法院可以认定一般消费者通常不容易注意到不同设计之间的较小区别;设计空间较小的,人民法院可以认定一般消费者通常更容易注意到不同设计之间的较小区别。

"设计空间"概念源于欧洲外观设计制度中的设计自由度,一般是指设计者对产品外观设计的创作自由度,即在排除了公知设计、惯常变化、功能性设计和非装饰性设计后的创作空间。我国司法实践中,最早引入"设计空间"概念是在《最高人民法院知识产权案件年度报告(2010)》引用的万丰公司"摩轮车车轮"外观设计专利权无效行政案[(2010)行提字第5号]。在该案中,最高人民法院指出:"设计空间对于确定相关设计产品的一般消费者的知识水平和认知能力具有重要意义;在外观设计相同或者相近似的判断中,应该考虑设计空间或者说设计者的创作自由度,以便准确确定该一般消费者的知识水平和认知能力。"将设计空间这个因素引入侵权判断,主要原因在于外观设计是否相同或相近似的判断主体是一般消费者,这明显不同于发明专利和实用新型专利以本领域的普通技术人员作为判断主体。而作为一般消费者,其知识水平及认知能力应该如何确定,设计空间就是一个非常重要的参考因素。对于设计空间极大的产品领域而言,由于设计者的创作自由度较高,该产品领域内的外观设计必然形式多样、风格迥异,该外观设计产品的一般消费者就更不容易注意到比较细小的设计差别。相反,在设计空间受到很大限制的领域,由于创作自由度较小,该产品领域内的外观设计必然存在较多的相同或者相似之处,该外观设计产品的一般消费者通常会注意到不同设计之间的较小区别。从另一角度来说,某一设计特征对应的现有设计越多,对该特征设计空间的挤占越显著,其设计空间越小,替代性设计方案越少,细微差异会对整体视觉效果产生较大的影响;反之,现有设计越少,对该特征设计空间挤占越轻微,其设计空间越大,替代性设计方案越多,细微差异则不会对整体视觉效果产生明显的影响。

《最高人民法院关于审理专利授权确权行政案件适用法律若干问题的规定(一)》第十四条规定,对于设计空间的认定,人民法院可以综合考虑的因素有产品的功能、用途,现有设计的整体状况,惯常设计,法律、行政法规的强制性规定,国家、行业技术标准,需要考虑的其他因素等。但需要注意的是,在考虑设计空间这一因素时,应该认识到,设计空间的大小是一个相对的概念,因产品种类的不同而不同,即使对同一种产品而言,设计空间也会因产品现有技术的增多、技术进步、法律变迁等因素而发生相应变化。

**案例解读**

外观设计专利侵权判定

晨光公司是名称为"笔(AGP67101)"的外观设计专利的专利权人。得力公司制造并销售被控侵权产品得力 A32160 中性笔,坤森公司亦在天猫商城许诺销售、销售该产品。晨光公司认为,被控侵权产品与晨光公司外观设计专利产品属于相同产品,且外观设计近似,落入涉案专利权的保护范围,故诉至法院。请求法院判令得力公司等停止侵权,并赔偿晨光公司经济损失及合理费用。

经对比,两款笔的区别主要在于:①被诉侵权设计的笔杆靠近笔尖约三分之一处相对授权外观设计添加有一环状凹线设计;②被诉侵权设计的笔夹外侧相对授权外观设计添加有长方形锥台突起;③被诉侵权设计的笔夹内侧为光滑平面,而授权外观设计的笔夹内侧有波浪状突起;④被诉侵权设计的笔夹下端是平直的,而授权外观设计的笔夹下端为弧形。

上海知识产权法院经审理认为,外观设计近似的判断,应遵循整体观察,综合判断的原则。得力公司未付出创造性劳动,在授权外观设计的基础上改变或添加不具有实质性区别的设计元素,构成对涉案外观设计专利权的侵犯。法院判令两被告停止侵权,赔偿经济损失及合理支出共计 10 万元。[①]

# 第三节　专利侵权纠纷的解决机制

**一、专利侵权行为的内涵界定与构成要件**

专利侵权行为是指未经专利权人许可,以生产经营为目的,实施了依法受保护的

---

① 参见上海知识产权法院判决书(2019)浙 02 知民初 98 号。

有效专利的违法行为。《专利法》第十一条规定了专利权人排他性权利的内容,同时也具体规定了构成侵犯专利权行为的条件和依据,为公众从事生产经营活动提供了明确的技术实施行为准则。按照该条规定,认定构成侵犯专利权的行为需要满足以下五项条件:第一,在专利权被授予之后。构成专利侵权必须以有效存在的专利为前提,实施尚未得到授权的专利、已经被宣告无效、被放弃的专利或者专利期限已经届满的专利,均不构成专利侵权;第二,未经专利权人许可,即必须有侵权行为的发生;第三,为生产经营目的;第四,进行了制造、使用、许诺销售、销售或进口行为;第五,上述行为涉及的是"其专利产品""其专利方法"或"依照其专利方法所直接获得的产品"。其中,前四项是构成专利侵权的形式性条件,这些条件不涉及被控侵权产品或者方法与专利产品或方法在技术方案或设计方案上的比较,因此可以概括为构成侵犯专利权的形式条件。而最后一项是构成专利侵权的实质性条件,这项条件专门涉及被控侵权产品或方法与专利产品或方法在技术上或者设计上的异同。值得注意的是,专利侵权行为的构成不以过错为要件,或者说,专利侵权行为人主观上无须有过错。无论侵权人主观状态如何,无论对专利技术方案是否实际知晓,只要行为人实施了《专利法》第十一条规定的行为,均可认定其构成专利侵权。

**二、专利侵权行为的表现形式**

(一)未经许可而实施他人专利的行为

按照专利权客体的不同,该类专利侵权行为可以分为:未经发明或实用新型专利权人许可而实施其专利,即为生产经营目的制造、使用、许诺销售、销售、进口其专利产品,或者使用其专利方法以及使用、许诺销售、销售、进口依照该专利方法直接获得的产品;未经外观设计专利权人许可而实施其专利,即为生产经营目的制造、许诺销售、销售、进口其外观设计专利产品。

(二)假冒专利的行为

假冒专利行为是指对于非专利产品或以非专利方法生产的产品,行为人在包装上标注专利标记、在宣传材料上假称为专利产品、伪造或变造专利证书等文件的行为。假冒专利行为包括假冒他人专利和冒充专利两种情形。被假冒的专利包括已经取得授权且仍在有效期内的专利,可以是他人专利,也可以是自己专利,如专利权人为了牟利,将其他产品冒充为自己的专利产品进行销售。冒充专利是指将非专利技术或者落后技术冒充是先进的专利技术,以骗取消费者信任的一种违法行为。冒充专利实际上不发生对其他专利权的侵犯,它标明的专利标记或者专利号是不存在的,纯粹是一种欺诈行为。冒充的专利产品是非专利产品,包括未被授予专利权的产品、曾被授予专利权但专利已经因法定事由失效或无效的产品。自2008年修改《专利法》后，不再区分假冒他人专利和冒充专利，统称为假冒专利。

我国的《专利法实施细则》具体规定了假冒专利的行为形式包括：第一，在未被授予专利权的产品或者其包装上标注专利标识，专利权被宣告无效后或者终止后继续在产品或者其包装上标注专利标识，或者未经许可在产品或者产品包装上标注他人的专利号；第二，销售上述第一项所述产品；第三，在产品说明书等材料中将未被授予专利权的技术或者设计称为专利技术或者专利设计，将专利申请称为专利，或者未经许可使用他人的专利号，使公众将所涉及的技术或者设计误认为是专利技术或者专利设计；第四，伪造或者变造专利证书、专利文件或者专利申请文件；第五，其他使公众混淆，将未被授予专利权的技术或者设计误认为是专利技术或者专利设计的行为。当然，专利权终止前依法在专利产品、依照专利方法直接获得的产品或者其包装上标注专利标识，在专利权终止后许诺销售、销售该产品的，不属于假冒专利行为。销售不知道是假冒专利的产品，并且能够证明该产品合法来源的，由县级以上负责专利执法的部门责令停止销售。

虽然假冒专利与未经许可而实施他人专利权的行为都是侵犯专利权的违法行为，但作为两种完全不同的专利侵权行为，它们之间也有着本质的区别，主要表现为：第一，两者的侵权内容与形式不同。未经专利权人许可实施其专利的侵权行为，关键在于侵权人实施了受专利保护的技术方案或外观设计。而假冒专利主要是指不规范使用专利标记或者专利号的行为，侵权人并没有实施专利。第二，两者所侵害的法益不同。未经许可而实施他人专利的侵权行为所指向的是基于技术方案或产品外观的专利权，而假冒专利行为侵害的是专利法所规定的标明专利标识的权利（即专利标记权）、国家专利管理秩序以及社会公众利益。第三，两者的侵权人所承担的责任与方式不同。未经许可而实施他人专利的行为侵害的是专利权人的权益，依据现行《专利法》第七十一条的规定，承担民事责任，而假冒专利的行为则适用我国《专利法》第六十八条规定追究行为人的法律责任。可见，假冒专利可能承担民事责任、行政责任和刑事责任，其承担民事责任的法律依据应为规制侵权行为的一般民事法律。

**三、专利侵权纠纷的解决途径**

（一）未经许可而实施他人专利的侵权纠纷解决途径

我国《专利法》第六十五条规定："未经专利权人许可，实施其专利，即侵犯其专利权，引起纠纷的，由当事人协商解决；不愿协商或者协商不成的，专利权人或者利害关系人可以向人民法院起诉，也可以请求管理专利工作的部门处理。"可见，未经专利权人许可而实施他人专利的侵权纠纷的解决途径主要可以概括为以下三种：

(1) 协商解决。专利权人发现侵权行为后，与侵权行为人通过协商解决纠纷，要求停止侵权行为或提出民事赔偿。协商和解是一种快速解决纠纷的办法。专利侵权纠纷是民事纠纷，由当事人自行协商解决，有利于平息纠纷，化解矛盾。通常情况下，协商解决是在侵权行为已经发生的情况下，专利权人已经掌握了他人侵权的证据，初步认定侵权行为成立，侵权行为人和专利权人都同意协商解决为前提而采取的一种行之有效的纠纷解决机制。通过协商解决的专利侵权纠纷最终的结果可能有三种情形：一是侵权行为人停止侵权并赔偿专利权人的损失；二是双方签订实施许可协议，使侵权实施行为转为合法实施行为；三是协商不成。

(2) 司法解决。司法解决是指为了有效地规制侵犯专利权的行为，维护市场秩序，司法机关给予专利权人以必要的司法救济。专利权人发现侵权行为后，双方不愿协商或者协商不成的，专利权人或者利害关系人可以向侵权行为地或被告所在地等相关人民法院提起民事诉讼，要求侵权人停止侵权行为并赔偿经济损失。值得强调的是，对于专利权人而言，在得知他人侵犯了自身的专利权后，可以根据实际情况，从协商、司法或行政等三种途径中选择任一方式解决纠纷。

(3) 行政解决。专利权人发现专利侵权行为后，专利权人在掌握初步证据的情况下，可以请求管理专利工作的部门处理，由该部门依法查处。行政查处解决具有立案简单、成本低等优点，所以，虽然该解决途径不具司法裁判权的效力，但可以肯定的是，由管理专利工作的部门处理专利侵权纠纷是解决专利侵权纠纷和保护专利权的重要途径。管理专利工作的部门处理时，认定侵权行为成立的，可以责令侵权人立即停止侵权行为；当事人不服的，可以自收到处理通知之日起十五日内依照《中华人民共和国行政诉讼法》向人民法院起诉；侵权人期满不起诉又不停止侵权行为的，管理专利工作的部门可以申请人民法院强制执行。进行处理的管理专利工作的部门应当事人的请求，可以就侵犯专利权的赔偿数额进行调解；调解不成的，当事人可以依照《中华人民共和国民事诉讼法》向人民法院起诉。

管理专利工作的部门是指由省、自治区、直辖市人民政府以及专利管理工作量大又有实际处理能力的设区的市人民政府设立的管理专利工作的部门，他们的主要职责之一就是依据当事人的请求，并依照简易的民事诉讼程序及有关法律法规，以中间人的身份调解和处理专利纠纷，责令侵权人停止侵权行为并赔偿损失。管理专利工作的部门应当事人请求，除了可以就侵犯专利权的赔偿数额进行调解以外，还可以对以下专利纠纷进行调解：第一，专利申请权和专利权归属纠纷；第二，发明人、设计人资格纠纷;第三,职务发明创造的发明人、设计人的奖励和报酬纠纷;第四,在发明专利申请公布后专利权授予前使用发明而未支付适当费用的纠纷;第五,其他专利纠纷。其中,前四项所列的纠纷,当事人请求管理专利工作的部门调解的,应当在专利权被授予之后提出。

**案例解读**

确认不侵害专利权诉讼的受理条件

萨驰华辰机械(苏州)有限公司于2018年5月24日向苏州市知识产权局提起行政投诉,认为固铂(昆山)轮胎有限公司使用被控侵权产品的行为侵犯了其享有的涉案专利权,请求责令固铂公司停止使用被控侵权产品。后固铂公司向国家知识产权局专利复审委请求宣告涉案专利权无效,专利纠纷处理依法中止审理。

2018年9月24日,VMI公司向萨驰公司发出催告函,声称萨驰公司提起的行政投诉使得VMI公司的生产经营处于极为不稳定状态,要求萨驰公司撤回行政投诉或提起侵权诉讼。该催告函萨驰公司于9月26日签收。同年10月19日,萨驰公司向苏州中院起诉VMI公司和固铂公司侵犯其涉案专利权,于当日提交了诉讼材料并于10月26日缴纳了诉讼费。10月29日,VMI公司和固铂公司向苏州中院提起确认不侵权之诉。苏州中院于11月7日对两诉讼均予以正式立案。

苏州中院认为,萨驰公司于2018年10月19日向原审法院提交了针对涉案专利的起诉材料,10月26日预缴了案件受理费。上述两个时间点均在萨驰公司收到催告函之后的一个月内。萨驰公司在合理期限内提起了诉讼,本案不符合确认不侵权之诉的受理条件,因此驳回VMI公司和固铂公司的起诉。再审的最高人民法院认为,确认不侵权之诉的受理条件中的"提起诉讼"是指权利人起诉的行为,而非法院受理的行为,其时点应为权利人主张权利提起诉讼的时间,而非法院受理的时间。萨驰公司作为专利权人已在合理期限内提起侵权诉讼,本案不符合不侵权之诉的受理条件。[1]

(二)假冒专利的侵权纠纷解决途径

管理专利工作的部门发现或者接受举报发现假冒他人专利和冒充专利行为的,应当及时立案,并指定两名或者两名以上案件承办人员进行查处。管理专利工作的部门对当事人提出的事实、理由和证据应当进行核实,还可以根据需要依职权调查收

---

[1] 参见最高人民法院裁定书(2019)最高法知民终5号。

集有关证据,当事人有权进行陈述和申辩。管理专利工作的部门作出行政处罚决定前,应当告知当事人作出处罚决定的事实、理由和依据,并告知当事人依法享有的权利。经调查,如果假冒他人专利和冒充专利行为不成立的,管理专利工作的部门以撤销案件的方式结案,而如果假冒他人专利和冒充专利行为成立的,管理专利工作的部门应当制作处罚决定书。

负责专利执法的部门根据已经取得的证据,对涉嫌假冒专利行为进行查处时,有权采取的措施包括:第一,询问有关当事人,调查与涉嫌违法行为有关的情况;第二,对当事人涉嫌违法行为的场所实施现场检查;第三,查阅、复制与涉嫌违法行为有关的合同、发票、账簿以及其他有关资料;第四,检查与涉嫌违法行为有关的产品;第五,对有证据证明是假冒专利的产品,可以查封或者扣押。管理专利工作的部门应专利权人或者利害关系人的请求处理专利侵权纠纷时,可以采取前述第一、第二和第四项所列措施。负责专利执法的部门、管理专利工作的部门依法行使前两款规定的职权时,当事人应当予以协助、配合,不得拒绝、阻挠。

### 四、专利侵权的责任承担

(一)未经许可而实施他人专利的责任承担

(1)侵权人赔偿数额的计算与惩罚性赔偿。侵犯专利权的赔偿数额按照权利人因被侵权所受到的实际损失或者侵权人因侵权所获得的利益确定;权利人的损失或者侵权人获得的利益难以确定的,参照该专利许可使用费的倍数合理确定。对故意侵犯专利权,情节严重的,可以按照上述方法确定数额的一倍以上五倍以下确定赔偿数额。原来的《专利法》关于侵权人赔偿数额的计算是按照权利人的损失、侵权人的获益和专利许可使用费的顺序来确定的。《专利法》第四次修改对该顺序进行了调整,将权利人的损失和侵权人的获益并列,两者都难以确定的情况下,则参照专利许可使用费确定。另外,更重要的是,《专利法》第四次修改增加了惩罚性赔偿制度,即对故意侵犯专利权,情节严重的,人民法院可以按照权利人的损失、侵权人获益或者专利许可使用费的一到五倍确定赔偿数额。这是我国专利法第四次修改的重要内容和亮点之一,由原来的"填平原则"到现在的"惩罚性赔偿",反映了我国依法严格保护知识产权的态度和决心。一直以来,专利权人在维权方面面临举证难、成本高和赔偿低等问题,尤其是赔偿低是导致专利侵权屡禁不止的重要原因,从而极大地打击了专利权人开展维权的积极性。此次引入惩罚性赔偿机制,致力于通过提高侵权成本,让侵权者付出更加沉重的代价,以充分发挥法律的威慑力,提高专利权人维护自身合法权益的积极性。

**案例解读**

惩罚性赔偿的适用

雷盟公司是名称为"发光二极管灯泡结构改良"、专利号为 ZL201420776830.9 实用新型专利的专利权人,雷盟公司曾在(2018)粤 73 民初 200 号案件中主张美高公司侵害其涉案实用新型专利权,且该案判决已认定美高公司的行为构成侵害专利权并判令美高公司停止制造、销售、许诺销售侵害雷盟公司的涉案专利,赔偿经济损失及维权合理开支共 60000 元。但美高公司并未主动履行判决且执行法院未发现有可供执行的财产信息,导致执行法院作出(2019)粤 20 执 3 号民事裁定终结执行。其后,雷盟公司发现美高公司再次实施涉嫌侵害 ZL201420776830.9"发光二极管灯泡结构改良"实用新型专利权的行为,并提起本案诉讼。

广州知识产权法院经审理认为,美高公司实施专利侵权行为的主观恶意明显,侵权性质恶劣。在前案中已被认定其行为侵害 ZL201420776830.9"发光二极管灯泡结构改良"实用新型专利权的情况下,美高公司拒不履行前案判决,在前案宣判一年多后,再次公证购买取得的被诉侵权产品仍侵害雷盟公司的同一专利权,美高公司作为被诉侵权产品的制造者,恶意实施被诉侵权行为且属重复侵权行为,侵权时间长。美高公司重复侵权的行为也佐证雷盟公司涉案专利价值较高的事实。雷盟公司主张美高公司的被诉行为属于恶意侵权,应受法律严惩的意见合理。由于被诉侵权行为持续至民法典施行后,法院综合考虑案情,适用《中华人民共和国民法典》关于惩罚性赔偿的规定认定美高公司的侵权责任。①

(2)法定赔偿。权利人的损失、侵权人获得的利益和专利许可使用费均难以确定的,人民法院可以根据专利权的类型、侵权行为的性质和情节等因素,确定给予三万元以上五百万元以下的赔偿。赔偿数额还应当包括权利人为制止侵权行为所支付的合理开支。《专利法》第四次修改提高法定赔偿额,将法定赔偿额上限由原来的一百万元提高至五百万元、下限由原来的一万元提高至三万元,以实施更加严格的专利保护,显著提高侵权人的违法成本,体现了加大专利保护力度和鼓励创新的制度导向和立法目的。

---

① 参见广州知识产权法院判决书(2020)粤 73 知民初 57 号。

## 案例解读

### 法定赔偿的适用

陈运东是专利名称为"洗墙灯（LXY-AXQD14001）"，专利号为 ZL20143036×××x.2 的外观设计专利的专利权人。2017年5月8日，陈运东发现米蒂亚灯饰厂经营的店铺中销售有侵犯其专利权的产品，遂提起诉讼。

法院审理认为，陈运东作为本案外观设计专利的专利权人，其享有的外观设计专利权应受法律保护，任何单位或者个人未经专利权人许可，都不得实施其专利，否则要承担相应的民事责任。米蒂亚灯饰厂未经权利人许可实施销售被诉侵权产品的行为，已经构成侵权，应当承担停止侵权、赔偿损失的民事责任。依照《中华人民共和国专利法》（2008年修正）第六十五条[①]规定，侵犯专利权的赔偿数额按照权利人因被侵权所受到的实际损失确定；实际损失难以确定的，可以按照侵权人因侵权所获得的利益确定。权利人的损失或者侵权人获得的利益难以确定的，参照该专利许可使用费的倍数合理确定。赔偿数额还应当包括权利人为制止侵权行为所支付的合理开支。权利人的损失、侵权人获得的利益和专利许可使用费均难以确定的，人民法院可以根据专利权的类型、侵权行为的性质和情节等因素，确定给予一万元以上一百万元以下的赔偿。陈运东未向一审法院提供证据证明其因被侵权所受到的实际损失或米蒂亚灯饰厂、张凌贞侵权获利，也无许可费用可供参考，故陈运东主张本案适用法定赔偿，符合法律规定，一审法院依法予以准许，酌定判定米蒂亚灯饰厂赔偿陈运东经济损失20000元。[②]

（3）举证妨碍制度。人民法院为确定赔偿数额，在权利人已经尽力举证，而与侵权行为相关的账簿、资料主要由侵权人掌握的情况下，可以责令侵权人提供与侵权行为相关的账簿、资料；侵权人不提供或者提供虚假的账簿、资料的，人民法院可以参考权利人的主张和提供的证据判定赔偿数额。在专利维权的实践当中，作为民事纠纷的一种具体案由，专利侵权纠纷当然也适用"谁主张谁举证"的民事诉讼基本原则。所以，无论是权利人的损失还是侵权人的获益，举证责任首先都在专利权人一方。权利人实际损失的证据主要由专利权人自身掌握，而侵权人侵权获益的证据主要由侵

---

① 现行《专利法》（2020年修正）第七十一条第二款将法定赔偿修改为："权利人的损失、侵权人获得的利益和专利许可使用费均难以确定的，人民法院可以根据专利权的类型、侵权行为的性质和情节等因素，确定给予三万元以上五百万元以下的赔偿。"

② 参见广东省高级人民法院判决书（2019）粤民终1508号。

权人掌握。因此，从举证难易程度考虑，举证权利人的实际损失相对更加容易。但是，权利人要证明实际损失的数额，通常需要披露专利权人一方的销售额、销售成本、销售利润等等数据，而这些数据往往是专利权人不愿意披露的信息，因此，专利权人更愿意从侵权人获益的角度来主张侵权赔偿额。而根据现行专利制度，在权利人主张根据侵权人获益来确定侵权赔偿数额时，权利人的义务是提供侵权人获益的初步证据。在权利人提供了足够的初步证据并且侵权人掌握相关证据的情况下，侵权人获益的举证责任就转移到了侵权人一方。这一规定是为了解决专利侵权纠纷案件的举证难问题，通过进一步完善证据规则，在权利人已经尽力举证，而与侵权行为相关的账簿、资料主要由侵权人掌握的情况下，人民法院可以责令侵权人提供，从而减轻权利人的举证负担。而举证责任制度的完善，有利于保护权利人的合法权益，同样也有助于进一步提高专利维权的意识和积极性。

**案例解读**

举证责任的分配

原告深圳敦骏科技有限公司诉称，深圳市吉祥腾达科技有限公司未经许可制造、许诺销售、销售，济南历下弘康电子产品经营部、济南历下昊威电子产品经营部未经许可销售的多款商用无线路由器落入其享有的名称为"一种简易访问网络运营商门户网站的方法"的发明专利的专利权保护范围，请求判令腾达公司、弘康经营部、昊威经营部停止侵权，赔偿损失。一审法院认定腾达公司、弘康经营部、昊威经营部侵权，判决腾达公司赔偿敦骏公司经济损失及合理费用共计500万元。宣判后，腾达公司向最高人民法院提起上诉。

最高人民法院就一审判决确定的赔偿数额是否适当做出说明：专权利人主张以侵权获利确定赔偿额的，侵权规模即为损害赔偿计算的基础事实。专利权人对此项基础事实承担初步举证责任。在专利权人已经完成初步举证，被诉侵权人无正当理由拒不提供有关侵权规模基础事实的相应证据材料的情况下，对其提出的应考虑涉案专利对其侵权获利的贡献率等抗辩理由可不予考虑。本案中敦骏公司主张依照侵权人因侵权获利计算赔偿额，并在一审中提交了腾达公司分别在京东网和天猫网的官方旗舰店销售被诉侵权产品数量、售价的证据，鉴于该销售数量和价格均来源于腾达公司自己在正规电商平台的官方旗舰店，数据较为可信，腾达公司虽指出将累计评价作为销量存在重复计算和虚报的可能性，但并未提交确切证据，且考虑到敦骏公司就此项事实的举证能力,应当认定敦骏公司已就侵权规模的基础事实完成了初步举证责任。敦骏公司在一审中,依据其已提交的侵权规模的初步证据,申请腾达公司提交与被诉侵权产品相关的财务账簿、资料等,一审法院也根据本案实际情况,依法责令腾达公司提交能够反映被诉侵权产品生产、销售情况的完整的财务账簿资料等证据,但腾达公司并未提交。在一审法院因此适用相关司法解释对敦骏公司的 500 万元高额赔偿予以全额支持、且二审中腾达公司就此提出异议的情况下,其仍然未提交相关的财务账簿等资料。由于本案中的腾达公司并不存在无法提交其所掌握的与侵权规模有关证据的客观障碍,故应认定腾达公司并未就侵权规模的基础事实完成最终举证责任。根据现有证据,有合理理由相信,被诉侵权产品的实际销售数量远超敦骏公司所主张的数量。综上,在侵权事实较为清楚、且已有证据显示腾达公司实际侵权规模已远大于敦骏公司所主张赔偿的范围时,腾达公司如对一审法院确定的全额赔偿持有异议,应先就敦骏公司计算赔偿所依据的基础事实是否客观准确进行实质性抗辩,而不能避开侵权规模的基础事实不谈,另行主张专利技术贡献度等其他抗辩事由,据此对腾达公司二审中关于一审确定赔偿额过高的各项抗辩主张均不予理涉。①

(二)假冒专利的责任承担

假冒专利的民事责任。行为人实施了假冒专利行为,即使假冒专利的产品实际上并没有使用他人的专利技术,不具备专利产品应有的功能,这样的产品在市场上出售,也必然会影响专利产品的声誉,损害专利权人通过制造、销售专利产品获益的权利。因此应当承担侵权法上的停止侵害、排除妨碍、赔偿损失等侵权责任。

**案例解读**

### 假冒专利的民事责任

捷顺公司是名称为"一种自挤水平板拖把"、专利号为 ZL201420624020.1 的实用新型专利的专利权人。2019 年 3 月 12 日,捷顺公司发现姚魁君在拼多多店铺上销售的平板拖把展示有"专利产品防伪必究""自挤水平板拖把专利号 ZL201420624020.1"等字样,冒用了其所有的专利,遂提起诉讼。

法院审理认为,专利号为 ZL201420624020.1 的"一种自挤水平板拖把"实用新型

---

① 参见最高人民法院判决书(2019)最高法知民终 147 号。

专利在有效期限内,已履行了缴纳专利年费的义务,为有效专利,应受国家法律保护。捷顺公司作为专利权人依法享有诉权。被诉销售页面展示有与涉案专利专利号相同的专利号,并标注"自挤水平板拖把""专利产品防伪必究"等字样,姚魁君未提供证据证明其经许可使用该专利号,其行为会使公众将被诉销售页面对应的产品使用的技术误认为是专利技术,构成假冒他人专利的行为,姚魁君依法承担赔偿损失及支付合理维权费用的民事责任。最终,法院综合考虑捷顺公司为制止侵权所支出的合理费用、涉案专利的授权时间等因素,判决被告姚魁君赔偿原告捷顺公司经济损失及为制止侵权所支出的合理费用共计10万元。①

假冒专利的,除依法承担民事责任外,由负责专利执法的部门责令改正并予公告,没收违法所得,可以处违法所得五倍以下的罚款;没有违法所得或者违法所得在五万元以下的,可以处二十五万元以下的罚款;构成犯罪的,依法追究刑事责任。可见,对于假冒专利行为人,要承担行政责任,构成犯罪的,要承担刑事责任,而如果假冒专利涉及他人合法有效的专利权和相关专利信息,则还需要承担停止侵权和赔偿损失等民事责任。我国现行专利制度,将假冒专利行为的行政处罚的数额上限,由没收违法所得的四倍提高到五倍,并将顶额罚款的适用范围由没有违法所得扩展到包含违法所得在五万元以下的情形,顶额罚款金额从二十万元提高到二十五万元。现行专利制度适当增加了假冒专利违法行为人的行政违法责任,有利于通过行政手段加强专利保护。

**案例解读**

假冒专利的行政责任

上海品位食品包装有限公司自2014年7月至2021年6月期间,在ZL201030248758.X号及ZL200530042567.7号外观设计专利(包装袋)专利权已终止的情况下,委托印制标注"中国专利号:ZL201030248758.X"和"中国专利号:ZL200530042567.7"的包装袋106700只,嗣后在生产鸽精调味料产品过程中,使用上述包装袋包装产品,并对外销售。当事人不单独销售上述包装袋,没有违法所得。上海市市场监督管理局在对当事人立案调查后,责令当事人改正违法行为并处以罚款5万元。②

---

① 参见浙江省杭州市中级人民法院判决书(2020)浙01知民初870号。
② 参见上海市市场监督管理局行政处罚决定书沪市监总处〔2021〕322021000254号。

假冒专利的刑事责任。假冒专利行为情节严重，构成犯罪的，依法追究刑事责任。假冒他人专利的行为，不但侵犯专利权人的利益，而且侵犯公众利益，破坏社会经济秩序，如果情节严重具有社会危害性，就构成了犯罪，应当承担刑事责任。假冒他人专利的行为是否情节严重，需要由人民法院依据行为的具体情况予以认定。我国《刑法》第二百一十六条规定，假冒他人专利，情节严重的，处三年以下有期徒刑或者拘役，并处或者单处罚金。

**案例解读**

假冒专利的刑事责任

2015年8月起，被告人张明、郑莉敏在未经专利授权的情况下，由被告人张明负责生产经营以及销售、采购仿冒包装盒等业务，被告人郑莉敏负责财务管理并提供银行账户收发货款等，二人在其经营的位于天津市静海区砖垛村加工厂以及在山东省乐陵市张桥乡设立的加工点内仿造德州市德城区菁英坊床用水循环加热器厂生产的"眠尔康"牌养生床垫，并在采购的外包装盒上印制使用未经授权的专利号ZL20112005××××.6，后将假冒的专利产品销售给金某、储某等人，经查被告人张明、郑莉敏销售假冒专利床垫金额达1658806元。

法院审理认为，被告人张明、郑莉敏未经许可，在其制造、销售的产品包装上标注他人专利号，情节严重，其行为已构成假冒专利罪，依法应惩处。公诉机关指控张明、郑莉敏犯假冒专利罪的事实及罪名成立。为打击犯罪，惩治侵犯知识产权犯罪，保护专利权人的合法权利，维护社会主义市场经济秩序，根据被告人张明、郑莉敏犯罪的事实，犯罪的性质、情节和对于社会的危害程度，依照《中华人民共和国刑法》第二百一十六条的规定，判决被告人张明犯假冒专利罪，判处有期徒刑一年六个月，缓刑二年，并处罚金人民币十万元；被告人郑莉敏犯假冒专利罪，判处有期徒刑一年三个月，缓刑二年，并处罚金人民币十万元。①

**五、专利侵权纠纷的诉讼程序规定**

（1）专利侵权纠纷的行政管辖。《专利法实施细则》规定，当事人请求处理专利侵权纠纷或者调解专利纠纷的，由被请求人所在地或者侵权行为地的管理专利工作

---

① 参见山东省德州市德城区人民法院判决书（2017）鲁1402刑初104号。

的部门管辖。两个以上管理专利工作的部门都有管辖权的专利纠纷,当事人可以向其中一个管理专利工作的部门提出请求;当事人向两个以上有管辖权的管理专利工作的部门提出请求的,由最先受理的管理专利工作的部门管辖。管理专利工作的部门对管辖权发生争议的,由其共同的上级人民政府管理专利工作的部门指定管辖;无共同上级人民政府管理专利工作的部门的,由国务院专利行政部门指定管辖。

(2)专利侵权纠纷的司法管辖原则性规定。关于专利纠纷的级别管辖,最高人民法院发布的《关于第一审知识产权民事、行政案件管辖的若干规定》指出,发明专利、实用新型专利的第一审民事、行政案件由知识产权法院,省、自治区、直辖市人民政府所在地的中级人民法院和最高人民法院确定的中级人民法院管辖。外观设计专利的权属、侵权纠纷由知识产权法院和中级人民法院管辖。关于专利纠纷的地域管辖,最高人民法院发布的《关于审理专利纠纷案件适用法律问题的若干规定》指出,因侵犯专利权行为提起的诉讼,由侵权行为地或者被告住所地人民法院管辖。侵权行为地包括:被诉侵犯发明、实用新型专利权的产品的制造、使用、许诺销售、销售、进口等行为的实施地;专利方法使用行为的实施地,依照该专利方法直接获得的产品的使用、许诺销售、销售、进口等行为的实施地;外观设计专利产品的制造、许诺销售、销售、进口等行为的实施地;假冒他人专利的行为实施地;上述侵权行为的侵权结果发生地。

(3)知识产权法院和知识产权法庭的管辖。2014年以来,北京、上海、广州和海南自由贸易港知识产权法院相继设立。2017年起,最高人民法院批复同意在成都、南京、苏州、武汉、合肥、杭州、宁波、福州、济南、青岛、深圳、西安、天津、长沙、郑州、南昌、长春、兰州、厦门、乌鲁木齐、景德镇、重庆、沈阳、温州、无锡、徐州、泉州设立等27个地方知识产权法庭,跨区域管辖专业技术性较强的知识产权案件。2019年1月,最高人民法院知识产权法庭挂牌办公,集中管辖全国范围内专利等技术类知识产权和垄断上诉案件。至此形成了全国知识产权法院/法庭"1+4+27"的格局。

最高人民法院知识产权法庭管辖范围包括:第一,不服高级人民法院、知识产权法院、中级人民法院作出的发明专利、实用新型专利、植物新品种、集成电路布图设计、技术秘密、计算机软件、垄断第一审民事案件判决、裁定而提起上诉的案件;第二,不服北京知识产权法院对发明专利、实用新型专利、外观设计专利、植物新品种、集成电路布图设计授权确权作出的第一审行政案件判决、裁定而提起上诉的案件;第三,不服高级人民法院、知识产权法院、中级人民法院对发明专利、实用新型专利、外观设计专利、植物新品种、集成电路布图设计、技术秘密、计算机软件、垄断行政处罚等作出的第一审行政案件判决、裁定而提起上诉的案件;第四,全国范围内重大、复杂的本条第一、二、三项所称第一审民事和行政案件;第五,上述第一、二、三项所称第一审案件已经发生法律效力的判决、裁定、调解书依法申请再审、抗诉、再审等适用审判监督程序的案件;第六,上述第一、二、三项所称第一审案件管辖权争议,罚款、拘留决定申请复议,报请延长审限等案件。与传统的民事案件管辖规定相比,该项关于级别管辖的规定,其特殊性在于把对于中级人民法院和知识产权法院的上诉案件和适用审判监督程序案件的管辖权直接由各省、自治区和直辖市的高级人民法院上升到最高人民法院知识产权法庭,以便于统一知识产权案件的裁判标准,依法平等保护各类市场主体的合法权益。

高级人民法院管辖第一审知识产权民事、行政案件的标准。根据最高人民法院《关于完善四级法院审级职能定位改革试点的实施办法》的规定,高级人民法院重在再审依法纠错、统一裁判尺度。《关于第一审知识产权民事、行政案件管辖的若干规定(以下简称《规定》)》实施之后,知识产权案件将进一步下沉,高级人民法院审理的案件数量会相应减少。《民事诉讼法》第二十条规定,高级人民法院管辖在本辖区有重大影响的第一审民事案件。《行政诉讼法》第十六条规定,高级人民法院管辖本辖区内重大、复杂的第一审行政案件。可见,高级人民法院可以管辖辖区内重大的第一审知识产权民事、行政案件,所以《规定》没有对高级人民法院管辖第一审知识产权民事、行政案件的具体标准进行专门的规定。而根据最高人民法院《关于调整高级人民法院和中级人民法院管辖第一审民事案件标准的通知》的规定,高级人民法院管辖诉讼标的额人民币50亿元以上(包含本数)或者其他在本辖区有重大影响的第一审民事案件,知识产权民事案件的级别管辖标准按照本通知执行,但发明专利、实用新型专利、植物新品种、集成电路布图设计、技术秘密、计算机软件、垄断第一审民事案件除外。结合《规定》所明确的涉发明专利等合同纠纷案件由基层人民法院管辖的情况,高级人民法院管辖第一审知识产权民事、行政案件的具体标准为:一是本辖区有重大影响的第一审知识产权民事案件和重大、复杂的第一审知识产权行政案件;二是诉讼标的额在2亿元以上以及诉讼标的额在1亿元以上且当事人一方住所地不在其辖区,或者涉外、涉港澳台的第一审发明专利、实用新型专利、植物新品种、集成电路布图设计、技术秘密、计算机软件的权属、侵权纠纷以及垄断纠纷案件;三是诉讼标的额在50亿元以上的其他普通知识产权民事案件。

北京、上海和广州知识产权法院案件管辖的范围可以概括为所在市辖区内的下列第一审案件:第一,专利、植物新品种、集成电路布图设计、技术秘密、计算机软件民事和行政案件;第二,对国务院部门或者县级以上地方人民政府所作的涉及著作权、商标、不正当竞争等行政行为提起诉讼的行政案件;第三,涉及驰名商标认定的民事案件。广州知识产权法院对广东省内前述第一项和第三项规定的案件实行跨区域管辖。北京市、上海市各中级人民法院和广州市中级人民法院不再受理知识产权民事和行政案件。广东省其他中级人民法院不再受理前述第一项和第三项规定的案件。北京市、上海市、广东省各基层人民法院不再受理前述第一项和第三项规定的案件。当事人对知识产权法院所在市的基层人民法院作出的第一审著作权、商标、技术合同、不正当竞争等知识产权民事和行政判决、裁定提起的上诉案件,由知识产权法院审理。当事人对知识产权法院作出的第一审判决、裁定提起的上诉案件和依法申请上一级法院复议的案件,由知识产权法院所在地的高级人民法院知识产权审判庭审理。

北京知识产权法院的专门管辖。下列第一审行政案件由北京知识产权法院管辖:第一,不服国务院部门作出的有关专利、商标、植物新品种、集成电路布图设计等知识产权的授权确权裁定或者决定的;第二,不服国务院部门作出的有关专利、植物新品种、集成电路布图设计的强制许可决定以及强制许可使用费或者报酬的裁决的;第三,不服国务院部门作出的涉及知识产权授权确权的其他行政行为的。

海南自由贸易港知识产权法院管辖可以概括为:第一,海南省有关专利、技术秘密、计算机软件、植物新品种、集成电路布图设计、涉及驰名商标认定及垄断纠纷等专业性、技术性较强的第一审知识产权民事、行政案件;第二,前项规定以外的由海南省的中级人民法院管辖的第一审知识产权民事、行政和刑事案件;第三,海南省基层人民法院第一审知识产权民事、行政和刑事判决、裁定的上诉、抗诉案件;第四,对海南省人民政府反垄断执法机构涉及反垄断的行政行为或者海南省人民政府所作反垄断行政复议决定依法提起诉讼的第一审行政案件;第五,最高人民法院确定由其管辖的其他案件。当事人对海南自由贸易港知识产权法院作出的第一审判决、裁定不服的,可以向海南省高级人民法院提出上诉,但下列案件两项案件向最高人民法院提出上诉:其一,发明专利、实用新型专利、植物新品种、集成电路布图设计、技术秘密、计算机软件及垄断纠纷的第一审民事案件;其二,发明专利、实用新型专利、外观设计专利、植物新品种、集成电路布图设计、技术秘密、计算机软件、垄断行政处罚等第一审行政案件。

知识产权法庭的管辖。区域知识产权专业审判机构的数量,我国目前的27个知识产权法庭可以分为两类。一类是有两个或两个以上的知识产权法院或知识产权法庭的省份。例如,广东省既有广州知识产权法庭,同时也有深圳知识产权法庭,江苏省有南京、苏州、无锡和徐州四个知识产权法庭,福建省有福州、厦门和泉州三个知识产权法庭。这些省份的各个知识产权法院或法庭之间的管辖有不同的分工和规定,需要根据各省知识产权法院或法庭关于管辖的规定具体执行。而另一类是只有一个知识产权法庭的省份。大多数省份属于这种情况,这些省份的知识产权法庭管辖权基本相同,以陕西省为例,西安知识产权法庭的案件管辖范围包括:第一,发生在陕西省辖区内有关专利、技术秘密、计算机软件、植物新品种、集成电路布图设计、涉及驰名商标认定及垄断纠纷的第一审知识产权民事和行政案件;第二,发生在西安市辖区内除基层人民法院管辖范围之外的第一审知识产权民事、行政和刑事案件;第三,不服西安市辖区内基层人民法院审理的第一审知识产权民事、行政和刑事案件的上诉案件。

(4)专利侵权纠纷的诉前保全制度。专利侵权纠纷的财产保全是指专利权人或者利害关系人有证据证明他人正在实施或者即将实施侵犯专利权、妨碍其实现权利的行为,如不及时制止将会使其合法权益受到难以弥补的损害的,可以在起诉前依法向人民法院申请采取财产保全、责令作出一定行为或者禁止作出一定行为的措施。专利侵权纠纷的证据保全是指为了制止专利侵权行为,在证据可能灭失或者以后难以取得的情况下,专利权人或者利害关系人可以在起诉前依法向人民法院申请保全证据。诉前保全是TRIPs协定规定的义务。考虑到现行《民事诉讼法》已经对财产保全、行为保全和证据保全问题作出了全面规定,因此,我国《专利法》第四次修改的时候删除了对行为保全、证据保全的具体程序性规定,仅对行为保全、财产保全和证据保全进行了衔接性的规定。另外,在财产保全制度当中,为保护我国专利权相关当事人的合法权益,现行《专利法》进一步完善了保全措施的规定。一方面,增加了"妨害实现专利权人/利害关系人实现权利的行为"作为申请诉前财产保全及行为保全的情形之一。另一方面,将"责令停止有关行为"修改为"责令作出一定行为或者禁止作出一定行为",其范围更为清晰,并且与现行的《民事诉讼法》相关规定相统一。

(5)专利诉讼中止。根据最高人民法院《关于审理专利纠纷案件适用法律问题的若干规定》相关规定,在对实用新型或者外观设计专利提起侵犯专利权的诉讼当中,人民法院可以根据案件审理需要,要求原告提交检索报告或者专利权评价报告。原告无正当理由不提交的,人民法院可以裁定中止诉讼或者判令原告承担可能的不利后果。按照"谁主张谁举证"的民事诉讼基本原则,对于在授权阶段专利审查员没有进行实质性审查的实用新型或外观设计专利,相关专利权人在提起专利侵权诉讼的时候,就有义务根据审查法院的要求提供专利权满足专利授权条件的专利检索报告或专利权评价报告,否则,如果审查法院认为对实用新型或外观设计专利是否可以获得授权无法作出判断的时候,就可能作出中止民事诉讼的裁定,甚至直接作出不利于专利权人(原告)的判决。

对于被告而言,在专利侵权诉讼当中,对原告专利提起无效宣告是常用的诉讼策略之一,以此来获得专利诉讼活动中更多的主动权或者做更充分的诉讼准备。最高人民法院《关于审理专利纠纷案件适用法律问题的若干规定》规定,侵犯实用新型、外观设计专利权纠纷案件的被告请求中止诉讼的,应当在答辩期内对原告的专利权提出宣告无效的请求,被告在答辩期间届满后请求宣告该项专利权无效的,人民法院不应当中止诉讼,除非经审查认为有必要中止。通常情况下,人民法院受理的侵犯实用新型、外观设计专利权纠纷案件,被告在答辩期间内请求宣告该项专利权无效的,人民法院应当中止诉讼,但具备下列情形之一的,可以不中止诉讼:第一,原告出具的检索报告或者专利权评价报告未发现导致实用新型或者外观设计专利权无效的事由的;第二,被告提供的证据足以证明其使用的技术已经公知的;第三,被告请求宣告该项专利权无效所提供的证据或者依据的理由明显不充分的;第四,人民法院认为不应当中止诉讼的其他情形。此外,人民法院受理的侵犯发明专利权纠纷案件或者经国务院专利行政部门审查维持专利权的侵犯实用新型、外观设计专利权纠纷案件,被告在答辩期间内请求宣告该项专利权无效的,人民法院可以不中止诉讼。这是因为发明专利在授权的时候已经过实质性审查,或者对实用新型或外观设计专利已提出的无效宣告程序,国家知识产权局经审查作出维持专利权有效的决定,人民法院因此有理由认为涉案专利满足法律规定的授权条件,此时,即便被告请求宣告涉案专利权无效,人民法院也可以不中止诉讼。

(6)专利侵权纠纷的诉讼时效。侵犯专利权的诉讼时效为三年,自专利权人或者利害关系人知道或者应当知道侵权行为以及侵权人之日起计算。权利人超过三年起诉的,如果侵权行为在起诉时仍在继续,在该项专利权有效期内,人民法院应当判决被告停止侵权行为,侵权损害赔偿数额应当自权利人向人民法院起诉之日起向前推算三年计算。发明专利申请公布后至专利权授予前使用该发明未支付适当使用费的,专利权人要求支付使用费的诉讼时效为三年,自专利权人知道或者应当知道他人使用其发明之日起计算,但是,专利权人于专利权授予之日前即已知道或者应当知道的,自专利权授予之日起计算。《民法典》第一百八十八条规定,向人民法院请求保护民事权利的诉讼时效期间为三年,诉讼时效期间自权利人知道或者应当知道权利受到损害以及义务人之日起计算。我国原来的专利法对于专利侵权诉讼时效规定为二年,现行的专利法适应性地解决了特殊法和一般法对诉讼时效规定的不统一问题。而且,在诉讼时效的起算时点方面,在"知道或应当知道侵权行为"要件基础上,增加"知道或应当知道侵权人"要件,即既明知侵权行为也明知侵权人之日,才起算诉讼时效。

**六、专利侵权的抗辩事由**

(一)不视为侵犯专利权的抗辩

作为一种法定的垄断权,专利权是创新主体保护其发明创造而主张的排他性权利,创新主体通过专利制度得到开展创新的激励和回报。但是,从公平和社会秩序的角度上看,专利权人在行使其专有权利的时候,需要适当考虑社会公众对技术使用的合理需求,以实现专利权人与社会公众之间的利益平衡,这也是专利法律制度的立法宗旨。为此,专利制度规定了不视为侵犯专利权的法定抗辩事由,以限制专利权人对专利技术的垄断,避免专利权滥用,从而推动创新成果的实施应用,更好地发挥和实现发明创造的社会价值。不视为侵犯专利权的行为是指行为人未经专利权人的许可而实施了法律上规定的不视为侵犯专利权的行为。我国《专利法》规定了以下五种不视为侵犯专利权的情形:

(1)专利权用尽,又称专利权穷竭或首次销售原则(First Sale Doctrine),是指专利产品或者依照专利方法直接获得的产品,由专利权人或者经其许可的单位、个人售出后,他人对该产品实施的使用、许诺销售、销售和进口等行为,不视为侵犯专利权。也就是说,专利产品经专利权人或其被许可人首次销售后,专利权人即丧失对该专利产品进行使用、许诺销售、销售和进口等权利的支配权和控制权。专利权用尽是知识产权制度权利穷竭原则在专利法领域的具体表现。因为专利权通过其第一次合法销售已获得了合理的利益和回报,如果允许其权利延续到销售后的专利产品的流通和使用,则不可避免地会给社会公众使用专利产品带来不便,妨碍专利产品的流通,也不利于商品经济的发展。因此,为防止对专利权的保护超过合理限度、对正常的经济秩序产生不良影响,包括我国在内的大多数国家将专利产品首次销售后的实施行为不视为侵犯专利权。

专利权用尽的适用范围通常包括国内用尽和国际用尽及区域用尽两种。世界各国一般都在国内立法确立了专利权的国内用尽原则,但是因为专利制度的地域性原则,在一国取得的专利权并不意味着在另一国当然取得专利权,同样地,专利权在一个国家因首次销售而用尽,也并不意味着在其他国家也当然用尽。因此,关于专利权用尽存在两种完全对立的观点或做法:一种是主张将地域性原则作为与国际用尽原则的对立,以否定其在内国法的适用,从而扩大专利权在国际市场的独占范围,支持此主张的多数来自以美国和欧盟为代表的发达国家和地区。另一种是主张地域性原则只是法律对专利权提供的有限保护,处于权利用尽的次要地位,所以支持专利权用尽原则的扩大化发展,包括我国在内的发展中国家倾向于采用此主张。从实践上看,后面一种主张得到了愈来愈广泛的关注和立法上的采纳。

**案例解读**

不视为侵犯专利权抗辩的认定

佛山市荣某厨卫有限公司(以下简称"荣某公司")股东梁某是ZL201030263816.6"水槽(5)"外观设计的专利权人。2013年2月,梁某将涉案专利排他许可陈某实施,并约定陈某有权作为诉讼主体对侵权人进行起诉。2015年4月,陈某从佛山市亮某厨卫有限公司(以下简称"亮某公司")处购买涉案水槽产品。后陈某以亮某公司侵害专利权为由,向广州知识产权法院提起诉讼。广州知识产权法院一审认为,亮某公司未经陈某许可,为生产经营目的,制造、销售、许诺销售涉案专利产品,侵害了陈某享有的专利权,依法应当承担停止侵害及赔偿损失等民事责任。本案在诉讼中,法院向亮某公司工商登记地址邮寄送达未能成功后,采用公告送达的方式,进行缺席审判。2018年,亮某公司收到法院执行通知书才获悉判决结果。之后,向广东省人民检察院申请监督。

广东省人民检察院于2019年1月16日将该案交广东省人民检察院广州铁路运输分院(以下简称"广铁检察分院")审查。广铁检察分院认为本案有新的证据证明涉案产品系亮某公司直接向荣某公司购买后再转售给陈某,依据2008年修正的《专利法》第六十九条规定,亮某公司从正规合法渠道以正常合理价格直接向荣某公司采购涉案产品,再销售给陈某,不视为侵犯专利权。

2019年9月10日,广铁检察分院向广州知识产权法院发出再审检察建议。广州知识产权法院依法启动再审程序并于2021年6月28日作出判决,认定亮某公司的涉案行为未侵害陈某的专利权,原审判决认定事实和适用法律错误,判决撤销原审判决并驳回陈某的全部诉讼请求。①

---

① 典型案例,参见最高人民检察院发布11件检察机关保护知识产权服务保障创新驱动发展典型案例之十(2022年4月20日发布)。

（2）先用权抗辩，是指在专利申请日前已经制造相同产品、使用相同方法或者已经作好制造、使用的必要准备，并且仅在原有范围内继续制造、使用的，不视为侵犯专利。先用权抗辩是基于公平原则的专利先申请制度的补救措施，这是因为，新的技术方案产生后，发明人通常有两种保护和利用方式。一是立刻申请专利并投入商业使用，二是采取保密方式实施，二者必选其一。但现实中，同样的技术方案分别由不同主体发明的情形存在可能性。而且，不是所有发明人都会以"尽快申请专利的方式"对其发明进行保护；不排除作出同样发明的人，基于各种考虑因素采取技术秘密的方式进行保护，并在专利权人申请之前就已经实施或为实施作好了必要准备。如果某一发明人因先申请而获得了专利保护，并据此禁止其他发明人的所有实施行为、使其前期研发和投入成本完全无法收回，显然过于严苛而显得有失公允。先用权抗辩正是为了弥补专利先申请制度的固有缺陷、追求实质公平而设立的一种制度安排。从利益平衡的角度上看，先用权是对采取先申请制的一种必要的补救措施。另外，先用权抗辩有助于实现专利与技术秘密两项制度的适当协调。随着科技领域竞争的加剧，技术成果的产生和运用方式也日趋多样化，采取保密方式使用或是将发明申请为专利以进行市场布局，与经营者的市场经验和知识产权管理能力紧密相关。现有研究表明，采取技术秘密方式保护的，多为那些产业周期短、迭代更新频率快的技术，或反之是那些不公开技术细节竞争者即难以仿效或难以通过反向工程破解的、能够为发明人带来长期利益的技术；而采取专利保护的，则主要是那些生命周期处于中间地带，或容易为同业竞争者开发出来的技术，发明人宜将其尽快申请，以防止他人先申请反而导致自身可能被卷入侵权纠纷。对于同业竞争者有可能开发出来的技术，选择保密方式实施固然可以作为一项经营决策，但保护效果带有不确定性。对于这类技术，尽快申请专利是发明人获得有效保护、消除市场风险的最佳方案。当然，如果其中一个先行申请专利并获得了"对世性"的专有权保护，会出现行使合法垄断实施权与依照惯例继续使用技术秘密经营的冲突。为避免技术秘密持有人被完全排挤出市场以及前期的研发及应用准备的投入全部"打水漂"，法律在赋予专利权人专有权的同时为先使用的技术秘密持有人设置一定程度的例外是公平合理的。在公共政策意义上，考虑到现实中有很多中小微企业可能因为成本等问题，只好对研发成果采取保密方式，设置先用权抗辩可保障其不至于因他人就同样的技术先申请专利而彻底丧失利用此项技术的商业机会，也有支持扶助这类科技初创主体的作用。[①] 先用权抗辩的适用条件包括以下四个方面：

---

① 管育鹰.专利侵权先用权抗辩的政策考虑与法律适用.知识产权,2023(02):6-23.

第一,取得先用权的行为条件。对于产品专利权而言,能够产生先用权的行为只包括在专利申请日之前已经制造相同产品或者已经作好制造的必要准备,不包括使用、许诺销售、销售、进口相同产品的行为;对于方法专利权而言,能够产生先用权的行为只包括在专利申请日之前已经使用相同方法或者已经作好使用专利方法的必要准备,不包括使用、许诺销售、销售、进口依照该专利方法直接获得的产品的行为。时间方面,先用权的行为必须发生在专利权人提出专利申请(或优先权日)之前,而不以专利公开日、专利授权日或专利权人实施日为标准判断先用权是否成立。技术方案方面,先用权行为的技术方案与涉案专利的技术方案需被认定为相同或等同。"作好必要准备"要求准备工作是为实施该发明创造而进行的技术性准备工作,不仅要求先用人完成有关的技术方案,而且要求其要有生产资源的投入。一般性准备工作,如购买地皮、装设水电、市场分析和配备管理人员等不能认为是作好了实施该项发明创造的必要准备。技术性准备工作,一般是指完成主要技术图纸、工艺文件,或者制造、购买主要设备、原材料。

第二,先用权的信息来源。先用权人实施发明创造的信息来源必须是先用权人自己独立研究开发出来或者通过合法途径获得的。先用权的信息来源包括如下途径:①先用权人自己在发明创造申请专利前就已经通过独立研发获得发明创造的内容;②在《专利法》规定的新颖性宽限期内,一项发明创造的发明人在中国政府主办或者承认的国际展览会上展出了其发明创造,或者在规定级别的学术会议上发表了其发明创造,先用权人直接或间接从公开的信息中获知该发明创造的内容;③专利权人在申请专利之前,将发明创造的内容告诉了先用者。先用权人非法获得发明创造的内容,实施先用行为的,不能主张先用权抗辩。非法获得的来源既包括通过非法途径从后来申请专利的人那里获得,也包括通过非法途径从他人那里获得。非法获得的方式既包括以剽窃或者其他违法方式从他人那里获知有关发明创造,也包括获知者在合法获得信息后,违背相关保密、不予实施的约定实施发明创造的情形。北京市高级人民法院发布的《专利侵权判定指南(2017)》中第一百三十三条规定:"在先制造产品或者在先使用的方法或设计,应是先用权人自己独立研究完成或者以合法手段从专利权人或其他独立研究完成者处取得的,而不是在专利申请日前抄袭、窃取或者以其他不正当手段获取的;被诉侵权人以非法获得的技术或者设计主张先用权抗辩的,不应予以支持。"

第三,先用权的范围。先用权人必须在原有范围内制造、使用发明创造才能享有先用权抗辩。"原有范围"包括专利申请已经具有的生产规模以及利用已有的生产设备或者根据已有的生产准备可以达到的生产规模。在实际生产规模小于可以达到的生产规模的情况下,先用权人可以将实际生产规模扩大到可以达到的生产规模。当先用权人实施专利的行为超出了原有范围时,在原有范围之内的实施行为不视为侵犯专利权的行为,超出原有范围的部分实施行为属于侵犯专利权的行为。可见,"原有范围"并不是先用权人经过再投入扩大生产规模所能达到的范围,而是在专利申请日前,先用权人客观上为制造这个产品或使用这个方法已经购置的机器设备的正常生产能力可以达到的产量。

第四,允许先用权人实施的行为。先用权人在原有范围内继续实施的行为,对产品专利权而言,包括制造、使用相同产品,还包括许诺销售、销售制造出来的产品;对方法专利权而言,包括使用相同方法,还包括销售、许诺销售、使用依照专利方法直接获得的产品。

(3)交通工具例外,是指临时通过中国领陆、领水、领空的外国运输工具,依照其所属国同中国签订的协议或者共同参加的国际条约,或者依照互惠原则,为运输工具自身需要而在其装置和设备中使用有关专利的,不视为侵犯专利权。这是一种为方便国际交通运输,根据《巴黎公约》第五条之三关于临时过境交通工具上使用专利的行为而规定的不视为专利侵权的行为,该行为的构成要件包括:第一,只有巴黎公约成员国、与我国签订保护专利权双边协议或与我国在专利保护方面有互惠关系的国家的车辆、船舶、飞机才能主张该项例外抗辩。第二,上述车辆、船舶、飞机等外国交通运输工具只有在偶然或临时通过我国领陆、领水、领空时才能主张该项例外抗辩,其中临时过境包括定期或不定期的正常运输性质的过境,或者是其他原因的偶然通过,如因船舶迷航、遭遇风暴或船舶失事等意外原因而入境,但是,进口到我国境内的车辆、船舶、飞机不能主张该项例外抗辩。第三,上述车辆、船舶、飞机等外国交通运输工具使用专利发明仅是为了临时过境的需要,而不是用于其他目的,如广告、销售等。第四,该项例外抗辩涉及的专利实施行为不仅适用于装置和设备本身受到专利保护的情况,还适用于使用专利方法来操作装置和设备的情况。第五,该项例外抗辩必须是为运输工具自身需要而在其装置和设备中使用有关专利产品或方法。所谓运输工具"自身需要",主要指的是构成运输工具的重要零部件,如汽车发动机、飞机起落架或轮船航海仪器,而不包括运输工具上装载的货物,如使用运输工具将在国外未经国内专利权人许可制造的专利产品运进国内,也不包括在上述交通运输工具上制造受我国专利保护的产品或者向公众出售专利产品或按专利方法制成的产品。

(4)科学研究与实验例外,是指专为科学研究和实验而使用有关专利的,不视为侵犯专利权。所谓"专为科学研究和实验",是指专门针对专利技术本身的科学研究和实验,该科学研究和实验的目的是了解作为被研究对象的专利本身的技术特征和技术效果,以实现对该技术作进一步改进的目的。因此,该行为仅仅是指将专利产品或方法作为科学研究和实验对象加以使用,如测试专利产品的性能、评价专利方法的实施效果,以及研究如何改进现有专利产品或方法等。所谓"使用有关专利的",是指利用该专利的已经公布专利技术文件中所披露的信息制造专利产品或者使用该专利方法,并对该专利产品或专利方法本身进行研究考察。如果实施专利的行为是将专利产品或方法作为科学研究和实验的工具或手段使用并不属于能够享受例外的范围。所以,判断是否可以适用"科学研究与实验例外",关键在于判断实施该专利技术行为的目的,而与实施专利技术行为的单位性质无关。如果一个生产经营单位,为了专利技术本身而进行科学研究和实验而使用该专利技术,则可以适用"科学研究与实验例外"。相反,如果一个科研机构,为了进行其他科学研究而使用了该专利技术,不能适用"科学研究与实验例外",该实施行为如果没有经过专利权人的许可,即构成对专利权的侵权。

(5)医药行政审批例外,是指为提供行政审批所需要的信息,制造、使用、进口专利药品或者专利医疗器械的,以及专门为其制造、进口专利药品或者专利医疗器械的,不视为侵犯专利侵权。根据专利保护的时间性原则,受到专利保护的药品和医疗器械在专利保护期限届满之后,就会进入公有领域,成为人类社会共同的知识财富,任何人都可以自由地仿制相同的药品和医疗器械,而不再需要得到专利权人的许可,也不再需要向专利权人支付专利实施许可使用费,因此,仿制药品和医疗器械的市场价格会比较低廉。但是,因为涉及人的身体健康与安全,所以各个国家关于药品和医疗器械类产品的上市均规定了严格的审批程序,包括在上市销售之前必须经过一系列的实验程序。例如,对药品的动物实验、一期和二期人体实验等,此外,还需要经过非常复杂且漫长的行政审批程序。这些实验和行政审批的程序将需要耗费大量时间。所以,如果专利权人以外的仿制药品或医疗器械企业必须等到专利到期之后才能实施相关专利以获得行政审批所需要的实验数据,则事实上导致专利权人在专利到期后相当长的一段时间里依然是市场上的垄断者,从而变相地延长了专利权的保护期限,损害社会公众的利益并导致了不公平。为了避免这一现象,更好地实现专利权人与社会公众之间的利益平衡,包括我国在内的大多数国家均规定了医药行政审批例外,使得专利权人以外的仿制药企业能够在专利保护有效期内就可以为行政审批之目的实施该专利以获取相关数据,然后等到专利权保护期限届满,这些企业就可以进入相同市场与专利权人进行公平竞争,并为社会公众提供价格更低廉的药品或医疗器械。

医药行政审批例外情形因与美国的"罗氏公司诉 Bolar 制药公司案"有关,故被称为"Bolar 例外"(Bolar Exception)。Bolar 公司为了仿制一种专利即将到期的专利药,进口了这一药品,并用于临床试验。专利药企业认为 Bolar 公司侵犯了专利,并将 Bolar 公司告上法庭。一审法院认为 Bolar 公司的行为是实验研究,不构成专利侵权。专利药企业不服一审判决,上诉到联邦巡回上诉法院。上诉法院认为 Bolar 公司的行为虽然是用于实验(实验可以作为侵犯专利权的例外),但实验作为例外不应扩大到商业目的,Bolar 公司的行为明显出于商业的目的,因而改变了一审判决,判决确认 Bolar 公司侵犯了专利权。上诉法院的这一判决符合当时的美国法律规范,但上诉法院同时也认为,如果只有等到专利到期,仿制药企才可以购买使用专利药进行仿制研究,相当于变相延长了专利药的专利保护期,这是一个问题,但这一问题应通过立法解决,而法院只能依照法律进行裁判。该判决的当年,美国的立法机构美国国会就通过立法确认了"Bolar 例外"。

世界上大多数国家都将专为获得和提供药品或医疗器械的行政审批所需要的信息而实施专利技术的行为视为专利侵权的例外,以扩大药品或医疗器械的生产能力和市场竞争,从而降低相关产品的价格。我们国家首例"Bolar 例外"案件是三共株式会社等诉北京万生药业有限责任公司专利侵权纠纷案。[①] 在该案中,三共株式会社于 1992 年向中国知识产权局提出"用于治疗或预防高血压症的药物组合物的制备方法"发明专利申请,并于 2003 年被授予专利权。2005 年,万生公司申请注册药品"奥美沙坦酯片",该化学药品的结构式与涉案专利相同,因此二者属于相同产品。三共株式会社认为万生公司在申请新药注册和生产许可的过程中生产了大量"奥美沙坦酯片"产品,侵犯其专利权。此案判决时,我国当时的《专利法》中尚未明确规定医药行政审批例外,法官只能选择从"不属于生产经营目的实施专利的行为"这一角度进行说理,即涉案药品"奥美沙坦酯片"尚处于药品注册审批阶段,虽然万生公司为实现进行临床试验和申请生产许可的目的使用涉案专利方法制造了涉案药品,但其制造行为是为了满足国家相关部门对于药品注册行政审批的需要,以检验其生产的涉案药品的安全性和有效性。万生公司制造涉案药品的行为并非直接以销售为目的,不属于《专利法》所规定的为生产经营目的实施专利的行为,故不构成专利侵权。该判例首次确认了"Bolar 例外"在中国的适用,并于 2008 年《专利法》第三次修改的时候,

---

① 参见北京市二中院(2006):二中民初字第 04134 号。

正式地将该例外列入不视为侵犯专利权的情形。

(二) 现有技术/设计抗辩

现有技术抗辩又称公知技术抗辩,是指在专利侵权诉讼中,被控侵权人针对原告的侵权指控举证证明自己实施的是与原告专利申请日前的公知技术相同或等同的技术,以免除侵权责任,是被控侵权人维护自己合法权益的一种应诉措施。我国《专利法》第六十七条规定:"在专利侵权纠纷中,被控侵权人有证据证明其实施的技术或者设计属于现有技术或者现有设计的,不构成侵犯专利权。"北京市高级人民法院《专利侵权判定指南(2017)》规定:"现有技术抗辩,是指被诉落入专利权保护范围的全部技术特征,与一项现有技术方案中的相应技术特征相同或者等同,或者所属技术领域的普通技术人员认为被诉侵权技术方案是一项现有技术与所属领域公知常识的简单组合的,应当认定被诉侵权人实施的技术属于现有技术,被诉侵权人的行为不构成侵犯专利权。"现有技术是指专利申请日以前在国内外为公众所知的技术,既包括进入公有领域、公众可以自由使用的技术,也包括尚处于他人专利权保护范围内的非公有技术,还包括专利权人拥有的其他在先专利技术。同样地,现有设计抗辩是指被诉侵权外观与一项现有设计相同或者相近似,或者被诉侵权产品的外观设计是一项现有外观设计与该产品的惯常设计的简单组合,则被诉侵权外观构成现有设计,被诉侵权人的行为不构成侵犯外观设计专利。现有设计是指申请日以前在国内外为公众所知的设计,包括在国内外以出版物形式公开和以使用等方式公开的设计。

现有技术抗辩是被控侵权人针对停止侵权、损害赔偿等专利请求权行使的一种抗辩权,其效力在于阻止请求权的行使,目的在于为社会公众能够自由地利用现有技术提供保障,对使用现有技术的公众提供免受侵权纠纷的救济,从而使得现有技术能够自由、便利和广泛地传播和使用,但不能变更专利权的保护范围,不能将属于现有技术的范围从专利权的保护范围中排除,也不能否定专利权的效力。因此,现有技术抗辩权作为专利法规定的实体法意义上的抗辩权,具有以下四个方面的特征:第一,审查先决性。现有技术抗辩作为一项专利侵权诉讼中的抗辩权利,在被控侵权人提出现有技术抗辩主张的情况下,法院应当首先判断现有技术抗辩事由能否成立,一旦现有技术抗辩事由成立,就可以直接作出不侵权的决定,而无须就被控侵权物是否落入原告专利权保护范围进行判断。只有在抗辩不成立的情况下,才需要继续判断被控侵权物是否落入专利权保护范围。第二,程序依附性。被控侵权人在专利侵权诉讼中行使的现有技术抗辩,虽然是一种实体法权利,但必须通过诉讼上的抗辩形式才能实现。第三,行使被动性。现有技术抗辩作为抗辩权是被控侵权人为对抗专利权人的侵权请求所做的不侵权抗辩,在没有侵权请求的前提下,被控侵权人无法主动行使该抗辩权。或者说,现有技术抗辩的作用在于防御而不在于进攻,只有待他人提出请求时,被控侵权人才能行使该抗辩权。第四,效力相对性。从效力上讲,现有技术抗辩仅在个案中具有相对抗辩性。对于被控侵权人提出的现有技术抗辩成立的,仅适用于相关个案。在针对其他被控侵权人或者针对同一被控侵权人的其他实施行为的专利侵权纠纷案件中,被控侵权人提出现有技术抗辩的,仍然需要另行判断,不能直接适用已经生效的判决结果。

《最高人民法院关于审理侵犯专利权纠纷案件应用法律若干问题的解释》第十四条规定:"被诉纳入专利权保护范围的全部技术特征,与一项现有技术方案中的相应技术特征相同或者无实质性差异的,人民法院应当认定被诉侵权人实施的技术属于专利法规定的现有技术;同样地,被诉侵权设计与一个现有设计相同或者无实质性差异的,人民法院应当认定被诉侵权人实施的设计属于专利法规定的现有设计。"北京市高级人民法院《专利侵权判定指南(2017)》规定:"审查现有技术抗辩是否成立,应当判断被诉落入专利权保护范围的技术特征与现有技术方案中的相应技术特征是否相同或等同,而不应将涉案专利与现有技术进行比对。"同样地,审查现有设计抗辩是否成立,应当判断被诉侵权设计是否与现有设计相同或相近似,而不应将专利外观设计与现有设计比对。但是,当被诉侵权设计与专利外观设计相同或相近似,且被诉侵权设计与现有设计视觉差异较小的情况下,如果被诉侵权设计使用了专利外观设计的设计要点,则应当认定现有设计抗辩不能成立;否则,现有设计抗辩成立。

**案例解读**

现有技术抗辩的认定

2016年7月20日,原告吴某向国家知识产权局申请名称为"一种手机外接键盘"的实用新型专利,2017年1月4日获得授权。原告吴某发现被告罗某在某平台上经营店铺销售的产品侵犯其专利权,故诉至法院。诉讼中,被告罗某提出现有技术抗辩,并提交其某平台账号2016年6月的交易记录及产品详情页视频和图片,显示该手机外接键盘产品除颜色与图案外,其他技术特征与本案被诉侵权产品基本一致。

合肥市中级人民法院经审理认为,被诉侵权产品技术方案落入涉案专利权利要求的保护范围,但被告罗某提供的证据反映在案涉专利申请日之前市场上已出现与被诉落入专利权保护范围的产品相同的同类产品,且将被诉落入专利权保护范围的全部技术特征与现有技术方案中的技术特征进行比对,构成等同,故被告罗某现有技术抗辩成立,不构成侵权,判决驳回原告吴某的诉讼请求。判决后,双方均未上诉,案件已生效。①

(三)专利权无效抗辩

专利无效抗辩是指在专利侵权诉讼程序中,针对原告的专利侵权指控,被告主张原告的涉案专利不符合专利法规定的授权标准和条件,不应得到专利权的保护,所以,被告对涉案专利技术的实施行为(被控侵权产品或方法)也就不构成专利侵权。在专利侵权案件中,作为原告的专利权人指控被告的实施行为侵权其专利权,落入其专利保护范围,此时,在司法实践当中,主张原告专利应当被宣告无效是被告最常用到的诉讼策略。而涉案专利权是否稳定有效决定了被告的专利权无效抗辩能否成立,同时也是原被告诉讼的基础。所以,专利权是否有效的问题是专利侵权审理法院不可回避的审理内容。然而,按照我国的现行机制,在专利诉讼活动当中,法院裁决的权限仅仅限于对被告的行为是否构成对原告专利权的侵犯作出司法判断,并不能对原告专利权是否有效作出判断。而对涉案专利权的有效性给出的具有对世性的判断,需要相关当事人向专利局依照《专利法》相关规定提出无效宣告请求,然后国家知识产权局复审和无效审理部进行审查后作出专利权是否有效的裁决。如果国家知识产权局的决定是维持原告专利有效,则法院继续审理被告的实施行为是否落入原告的专利保护范围,从而作出是否侵权的判决。但是,如果国家知识产权局在审查后认为原来的专利授权有误,并作出宣告原告专利无效的决定,此时,原告将失去诉讼基础,法院对于该专利的司法诉讼审理也将结束。《最高人民法院关于审理侵犯专利权纠纷案件应用法律若干问题的解释(二)》中规定:"权利人在专利侵权诉讼中主张的权利要求被国务院专利行政部门宣告无效的,审理侵犯专利权纠纷案件的人民法院可以裁定驳回权利人基于该无效权利要求的起诉。"因此,当一项专利被专利行政部门宣告无效后,法院可以直接基于该无效决定作出驳回原告诉讼请求的,从而可以大大缩短诉讼时间,节省司法资源,减轻相关诉讼当事人的诉累。当然,通过宣告专利无效而进行的抗辩,涉及众多法律程序,一个完整的专利无效宣告,有可能从专利侵权民事诉讼的一审、二审,到国家知识产权局复审和无效审理部的专利无效程序,再到后续的专利行政诉讼的一审、二审甚至再审程序,整个过程涉及专利确权程序和专

---

① 参见安徽省合肥市中级人民法院发布九起2023年度知识产权司法保护典型案例之三(2024年4月26日)。

利侵权救济程序,对相关当事人及其代理人的能力有较高的要求。

专利无效抗辩与现有技术抗辩均是专利侵权诉讼中被告常用的策略,但二者的原理却有本质的不同。现有技术抗辩的前提是不否认权利人专利权的合法有效性,被告通过证据证明自身实施的技术方案是在申请日前已经公开的现有技术作为抗辩理由,而专利无效宣告抗辩则是要从根本上否定涉案专利的权利,被告通常是从专利的新颖性、创造性等角度提供证据证明原告的专利不应当得到授权而应当被宣告无效。专利无效宣告制度的最根本原因在于专利授权的决定基于专利审查,而即便在专利授权之前经过实质性审查的发明专利,专利审查员也有可能因为检索经验、专业知识和文字语言等原因导致作出错误的授权决定,更不必说在专利授权前没有经过实质性审查的实用新型和外观设计,更容易发生不当授权的情况。因此,专利无效抗辩的目的在于充分发挥社会公众的力量,对已授权专利是否符合相应的授权条件以及授予的专利权的权利范围是否适当进行再次审查,弥补授权机构资源和能力的不足,以防止或消除不当授予的专利权对自由竞争带来的消极影响和对技术进步产生的不当阻碍。而现有技术抗辩制度的立法目的主要是维护社会公众利用现有技术的利益,其直接理论支持来源于当前广泛被接受的知识产权激励理论。根据知识产权激励理论,专利制度是通过授予发明创造者对其向社会公众公开的发明创造一定时期的垄断权,从而激励社会公众作出更多的发明创造,进而增进了人类技术知识和信息的公共储存。但与此同时,专利申请日之前的现有技术作为全人类共有的知识的一部分,其属于公有领域,任何人均可以自由利用,任何人也无权独占。所以,现有技术抗辩制度通过赋予利用"现有技术"这类公共知识的被控侵权人特有的抗辩方式,从而限制专利权滥用的行为,其功能是为了给利用现有技术的被控侵权人提供一种不侵权抗辩的途径,该制度的适用并不涉及专利权效力的判定问题。

专利无效抗辩和现有技术抗辩的提起主体、时机和事由均不相同。[①] 提起无效宣告请求的主体基本上包括了所有具备民事诉讼主体资格的人,而提起现有技术抗辩的主体只能是具体的专利侵权诉讼中的被控侵权人。无效宣告请求可以在专利授权之后的任何时间提起,但进行现有技术抗辩的时机虽然在专利法和相关司法解释中均未提及,通常认为现有技术抗辩具有程序依附性,只能在被控侵权诉讼进行期间提出。提出无效宣告的理由基本涵盖了专利权授予时所要求的各项条件,包括涉案专利不具有新颖性、不具有创造性、说明书公开不充分和权利要求没有得到说明书的支

---

① 杨波,何莉莉.专利侵权抗辩:现有技术抗辩与专利无效宣告的差异解析.中国发明与专利,2013(8):73-75.

持等原因,而现有技术抗辩的事由主要是被控侵权人实施的技术为现有技术的情形。

(四)合法来源抗辩

合法来源抗辩是专利侵权诉讼中最常用的抗辩手段之一,通常是指善意的销售者或使用者在能够提供相应产品的合法来源时,尽管其销售或使用的产品最终被认定为侵权产品,其也可以不承担赔偿责任。随着知识产权保护意识的不断增强,以销售者销售侵害权利人知识产权的商品为由提起的诉讼占据了知识产权侵权诉讼的很大一部分。合法来源抗辩制度设计的立法目的在于寻求知识产权权利人和善意销售者之间的利益平衡点,在保护权利人专有权益的同时兼顾保障正常商业交易安全,在市场经营者中树立保护知识产权意识,维护社会经济秩序稳定。

我国《专利法》第七十七条规定:"为生产经营目的使用、许诺销售或者销售不知道是未经专利权人许可而制造并售出的专利侵权产品,能证明该产品合法来源的,不承担赔偿责任。"《最高人民法院关于审理侵犯专利权纠纷案件应用法律若干问题的解释(二)》第二十五条规定:"为生产经营目的使用、许诺销售或者销售不知道是未经专利权人许可而制造并售出的专利侵权产品,且举证证明该产品合法来源的,对于权利人请求停止上述使用、许诺销售、销售行为的主张,人民法院应予支持,但被诉侵权产品的使用者举证证明其已支付该产品的合理对价的除外。"本条所称"不知道"是指实际不知道且不应当知道,"合法来源"是指通过合法的销售渠道、通常的买卖合同等正常商业方式取得产品。对于合法来源,使用者、许诺销售者或者销售者应当提供符合交易习惯的相关证据。①《最高人民法院关于知识产权民事诉讼证据的若干规定》第四条规定:"被告依法主张合法来源抗辩的,应当举证证明合法取得被诉侵权产品、复制品的事实,包括合法的购货渠道、合理的价格和直接的供货方等。"

合法来源抗辩的主观要件方面,销售者应证明其实际不知道且不应当知道其所售产品系制造者未经专利权人许可而制造并售出。一般来说,如果销售者能够证明其遵从合法、正常的市场交易规则,取得所售产品的来源清晰、渠道合法、价格合理,其销售行为符合诚信原则、合乎交易惯例,则可推定该销售者实际不知道且不应当知道其所销售产品系制造者未经专利权人许可而制造并售出,即推定该销售者无主观过错。此时,应由权利人提供相反证据。在权利人未进一步提供足以推翻上述推定的相反证据的情况下,应当认定销售者合法来源抗辩成立。

合法来源抗辩适用的专利实施行为类型方面,能够主张本项抗辩的行为仅限于为生产经营目的的许诺销售、销售或者使用专利产品或者依照方法直接获得的产品

---

① 蔡伟,陈颖.知识产权侵权诉讼中销售者合法来源抗辩的审查.人民法院报,2023-04-06,第7版.

的行为,但不包括制造或进口有关产品的行为,也不包括产品制造方法的行为。也就是说,专利产品制造者、进口者以及产品制造专利方法的使用者不能以其不知道其制造、进口的产品是他人获得专利权的产品为理由,或者以其不知道使用的产品制造方法是他人获得专利权的方法为理由,请求免除其赔偿责任。可见,我国专利法对专利产品的制造提供的保护是一种"绝对保护",进口专利产品行为与制造专利产品行为类似,也是属于直接侵犯专利权的行为。因此,专利侵权产品的制造者和进口者是不能以合法来源进行抗辩的。

合法来源抗辩的举证责任分配上,一般认为,对于侵权产品具有合法来源这一客观要件,由销售者承担证明责任。也就是说,销售者必须举证证明侵权产品具有合法来源。如果销售者不能对此举证证明,则其将承担举证不能的不利后果,其合法来源抗辩将不能成立。因此,销售者需要专注于具有合法来源这一客观要件的证明。对于销售者的主观过错这一主观要件,销售者可以但非必须举证证明其主观上不存在主观过错。即便销售者没有或者不能举证证明其不存在主观过错,销售者也不必为此承担不利的法律后果。实践中,就销售者主观过错的证明责任,由权利人来提供证据证明销售者存在主观过错。如果权利人不能证明销售者存在主观过错,而销售者又能够证明涉案产品具有合法来源,那么销售者的合法来源抗辩通常会得到法院支持。

合法来源抗辩成立的责任承担上,销售侵害专利权的产品,即使合法来源抗辩成立,其行为亦构成侵权。虽无须承担赔偿责任,但仍需承担停止侵权的法律责任。关于是否要承担原告维权的合理开支,最高人民法院在(2022)最高法知民终1481号判决书中明确指出:合法来源抗辩仅是免除赔偿责任的抗辩,而非不侵权抗辩。销售者的合法来源抗辩成立,既不改变销售侵权产品这一行为的侵权性质,也不免除停止销售侵权产品的责任,仍应承担权利人为获得停止侵害救济所支付的合理开支,包括但不限于购买侵权产品的费用、公证费、律师费、差旅费、调查费、通信费、复印费以及证人出庭的误工费等。

**案例解读**

合法来源抗辩的认定

唐某公司2020年11月1日经授权获得涉案"肥皂盒"的外观设计专利权许可。2021年7月,唐某公司发现富某工作室在拼多多平台上经营的店铺销售与涉案肥皂盒外观设计专利相同的被诉侵权商品,认为该工作室的上述行为侵犯了自己所享有的涉案外观设计专利权,故提起本案诉讼。法院认为,富某工作室未经权利人许可,在其经营的网店中销售、许诺销售落入涉案专利权保护范围的产品,侵犯了唐某公司的外观设计专利权。富某工作室以采用"一件代发"的商业模式为由提出合法来源抗辩主张,并对其抗辩主张,提交证据证明其通过合法的渠道寻找上游卖家,并支付了合理的对价,由上游卖家直接向唐某公司发货,在整个交易流程中没有接触被诉侵权商品;且提供的电子交易信息证据与权利人提供的公证取证证据信息均能一一对应。据此认定富某工作室具备合法来源的客观要件,也尽到了基本的审查义务,在唐某公司没有证据证明富某工作室知道或者应当知道销售、许诺销售侵权商品的情况下,其合法来源抗辩成立。故判决富某工作室赔偿唐某公司制止侵权行为支出的合理费用3000元。

"一件代发"经营模式因兼具"中间商赚差价"的安全性和低成本、高效率的便捷性,受到诸多电商经营者的青睐。近年来涉"一件代发"经营模式的知识产权侵权诉讼日益增加,对于该模式下侵权人主张合法来源抗辩是否成立的认定,应回归合法来源抗辩制度的立法目的,从合法来源抗辩的主客观要件进行分析认定。本案综合考虑权利人合法利益保护及小商品终端销售商的生存利益,引导权利人追溯侵权产品的交易源头进行维权,同时提醒电商经营者在日常经营中注意规避法律风险,提高防范侵权的认知和能力。[1]

---

[1] 参见广西壮族自治区高级人民法院判决书(2023)桂民终703号。

# 参考文献

## 一、著作类

[1] 崔国斌.专利法.原理与案例(第2版)[M].北京:北京大学出版社,2016.

[2] 国家知识产权局条法司.外国专利法选译[M].北京:知识产权出版社,2015.

[3] 刘春田.知识产权法(第6版)[M].北京:中国人民大学出版社,2022.

[4] 王迁.知识产权法教程(第6版)[M].北京:中国人民大学出版社,2019.

[5] 国家知识产权局法条司.专利法及专利法实施细则第三次修改专题研究报告[M].北京:知识产权出版社,2006.

[6] 吴汉东.知识产权法学(第8版)[M].北京:北京大学出版社,2022.

[7] 尹新天.中国专利法详解[M].北京:知识产权出版社,2012.

## 二、期刊类

[1] 陈扬跃,马正平.专利法第四次修改的主要内容与价值取向[J].知识产权,2020(12):6-19.

[2] 杜玉琼.论国际专利平行进口权利穷竭原则[J].西南民族大学学报(人文社科版),2016,37(01):113-117.

[3] 管育鹰.专利侵权先用权抗辩的政策考虑与法律适用[J].知识产权,2023(02):6-23.

[4] 李良孔,杨眉.中国国内专利实施许可概况分析[J].科技创新与生产力,2020(04):9-12.

[5] 李晓鸣.我国专利无效宣告制度的不足及其完善[J].法律科学(西北政法大学学报),2021,39(01):149-159.

[6] 杨波,何莉莉.专利侵权抗辩:现有技术抗辩与专利无效宣告的差异解析[J].中国发明与专利,2013(8):73-75.

[7] 叶京生.论知识产权平行进口及对我国的立法建议[J].国际商务研究,2004(01):38-42.

[8] 张慧霞.国际法视野下专利权与人权的冲突与平衡——电影《我不是药神》引发的思考[J].法律适用(司法案例),2019(04):85-95.

[9] 张武军,张博涵.新冠肺炎疫情下药品专利强制许可研究——以瑞德西韦为例[J].科技进步与对策,2020,37(20):83-88.

[10] 张倚源.我国专利资本化现状探析[J].中国发明与专利,2012(08):30-31.

[11] 吴观乐.试论外观设计专利保护的立足点[J].知识产权,2004(01).

### 三、报纸类

[1] 蔡伟,陈颖.知识产权侵权诉讼中销售者合法来源抗辩的审查[N].人民法院报,2023-04-06,第7版.

### 四、案例索引

[1] 离职后专利申请的权属纠纷,最高人民法院民事裁定书(2019)最高法民申6342号(P23).

[2] 委托开发成果的权属纠纷,广州知识产权法院案件文书(2019)粤73知民初709号(P27).

[3] 疾病诊断和治疗方法的认定,最高人民法院判决书(2020)最高法知行终274号(P46).

[4] 专利制造权侵权纠纷,广东省高级人民法院(2005)粤高法民三终字第94号(P51).

[5] 专利使用权侵权纠纷,北京市高级人民法院判决书(2017)京民终402号(P53).

[6] 专利许诺销售权侵权纠纷,上海市第一中级人民法院(2014)沪一中民五(知)初字第97号(P55).

[7] 专利销售权侵权纠纷,陕西省高级人民法院(2014)陕民三终字第00026号(P57).

[8] 发明人署名权纠纷,上海知识产权法院司法保障营商环境建设典型案例(2018年4月)(P62).

[9] 化学产品发明专利的公开要求,最高人民法院裁定书(2015)知行字第352号(P64).

[10] 职务发明人奖励、报仇纠纷,四川省高级人民法院判决书(2018)川民再615号(P69).

[11] 专利的创造性判断,最高人民法院判决书(2016)最高法行再41号(P109).

[12] 专利的实用性判断,最高人民法院行政裁定书(2016)最高法行申789号(P112).

[13] 外观设计专利与在先商标申请冲突,最高人民法院裁定书(2014)知行字第4号(P118).

[14] 标准必要专利许可,最高人民法院裁定书(2020)最高法知民辖终517号(P122).

[15] 专利权投资纠纷,最高人民法院民事调解书(2007)民三提字第1号(P129).

[16] 涉案专利与在先权利冲突,最高人民法院裁定书(2017)最高法行申8622号(P155).

[17] 无效宣告程序中的修改,最高人民法院判决书(2019)最高法知行终19号(P157).

[18] 专利无效宣告的效力,最高人民法院判决书(2019)最高法知民终394号(P159).

[19] 实用新型专利权保护范围的认定,《最高人民法院公报》2016年第5期(P165).

[20] 外观设计专利权保护范围的认定,最高人民法院判决书(2015)民提字第23号(P167).

[21] 等同侵权的认定,最高人民法院判决书(2019)最高法知民终366号(P171).

[22] 发明专利侵权判定,最高人民法院判决书(2015)民三终字第1号(P174).

[23] 外观设计专利侵权判定,上海知识产权法院判决书(2019)浙02知民初98号(P177).

[24] 确认不侵害专利权诉讼的受理条件,最高人民法院裁定书(2019)最高法知民终5号(P181).

[25] 惩罚性赔偿的适用,广州知识产权法院判决书(2020)粤73知民初57号(P183).

[26] 法定赔偿的适用,广东省高级人民法院判决书(2019)粤民终1508号(P184).

[27] 举证责任的分配,最高人民法院判决书(2019)最高法知终147号(P186).

[28] 假冒专利的民事责任,浙江省杭州市中级人民法院判决书(2020)浙01知民初870号(P187).

[29] 假冒专利的行政责任,上海市市场监督管理局行政处罚决定书沪市监总处〔2021〕322021000254号(P187).

[30] 假冒专利的刑事责任,山东省德州市德城区人民法院判决书(2017)鲁1402刑初104号(P188).

[31] 不视为侵犯专利权抗辩的认定,最高人民检察院发布11件检察机关保护知识产权服务保障创新驱动发展典型案例之十(2022年4月20日)(P195).

[32] 现有技术抗辩的认定,安徽省合肥市中级人民法院发布九起2023年度知识产权司法保护典型案例之三(2024年4月26日)(P203).

[33] 合法来源抗辩的认定,广西壮族自治区高级人民法院判决书(2023)桂民终703号(P207).

## 五、相关法律、法规、部门规章和司法政策

[1] 《中华人民共和国专利法》(2020).

[2] 《专利审查指南》(2023).

[3] 《专利法实施细则》(2013).

[4] 《中华人民共和国知识产权海关保护条例》(2018).

[5] 《与贸易有关的知识产权协议》(TRIPs).

[6] 《最高人民法院关于审理专利纠纷案件适用法律问题的若干规定》(2020).

[7] 《最高人民法院关于审理侵犯专利权纠纷案件应用法律若干问题的解释(二)》(2020).

[8] 《中华人民共和国政府和美利坚合众国政府经济贸易协议》.

[9] 《中华人民共和国专利法释义》.

[10] 《中华人民共和国专利法修改草案(征求意见稿)》.

[11] 《最高人民法院关于审理技术合同纠纷案件适用法律若干问题的解释》(2020).

[12] 《最高人民法院关于印发全国法院知识产权审判工作会议关于审理技术合同纠纷案件若干问题的纪要的通知》(法〔2001〕84号).

[13] 《中华人民共和国民法典》.

[14] 《专利权质押登记办法》.

[15] 《中华人民共和国公司法》(2023).

[16] 《中华人民共和国反垄断法》(2022).

［17］《专利实施强制许可办法》.

［18］《集成电路布图设计保护条例》.

［19］《最高人民法院关于审理侵犯专利权纠纷案件应用法律若干问题的解释》（法释〔2009〕21号）.

［20］《最高人民法院关于第一审知识产权民事、行政案件管辖的若干规定》（法释〔2022〕13号）.

［21］《关于完善四级法院审级职能定位改革试点的实施办法》（法〔2021〕242号）.

［22］《最高人民法院关于调整高级人民法院和中级人民法院管辖第一审民事案件标准的通知》（法发〔2019〕14号）.

［23］《最高人民法院关于知识产权民事诉讼证据的若干规定》（法释〔2020〕12号）.

# 附 录

附录1

附录2

附录3

附录4

## 附录5 中华人民共和国专利法(2020年修正)

(1984年3月12日第六届全国人民代表大会常务委员会第四次会议通过了该法案。根据1992年9月4日第七届全国人民代表大会常务委员会第二十七次会议《关于修改〈中华人民共和国专利法〉的决定》第一次修正;根据2000年8月25日第九届全国人民代表大会常务委员会第十七次会议《关于修改〈中华人民共和国专利法〉的决定》第二次修正;根据2008年12月27日第十一届全国人民代表大会常务委员会第六次会议《关于修改〈中华人民共和国专利法〉的决定》第三次修正;根据2020年10月17日第十三届全国人民代表大会常务委员会第二十二次会议《关于修改〈中华人民共和国专利法〉的决定》第四次修正)

### 目 录

第一章 总 则

第二章 授予专利权的条件

第三章 专利的申请

第四章 专利申请的审查和批准

第五章 专利权的期限、终止和无效

第六章 专利实施的特别许可

第七章 专利权的保护

第八章 附 则

## 第一章 总 则

**第一条** 为了保护专利权人的合法权益,鼓励发明创造,推动发明创造的应用,提高创新能力,促进科学技术进步和经济社会发展,制定本法。

**第二条** 本法所称的发明创造是指发明、实用新型和外观设计。

发明,是指对产品、方法或者其改进所提出的新的技术方案。

实用新型,是指对产品的形状、构造或者其结合所提出的适于实用的新的技术方案。

外观设计,是指对产品的整体或者局部的形状、图案或者其结合以及色彩与形状、图案的结合所作出的富有美感并适于工业应用的新设计。

**第三条** 国务院专利行政部门负责管理全国的专利工作;统一受理和审查专利申请,依法授予专利权。

省、自治区、直辖市人民政府管理专利工作的部门负责本行政区域内的专利管理工作。

**第四条** 申请专利的发明创造涉及国家安全或者重大利益需要保密的,按照国家有关规定办理。

**第五条** 对违反法律、社会公德或者妨害公共利益的发明创造,不授予专利权。

对违反法律、行政法规的规定获取或者利用遗传资源,并依赖该遗传资源完成的发明创造,不授予专利权。

**第六条** 执行本单位的任务或者主要是利用本单位的物质技术条件所完成的发明创造为职务发明创造。职务发明创造申请专利的权利属于该单位,申请被批准后,该单位为专利权人。该单位可以依法处置其职务发明创造申请专利的权利和专利权,促进相关发明创造的实施和运用。

非职务发明创造,申请专利的权利属于发明人或者设计人;申请被批准后,该发明人或者设计人为专利权人。

利用本单位的物质技术条件所完成的发明创造,单位与发明人或者设计人订有合同,对申请专利的权利和专利权的归属作出约定的,从其约定。

**第七条** 对发明人或者设计人的非职务发明创造专利申请,任何单位或者个人不得压制。

**第八条** 两个以上单位或者个人合作完成的发明创造、一个单位或者个人接受其他单位或者个人委托所完成的发明创造,除另有协议的以外,申请专利的权利属于完成或者共同完成的单位或者个人;申请被批准后,申请的单位或者个人为专利权人。

**第九条** 同样的发明创造只能被授予一项专利权。但是,同一申请人同日对同样的发明创造既申请实用新型专利又申请发明专利,先获得的实用新型专利权尚未终止,且申请人声明放弃该实用新型专利权的,可以授予发明专利权。

两个以上的申请人分别就同样的发明创造申请专利的,专利权授予最先申请的人。

**第十条** 专利申请权和专利权可以转让。

中国单位或者个人向外国人、外国企业或者外国其他组织转让专利申请权或者专利权的,应当依照有关法律、行政法规的规定办理手续。

转让专利申请权或者专利权的,当事人应当订立书面合同,并向国务院专利行政部门登记,由国务院专利行政部门予以公告。专利申请权或者专利权的转让自登记之日起生效。

**第十一条** 发明和实用新型专利权被授予后,除本法另有规定的以外,任何单位或者个人未经专利权人许可,都不得实施其专利,即不得为生产经营目的制造、使用、许诺销售、销售、进口其专利产品,或者使用其专利方法以及使用、许诺销售、销售、进口依照该专利方法直接获得的产品。

外观设计专利权被授予后,任何单位或者个人未经专利权人许可,都不得实施其专利,即不得为生产经营目的制造、许诺销售、销售、进口其外观设计专利产品。

**第十二条** 任何单位或者个人实施他人专利的,应当与专利权人订立实施许可合同,向专利权人支付专利使用费。被许可人无权允许合同规定以外的任何单位或者个人实施该专利。

**第十三条** 发明专利申请公布后,申请人可以要求实施其发明的单位或者个人支付适当的费用。

**第十四条** 专利申请权或者专利权的共有人对权利的行使有约定的,从其约定。没有约定的,共有人可以单独实施或者以普通许可方式许可他人实施该专利;许可他人实施该专利的,收取的使用费应当在共有人之间分配。

除前款规定的情形外,行使共有的专利申请权或者专利权应当取得全体共有人的同意。

**第十五条** 被授予专利权的单位应当对职务发明创造的发明人或者设计人给予奖励;发明创造专利实施后,根据其推广应用的范围和取得的经济效益,对发明人或者设计人给予合理的报酬。

国家鼓励被授予专利权的单位实行产权激励,采取股权、期权、分红等方式,使发明人或者设计人合理分享创新收益。

**第十六条** 发明人或者设计人有权在专利文件中写明自己是发明人或者设计人。

专利权人有权在其专利产品或者该产品的包装上标明专利标识。

**第十七条** 在中国没有经常居所或者营业所的外国人、外国企业或者外国其他组织在中国申请专利的,依照其所属国同中国签订的协议或者共同参加的国际条约,或者依照互惠原则,根据本法办理。

**第十八条** 在中国没有经常居所或者营业所的外国人、外国企业或者外国其他组织在中国申请专利和办理其他专利事务的,应当委托依法设立的专利代理机构办理。

中国单位或者个人在国内申请专利和办理其他专利事务的,可以委托依法设立的专利代理机构办理。

专利代理机构应当遵守法律、行政法规,按照被代理人的委托办理专利申请或者其他专利事务;对被代理人发明创造的内容,除专利申请已经公布或者公告的以外,负有保密责任。专利代理机构的具体管理办法由国务院规定。

**第十九条** 任何单位或者个人将在中国完成的发明或者实用新型向外国申请专利的,应当事先报经国务院专利行政部门进行保密审查。保密审查的程序、期限等按照国务院的规定执行。

中国单位或者个人可以根据中华人民共和国参加的有关国际条约提出专利国际申请。申请人提出专利国际申请的,应当遵守前款规定。

国务院专利行政部门依照中华人民共和国参加的有关国际条约、本法和国务院有关规定处理专利国际申请。

对违反本条第一款规定向外国申请专利的发明或者实用新型,在中国申请专利的,不授予专利权。

**第二十条** 申请专利和行使专利权应当遵循诚实信用原则。不得滥用专利权损害公共利益或者他人合法权益。

滥用专利权,排除或者限制竞争,构成垄断行为的,依照《中华人民共和国反垄断法》处理。

**第二十一条** 国务院专利行政部门应当按照客观、公正、准确、及时的要求,依法处理有关专利的申请和请求。

国务院专利行政部门应当加强专利信息公共服务体系建设,完整、准确、及时发布专利信息,提供专利基础数据,定期出版专利公报,促进专利信息传播与利用。

在专利申请公布或者公告前,国务院专利行政部门的工作人员及有关人员对其内容负有保密责任。

## 第二章 授予专利权的条件

**第二十二条** 授予专利权的发明和实用新型,应当具备新颖性、创造性和实用性。

新颖性,是指该发明或者实用新型不属于现有技术;也没有任何单位或者个人就同样的发明或者实用新型在申请日以前向国务院专利行政部门提出过申请,并记载在申请日以后公布的专利申请文件或者公告的专利文件中。

创造性,是指与现有技术相比,该发明具有突出的实质性特点和显著的进步,该实用新型具有实质性特点和进步。

实用性,是指该发明或者实用新型能够制造或者使用,并且能够产生积极效果。

本法所称现有技术,是指申请日以前在国内外为公众所知的技术。

**第二十三条** 授予专利权的外观设计,应当不属于现有设计;也没有任何单位或者个人就同样的外观设计在申请日以前向国务院专利行政部门提出过申请,并记载在申请日以后公告的专利文件中。

授予专利权的外观设计与现有设计或者现有设计特征的组合相比,应当具有明显区别。

授予专利权的外观设计不得与他人在申请日以前已经取得的合法权利相冲突。

本法所称现有设计,是指申请日以前在国内外为公众所知的设计。

**第二十四条** 申请专利的发明创造在申请日以前六个月内,有下列情形之一的,不丧失新颖性:

(一)在国家出现紧急状态或者非常情况时,为公共利益目的首次公开的;

(二)在中国政府主办或者承认的国际展览会上首次展出的;

(三)在规定的学术会议或者技术会议上首次发表的;

(四)他人未经申请人同意而泄露其内容的。

**第二十五条** 对下列各项,不授予专利权:

(一)科学发现;

(二)智力活动的规则和方法;

(三)疾病的诊断和治疗方法;

(四)动物和植物品种;

(五)原子核变换方法以及用原子核变换方法获得的物质;

(六)对平面印刷品的图案、色彩或者二者的结合作出的主要起标识作用的设计。

对前款第(四)项所列产品的生产方法,可以依照本法规定授予专利权。

## 第三章 专利的申请

**第二十六条** 申请发明或者实用新型专利的,应当提交请求书、说明书及其摘要和权利要求书等文件。

请求书应当写明发明或者实用新型的名称,发明人的姓名,申请人姓名或者名称、地址,以及其他事项。

说明书应当对发明或者实用新型作出清楚、完整的说明,以所属技术领域的技术人员能够实现为准;必要的时候,应当有附图。摘要应当简要说明发明或者实用新型的技术要点。

权利要求书应当以说明书为依据,清楚、简要地限定要求专利保护的范围。

依赖遗传资源完成的发明创造,申请人应当在专利申请文件中说明该遗传资源的直接来源和原始来源;申请人无法说明原始来源的,应当陈述理由。

**第二十七条** 申请外观设计专利的,应当提交请求书、该外观设计的图片或者照片以及对该外观设计的简要说明等文件。

申请人提交的有关图片或者照片应当清楚地显示要求专利保护的产品的外观设计。

**第二十八条** 国务院专利行政部门收到专利申请文件之日为申请日。如果申请文件是邮寄的,以寄出的邮戳日为申请日。

**第二十九条** 申请人自发明或者实用新型在外国第一次提出专利申请之日起十二个月内,或者自外观设计在外国第一次提出专利申请之日起六个月内,又在中国就相同主题提出专利申请的,依照该外国同中国签订的协议或者共同参加的国际条约,或者依照相互承认优先权的原则,可以享有优先权。

申请人自发明或者实用新型在中国第一次提出专利申请之日起十二个月内,或者自外观设计在中国第一次提出专利申请之日起六个月内,又向国务院专利行政部门就相同主题提出专利申请的,可以享有优先权。

第三十条　申请人要求发明、实用新型专利优先权的,应当在申请的时候提出书面声明,并且在第一次提出申请之日起十六个月内,提交第一次提出的专利申请文件的副本。

申请人要求外观设计专利优先权的,应当在申请的时候提出书面声明,并且在三个月内提交第一次提出的专利申请文件的副本。

申请人未提出书面声明或者逾期未提交专利申请文件副本的,视为未要求优先权。

第三十一条　一件发明或者实用新型专利申请应当限于一项发明或者实用新型。属于一个总的发明构思的两项以上的发明或者实用新型,可以作为一件申请提出。

一件外观设计专利申请应当限于一项外观设计。同一产品两项以上的相似外观设计,或者用于同一类别并且成套出售或者使用的产品的两项以上外观设计,可以作为一件申请提出。

第三十二条　申请人可以在被授予专利权之前随时撤回其专利申请。

第三十三条　申请人可以对其专利申请文件进行修改,但是,对发明和实用新型专利申请文件的修改不得超出原说明书和权利要求书记载的范围,对外观设计专利申请文件的修改不得超出原图片或者照片表示的范围。

## 第四章　专利申请的审查和批准

第三十四条　国务院专利行政部门收到发明专利申请后,经初步审查认为符合本法要求的,自申请日起满十八个月,即行公布。国务院专利行政部门可以根据申请人的请求早日公布其申请。

第三十五条　发明专利申请自申请日起三年内,国务院专利行政部门可以根据申请人随时提出的请求,对其申请进行实质审查;申请人无正当理由逾期不请求实质审查的,该申请即被视为撤回。

国务院专利行政部门认为必要的时候,可以自行对发明专利申请进行实质审查。

第三十六条　发明专利的申请人请求实质审查的时候,应当提交在申请日前与其发明有关的参考资料。

发明专利已经在外国提出过申请的,国务院专利行政部门可以要求申请人在指定期限内提交该国为审查其申请进行检索的资料或者审查结果的资料;无正当理由逾期不提交的,该申请即被视为撤回。

第三十七条　国务院专利行政部门对发明专利申请进行实质审查后,认为不符合本法规定的,应当通知申请人,要求其在指定的期限内陈述意见,或者对其申请进行修改;无正当理由逾期不答复的,该申请即被视为撤回。

第三十八条　发明专利申请经申请人陈述意见或者进行修改后,国务院专利行政部门仍然认为不符合本法规定的,应当予以驳回。

第三十九条　发明专利申请经实质审查没有发现驳回理由的,由国务院专利行政部门作出授予发明专利权的决定,发给发明专利证书,同时予以登记和公告。发明专利权自公告之日起生效。

第四十条　实用新型和外观设计专利申请经初步审查没有发现驳回理由的,由国务院专利行政部门作出授予实用新型专利权或者外观设计专利权的决定,发给相应的专利证书,同时予以登记和公告。实用新型专利权和外观设计专利权自公告之日起生效。

**第四十一条** 专利申请人对国务院专利行政部门驳回申请的决定不服的,可以自收到通知之日起三个月内向国务院专利行政部门请求复审。国务院专利行政部门复审后,作出决定,并通知专利申请人。

专利申请人对国务院专利行政部门的复审决定不服的,可以自收到通知之日起三个月内向人民法院起诉。

## 第五章 专利权的期限、终止和无效

**第四十二条** 发明专利权的期限为二十年,实用新型专利权的期限为十年,外观设计专利权的期限为十五年,均自申请日起计算。

自发明专利申请日起满四年,且自实质审查请求之日起满三年后授予发明专利权的,国务院专利行政部门应专利权人的请求,就发明专利在授权过程中的不合理延迟给予专利权期限补偿,但由申请人引起的不合理延迟除外。

为补偿新药上市审评审批占用的时间,对在中国获得上市许可的新药相关发明专利,国务院专利行政部门应专利权人的请求给予专利权期限补偿。补偿期限不超过五年,新药批准上市后总有效专利权期限不超过十四年。

**第四十三条** 专利权人应当自被授予专利权的当年开始缴纳年费。

**第四十四条** 有下列情形之一的,专利权在期限届满前终止:

(一)没有按照规定缴纳年费的;

(二)专利权人以书面声明放弃其专利权的。

专利权在期限届满前终止的,由国务院专利行政部门登记和公告。

**第四十五条** 自国务院专利行政部门公告授予专利权之日起,任何单位或者个人认为该专利权的授予不符合本法有关规定的,可以请求国务院专利行政部门宣告该专利权无效。

**第四十六条** 国务院专利行政部门对宣告专利权无效的请求应当及时审查和作出决定,并通知请求人和专利权人。宣告专利权无效的决定,由国务院专利行政部门登记和公告。

对国务院专利行政部门宣告专利权无效或者维持专利权的决定不服的,可以自收到通知之日起三个月内向人民法院起诉。人民法院应当通知无效宣告请求程序的对方当事人作为第三人参加诉讼。

**第四十七条** 宣告无效的专利权视为自始即不存在。

宣告专利权无效的决定,对在宣告专利权无效前人民法院作出并已执行的专利侵权的判决、调解书,已经履行或者强制执行的专利侵权纠纷处理决定,以及已经履行的专利实施许可合同和专利权转让合同,不具有追溯力。但是因专利权人的恶意给他人造成的损失,应当给予赔偿。

依照前款规定不返还专利侵权赔偿金、专利使用费、专利权转让费,明显违反公平原则的,应当全部或者部分返还。

## 第六章 专利实施的特别许可

**第四十八条** 国务院专利行政部门、地方人民政府管理专利工作的部门应当会同同级相关部门采取措施,加强专利公共服务,促进专利实施和运用。

**第四十九条** 国有企业事业单位的发明专利,对国家利益或者公共利益具有重大意义的,国务院有关主管部门和省、自治区、直辖市人民政府报经国务院批准,可以决定在批准的范围内推广应用,允许指定的单位实施,由实施单位按照国家规定向专利权人支付使用费。

**第五十条** 专利权人自愿以书面方式向国务院专利行政部门声明愿意许可任何单位或者个人实施其专利,并明确许可使用费支付方式、标准的,由国务院专利行政部门予以公告,实行开放许可。就实用新型、外观设计专利提出开放许可声明的,应当提供专利权评价报告。

专利权人撤回开放许可声明的,应当以书面方式提出,并由国务院专利行政部门予以公告。开放许可声明被公告撤回的,不影响在先给予的开放许可的效力。

**第五十一条** 任何单位或者个人有意愿实施开放许可的专利的,以书面方式通知专利权人,并依照公告的许可使用费支付方式、标准支付许可使用费后,即获得专利实施许可。

开放许可实施期间,对专利权人缴纳专利年费相应给予减免。

实行开放许可的专利权人可以与被许可人就许可使用费进行协商后给予普通许可,但不得就该专利给予独占或者排他许可。

**第五十二条** 当事人就实施开放许可发生纠纷的,由当事人协商解决;不愿协商或者协商不成的,可以请求国务院专利行政部门进行调解,也可以向人民法院起诉。

**第五十三条** 有下列情形之一的,国务院专利行政部门根据具备实施条件的单位或者个人的申请,可以给予实施发明专利或者实用新型专利的强制许可:

(一)专利权人自专利权被授予之日起满三年,且自提出专利申请之日起满四年,无正当理由未实施或者未充分实施其专利的;

(二)专利权人行使专利权的行为被依法认定为垄断行为,为消除或者减少该行为对竞争产生的不利影响的。

**第五十四条** 在国家出现紧急状态或者非常情况时,或者为了公共利益的目的,国务院专利行政部门可以给予实施发明专利或者实用新型专利的强制许可。

**第五十五条** 为了公共健康目的,对取得专利权的药品,国务院专利行政部门可以给予制造并将其出口到符合中华人民共和国参加的有关国际条约规定的国家或者地区的强制许可。

**第五十六条** 一项取得专利权的发明或者实用新型比前已经取得专利权的发明或者实用新型具有显著经济意义的重大技术进步,其实施又有赖于前一发明或者实用新型的实施的,国务院专利行政部门根据后一专利权人的申请,可以给予实施前一发明或者实用新型的强制许可。

在依照前款规定给予实施强制许可的情形下,国务院专利行政部门根据前一专利权人的申请,也可以给予实施后一发明或者实用新型的强制许可。

**第五十七条** 强制许可涉及的发明创造为半导体技术的,其实施限于公共利益的目的和本法第五十三条第(二)项规定的情形。

**第五十八条** 除依照本法第五十三条第(二)项、第五十五条规定给予的强制许可外,强制许可的实施应当主要为了供应国内市场。

**第五十九条** 依照本法第五十三条第(一)项、第五十六条规定申请强制许可的单位或者个人应当提供证据,证明其以合理的条件请求专利权人许可其实施专利,但未能在合理的时间内获得许可。

**第六十条** 国务院专利行政部门作出的给予实施强制许可的决定,应当及时通知专利权人,并予以登记和公告。

给予实施强制许可的决定,应当根据强制许可的理由规定实施的范围和时间。强制许可的理由消除并不再发生时,国务院专利行政部门应当根据专利权人的请求,经审查后作出终止实施强制许可的决定。

**第六十一条** 取得实施强制许可的单位或者个人不享有独占的实施权,并且无权允许他人实施。

**第六十二条** 取得实施强制许可的单位或者个人应当付给专利权人合理的使用费,或者依照中华人民共和国参加的有关国际条约的规定处理使用费问题。付给使用费的,其数额由双方协商;双方不能达成协议的,由国务院专利行政部门裁决。

**第六十三条** 专利权人对国务院专利行政部门关于实施强制许可的决定不服的,专利权人和取得实施强制许可的单位或者个人对国务院专利行政部门关于实施强制许可的使用费的裁决不服的,可以自收到通知之日起三个月内向人民法院起诉。

## 第七章 专利权的保护

**第六十四条** 发明或者实用新型专利权的保护范围以其权利要求的内容为准,说明书及附图可以用于解释权利要求的内容。

外观设计专利权的保护范围以表示在图片或者照片中的该产品的外观设计为准,简要说明可以用于解释图片或者照片所表示的该产品的外观设计。

**第六十五条** 未经专利权人许可,实施其专利,即侵犯其专利权,引起纠纷的,由当事人协商解决;不愿协商或者协商不成的,专利权人或者利害关系人可以向人民法院起诉,也可以请求管理专利工作的部门处理。管理专利工作的部门处理时,认定侵权行为成立的,可以责令侵权人立即停止侵权行为,当事人不服的,可以自收到处理通知之日起十五日内依照《中华人民共和国行政诉讼法》向人民法院起诉;侵权人期满不起诉又不停止侵权行为的,管理专利工作的部门可以申请人民法院强制执行。进行处理的管理专利工作的部门应当事人的请求,可以就侵犯专利权的赔偿数额进行调解;调解不成的,当事人可以依照《中华人民共和国民事诉讼法》向人民法院起诉。

**第六十六条** 专利侵权纠纷涉及新产品制造方法的发明专利的,制造同样产品的单位或者个人应当提供其产品制造方法不同于专利方法的证明。

专利侵权纠纷涉及实用新型专利或者外观设计专利的,人民法院或者管理专利工作的部门可以要求专利权人或者利害关系人出具由国务院专利行政部门对相关实用新型或者外观设计进行检索、分析和评价后作出的专利权评价报告,作为审理、处理专利侵权纠纷的证据;专利权人、利害关系人或者被控侵权人也可以主动出具专利权评价报告。

**第六十七条** 在专利侵权纠纷中,被控侵权人有证据证明其实施的技术或者设计属于现有技术或者现有设计的,不构成侵犯专利权。

**第六十八条** 假冒专利的,除依法承担民事责任外,由负责专利执法的部门责令改正并予公告,没收违法所得,可以处违法所得五倍以下的罚款;没有违法所得或者违法所得在五万元以下的,可以处二十五万元以下的罚款;构成犯罪的,依法追究刑事责任。

**第六十九条** 负责专利执法的部门根据已经取得的证据,对涉嫌假冒专利行为进行查处时,有权采取下列措施:

(一)询问有关当事人,调查与涉嫌违法行为有关的情况;

(二)对当事人涉嫌违法行为的场所实施现场检查;

(三)查阅、复制与涉嫌违法行为有关的合同、发票、账簿以及其他有关资料;

(四)检查与涉嫌违法行为有关的产品;

(五)对有证据证明是假冒专利的产品,可以查封或者扣押。

管理专利工作的部门应专利权人或者利害关系人的请求处理专利侵权纠纷时,可以采取前款第(一)项、第(二)项、第(四)项所列措施。

负责专利执法的部门、管理专利工作的部门依法行使前两款规定的职权时,当事人应当予以协助、配合,不得拒绝、阻挠。

**第七十条** 国务院专利行政部门可以应专利权人或者利害关系人的请求处理在全国有重大影响的专利侵权纠纷。

地方人民政府管理专利工作的部门应专利权人或者利害关系人请求处理专利侵权纠纷,对在本行政区域内侵犯其同一专利权的案件可以合并处理;对跨区域侵犯其同一专利权的案件可以请求上级地方人民政府管理专利工作的部门处理。

**第七十一条** 侵犯专利权的赔偿数额按照权利人因被侵权所受到的实际损失或者侵权人因侵权所获得的利益确定;权利人的损失或者侵权人获得的利益难以确定的,参照该专利许可使用费的倍数合理确定。对故意侵犯专利权,情节严重的,可以在按照上述方法确定数额的一倍以上五倍以下确定赔偿数额。

权利人的损失、侵权人获得的利益和专利许可使用费均难以确定的,人民法院可以根据专利权的类型、侵权行为的性质和情节等因素,确定给予三万元以上五百万元以下的赔偿。

赔偿数额还应当包括权利人为制止侵权行为所支付的合理开支。

人民法院为确定赔偿数额,在权利人已经尽力举证,而与侵权行为相关的账簿、资料主要由侵权人掌握的情况下,可以责令侵权人提供与侵权行为相关的账簿、资料;侵权人不提供或者提供虚假的账簿、资料的,人民法院可以参考权利人的主张和提供的证据判定赔偿数额。

第七十二条 专利权人或者利害关系人有证据证明他人正在实施或者即将实施侵犯专利权、妨碍其实现权利的行为,如不及时制止将会使其合法权益受到难以弥补的损害的,可以在起诉前依法向人民法院申请采取财产保全、责令作出一定行为或者禁止作出一定行为的措施。

第七十三条 为了制止专利侵权行为,在证据可能灭失或者以后难以取得的情况下,专利权人或者利害关系人可以在起诉前依法向人民法院申请保全证据。

第七十四条 侵犯专利权的诉讼时效为三年,自专利权人或者利害关系人知道或者应当知道侵权行为以及侵权人之日起计算。

发明专利申请公布后至专利权授予前使用该发明未支付适当使用费的,专利权人要求支付使用费的诉讼时效为三年,自专利权人知道或者应当知道他人使用其发明之日起计算,但是,专利权人于专利权授予之日前即已知道或者应当知道的,自专利权授予之日起计算。

第七十五条 有下列情形之一的,不视为侵犯专利权:

(一)专利产品或者依照专利方法直接获得的产品,由专利权人或者经其许可的单位、个人售出后,使用、许诺销售、销售、进口该产品的;

(二)在专利申请日前已经制造相同产品、使用相同方法或者已经作好制造、使用的必要准备,并且仅在原有范围内继续制造、使用的;

(三)临时通过中国领陆、领水、领空的外国运输工具,依照其所属国同中国签订的协议或者共同参加的国际条约,或者依照互惠原则,为运输工具自身需要而在其装置和设备中使用有关专利的;

(四)专为科学研究和实验而使用有关专利的;

(五)为提供行政审批所需要的信息,制造、使用、进口专利药品或者专利医疗器械的,以及专门为其制造、进口专利药品或者专利医疗器械的。

第七十六条 药品上市审评审批过程中,药品上市许可申请人与有关专利权人或者利害关系人,因申请注册的药品相关的专利权产生纠纷的,相关当事人可以向人民法院起诉,请求就申请注册的药品相关技术方案是否落入他人药品专利权保护范围作出判决。国务院药品监督管理部门在规定的期限内,可以根据人民法院生效裁判作出是否暂停批准相关药品上市的决定。

药品上市许可申请人与有关专利权人或者利害关系人也可以就申请注册的药品相关的专利权纠纷,向国务院专利行政部门请求行政裁决。

国务院药品监督管理部门会同国务院专利行政部门制定药品上市许可审批与药品上市许可申请阶段专利权纠纷解决的具体衔接办法,报国务院同意后实施。

第七十七条 为生产经营目的使用、许诺销售或者销售不知道是未经专利权人许可而制造并售出的专利侵权产品,能证明该产品合法来源的,不承担赔偿责任。

**第七十八条** 违反本法第十九条规定向外国申请专利,泄露国家秘密的,由所在单位或者上级主管机关给予行政处分;构成犯罪的,依法追究刑事责任。

**第七十九条** 管理专利工作的部门不得参与向社会推荐专利产品等经营活动。

管理专利工作的部门违反前款规定的,由其上级机关或者监察机关责令改正,消除影响,有违法收入的予以没收;情节严重的,对直接负责的主管人员和其他直接责任人员依法给予处分。

**第八十条** 从事专利管理工作的国家机关工作人员以及其他有关国家机关工作人员玩忽职守、滥用职权、徇私舞弊,构成犯罪的,依法追究刑事责任;尚不构成犯罪的,依法给予处分。

## 第八章 附 则

**第八十一条** 向国务院专利行政部门申请专利和办理其他手续,应当按照规定缴纳费用。

**第八十二条** 本法自1985年4月1日起施行。